氷河期の極北に挑むホモ・サピエンス

【増補版】

——マンモスハンターたちの暮らしと技——

第Ⅰ部
牙と角のわざのひみつ
G.フロパーチェフ／E.ギリヤ 著
木村 英明／木村 アヤ子 訳

補論1　旧石器のヴィーナスたち　G.フロパーチェフ 著／木村 英明 訳
補論2　角の剥離技法による旧石器時代の遺物　E.ギリヤ 著／木村 英明 訳

第Ⅱ部
酷寒に挑む旧石器時代の人びとと技
——北方ユーラシアにおける
　　ホモ・サピエンスとマンモスハンターの起源
木村 英明 著

補論3　人類による極北進出をめぐる
　　　研究の新たな展開　木村 英明 著

雄山閣

口絵 1

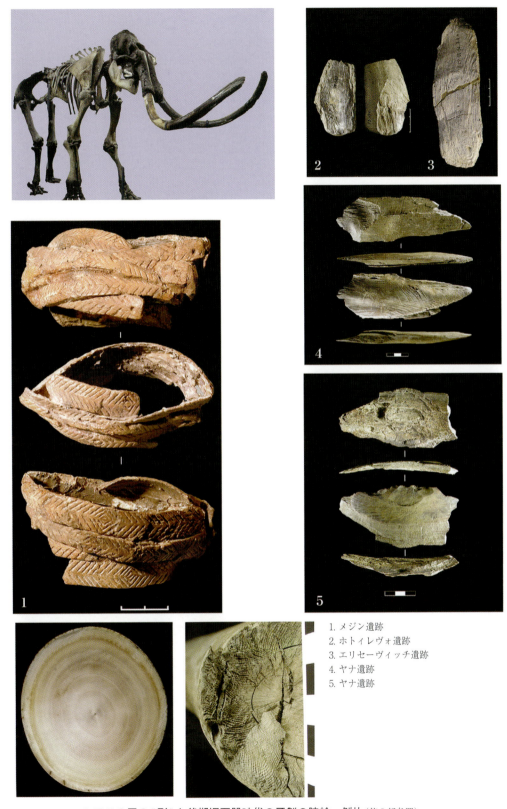

1. メジン遺跡
2. ホトィレヴォ遺跡
3. エリセーヴィッチ遺跡
4. ヤナ遺跡
5. ヤナ遺跡

マンモスの牙の"形"と後期旧石器時代の牙製の腕輪・剥片（第Ⅰ部参照）

冷凍された「生」のマンモスの牙を用いた剥片剥離実験（第Ⅰ部参照）

口絵 3

「生」のマンモスの牙から長尺の槍を作る実験（第Ⅰ部参照）

口絵 4

仕上げられた牙製槍と様々な牙加工法（実験）、及び実験用道具に残された使用痕（第Ⅰ部参照）

口絵 5

コスチョンキ1遺跡遠景（矢印）と住居コンプレックス2の発掘風景

地層断面

談笑するN.プラスロフ（右二人目）と
A.デレヴァンコ（左隣り）

講演するN.プラスロフ

コスチョンキのキャンプにて
（左よりアミルハーノフ、プラスロフ、木村、ギリヤ、
アニコーヴィッチ、シニツィン、ドミートリェヴナ）

マンモスハンターの遺跡（コスチョンキ1遺跡）と考古学者・N.プラスロフ（第Ⅱ部参照、木村英明撮影）

口絵6

ルーゴフスコエ遺跡と骨の集積（遺跡写真のみ、E. マーシチェンコ提供）

刺突部（■印）　　　　　　　　　植刃尖頭器の刺突痕と細石刃を残すマンモスの胸骨
　　　　　　　　　　　　　　　　　　　　　　　　　　　　ルーゴフスコエ遺跡

植刃尖頭器の先端部が残るバイソンの肩甲骨　ココレヴォ1遺跡　　　刺突部（■印）

マンモスハンターたちの暮らしと技(1)―植刃尖頭器(槍)に射止められたマンモスとバイソン
（第Ⅱ部参照、遺跡写真を除き木村英明撮影）

口絵 7

マンモスハンターたちの暮らしと技(2)―マンモスの骨格住居(復原：A)、道具(1・2)、彫刻(3〜11)
1.浅い溝をもつ尖頭器、2.ヘアーピン、3〜9.女性像、10・11.マンモス像（1〜8・10.マンモス牙製、9・11.石製）
A.メジリチ遺跡、1〜3・5〜7・9〜11.コスチョンキ1遺跡、4.アヴジェーエヴォ遺跡、8.ガガーリノ遺跡
（第Ⅱ部及び補論1参照、木村英明撮影）

口絵 8

マンモスハンターたちの暮らしと技(3)―パヴロフ・ヴィッレンドルフ文化
A. ドルニ・ヴェストニッツェ1遺跡近景、1〜3. 女性像、4. 幾何学模様の線刻画付き牙製品、5. 溝のある尖頭器、6・7. 頭飾り、8・9. マンモス像、10. ライオン像、11. ウマの線刻画付き指揮棒(1. 粘土製、2・4〜11. マンモス牙製、3. 石製)
1・2. ドルニ・ヴェストニッツェ1遺跡(チェコ)、3. ヴィッレンドルフ遺跡(オーストリア)、4・5〜7・9〜11. パヴロフ1遺跡(チェコ)、8. プシェドモスチ遺跡(チェコ)(第Ⅱ部及び補論1参照、木村英明撮影)

第Ⅰ部　牙と角のわざのひみつ

はじめに ……………………………………………………………………………… 3
第1章　マンモスの牙、トナカイの角：かたちとなりたち ……………………… 7
第2章　マンモスの牙とトナカイの角加工法の研究史 …………………………… 10
第3章　基本的な観察と考古学的な観察 …………………………………………… 14
第4章　マンモスの牙とトナカイの角の剝離実験 ………………………………… 31
第5章　角と牙のたわみ実験——形状記憶 ………………………………………… 61
第6章　マンモスの生活にみられる自然の破損と磨滅化の痕跡 ………………… 76
第7章　マンモスの牙と角加工に用いられた石器に残る痕跡 …………………… 88
結　論 ………………………………………………………………………………… 111
文　献 ………………………………………………………………………………… 112

補論1　旧石器のヴィーナスたち …………………………………………………… 115
　　　　G. フロパーチェフ 著／木村英明 訳
補論2　角の剝離技法による旧石器時代の遺物 …………………………………… 125
　　　　E. ギリヤ 著／木村英明 訳

第Ⅱ部　酷寒に挑む旧石器時代の人びとと技
―北方ユーラシアにおけるホモ・サピエンスとマンモスハンターの起源―

1. 酷寒の地に足を踏み入れたのは誰か？ ………………………………………… 131
2. 旧石器時代における環境と文化の変遷史 ……………………………………… 142
3. 寒さを味方にした人びと——マンモスハンターの文化の成立と展開 ……… 146
4. マンモスの骨格住居とマンモスの絶滅問題 …………………………………… 156
5. マンモス牙製の槍に守られた少年・少女たち ………………………………… 163
6. 氷河時代の"ゼムリェプラホーヂェツィ（踏破者たち）" …………………… 176
　　—シベリアのマンモスハンター、極北のツンドラに挑む—

7. 終章　マンモスハンターの文化の起源、再論 ……………………………… 189
　　―ネアンデルタールの絶滅とホモ・サピエンスの起源の問題―

引用・参考文献 …………………………………………………………………… 202

補論3　人類による極北進出をめぐる研究の新たな展開 ………………… 212
　　　　木村英明 著

訳者あとがき ……………………………………………………………………… 235
あとがき【増補版】 ……………………………………………………………… 242
著者・訳者紹介 …………………………………………………………………… 244

第 I 部

牙と角のわざのひみつ

G. フロパーチェフ／E. ギリヤ 著
G. A. Khlopachev　　E. Ju. Girja

木村英明／木村アヤ子 訳

＊　　＊　　＊

補論1　旧石器のヴィーナスたち
G. フロパーチェフ 著／木村英明 訳

**補論2　角の剝離技法による
　　　　旧石器時代の遺物**
E. ギリヤ 著／木村英明 訳

Г.А.Хлопачев, Е.Ю.Гиря

Секреты Древних Косторезов Восточной Европы и Сибири;
Приемы обработки бивня мамонта и рога северного оленя в каменном веке.

Наука 2010

G.A.Khlopachev, E.Ju.Girja

Secrets of Ancient Carvers of Eastern Europe and Siberia;
Treatment Techniques of ivory and reindeer antler in the Stone Age

Nauka 2010

はじめに

　今日、東ヨーロッパとシベリアでは、数多くの石器時代の遺跡が知られているが、その発掘の過程で、マンモスの牙やトナカイの角から巧みに作りだされた貴重な考古学的遺物が大量に発見されている。とりわけ、マンモスやトナカイの猟を暮らしの糧にしていた人びと、あるいはビョリョリョフの「マンモスの墓場」のような自然の、死んだマンモスのたまり場を生活圏域の中に持ち、マンモスの牙を採取することのできた人びととの文化において、きわめて高いレベルの骨加工技術を見ることができる（Vereshchagin 1977）。永久凍土の環境下では、マンモスの牙は、その本来の性質を保ち続ける、素晴らしい加工素材である。このことは、世界マーケットでの象牙素材の値段の高さや、シベリア高緯度地域の似たようなマンモスの牙埋没地で現代も続く採掘によっても裏付けられよう（Smilnov 2003）。マンモスの牙は、シベリア地域ではもちろん、ヨーロッパ地域でも同じように、旧石器時代のみならず、マンモス絶滅後の中石器時代や新石器時代、さらにはその後も、角素材とともに使われ続けたことは、驚くにあたらない。

　有り余るほどのマンモスの牙や角素材が、石器時代の骨加工技術の発展に重要な役割を果たした。金属器を有していなかった時代の人々でも、マンモスの骨やトナカイの角の加工法に深い知識を持っていたことを物語る、技術的に極めてユニークな製作物が多数発見されている。例えば、後期旧石器時代のスンギール遺跡における10代の若者たちの墓に納められていた長さ2mの真っすぐな槍や、コスチョンキ1遺跡（上層）、アヴジェーエヴォ遺跡、ガガーリノ遺跡、ザライスク遺跡、ホチュレヴォⅡ遺跡、マリタ遺跡などから出土した「旧石器時代のヴィーナス」などの製作物がよく知られている。一方で、過去一万年の間に、数多くの伝統的な骨加工技術が忘れられ、失われてきたが、それらの研究への興味はつきる事がない。

　ロシア考古学には、旧石器時代のマンモスの牙と角加工品に関する研究の長い歴史がある（Gerasimov 1941; Semenov 1957; Filippov 1978 他）。しかしながら、これら素材のユニークな特性について、研究が充分に尽くされてきたとはいえない。マンモスの牙や角で作られた品々に関する分析学的な新たな研究で、じょうぶで、硬く、耐久性ある素材について、不可解な、ある意味では、相矛盾する加工上の特性を備えている事実が解明されている。

　両素材は、見事に切断できるし、鋸で挽くこともでき、磨いてつやを出すこともできると同時に、石器にみられる伝統的な剝離技法を応用し、牙・角片を剝がしとることができた（Khlopachev 1997; Khlopachev 2002）。このように、マンモスの牙と角素材は、加工の過程で、可塑性*ともろさ*を有している。

　　可塑性：力学的影響下で、その大きさと形（著しく変形する）を、元に戻せないほど変えるという
　　性質である。
　　もろさ：あまり強くない変形時に、素材が破壊される性質である。

　フリント、あるいは別のもろい素材についてと同様に、これらの二つの素材は割ることができ

第Ⅰ部　牙と角のわざのひみつ

Fig.1　マンモスの牙剥片・縦割り　1. ホトィレヴォⅡ後期旧石器時代遺跡　2. エリセーェヴィッチⅠ後期旧石器時代遺跡

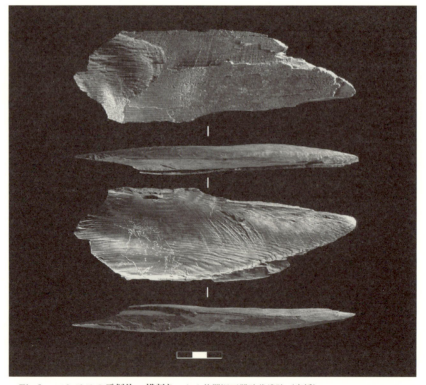

Fig.2　マンモスの牙剥片・横割り　ヤナ後期旧石器時代遺跡（表採）

はじめに

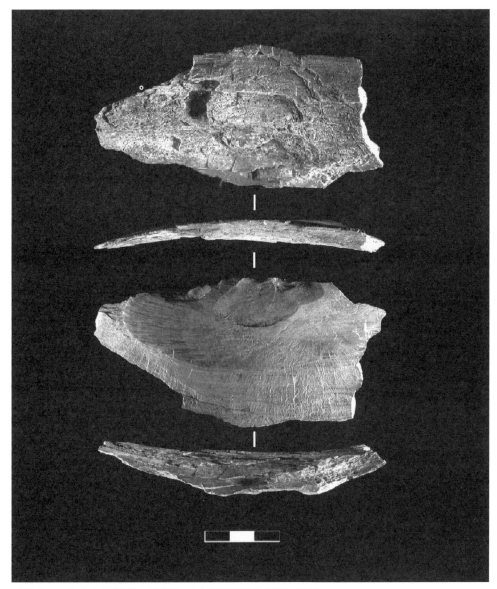

Fig.3　マンモスの牙剝片・横割り　ヤナ後期旧石器時代遺跡（表採）

るということについて説明しているものである。多様な、マンモスの牙や角製の削片、剝片、板状の剝片、そもそもの素材としての核や、それから分割されたまさに剝片を作り出すための核（塊）など大量の考古遺物が、これらの性質を雄弁に物語っている。このような剝片には、核にみられる剝離痕に等しく、「人工的」剝離、すなわち打面や打瘤、リングなど、剝離によって引き起こされる複雑な空間構造の体系全体の特徴がそのまま残されている。このような種類の製作物は、珍しくはなく、ヨーロッパやアジア、アメリカのいたるところで、実際に目にすることができる（Fig.1,2,3）。これらの素材で作られた製作物の中には、切断されているだけでなく、折り曲げられているものさえある。真っすぐにすること、曲げること、そのどちらかの方法で作られたマン

5

第Ⅰ部　牙と角のわざのひみつ

Fig.4　マンモスの牙板を折り曲げたブレスレット
メジン後期旧石器時代遺跡

Fig.5　フリント加工用の角製ハンマー

モスの牙製あるいは角製の遺物は、少なからずあり、様々な旧石器時代技術のひとつとして広く普及していたと認められる（Fig.4）。

以上のような角とマンモスの牙の特性の他に、もう一つの重要な特性、靭性*について触れなければならない。

　　靭性：内部摩擦のおかげで、すっかりバラバラになってしまわずに、物体の特別の部分の運動に抵抗を示す素材の能力である（部分連結部）

靭性のおかげ、すなわちその柔らかな特性故に、角は、フリントの剥離など、現代の石器製作実験者によって敲打具として用いられる事が多い（Fig.5）。マンモスの牙は、より高価で一般的なものとは言えず、しかも靭性に乏しい素材として、剥離実験に用いられる事はほとんどない。

しかしながら最近、オーストリアとチェコの後期旧石器時代の遺跡において、マンモスの牙製ハンマーの存在が明らかになっている（Steguweit 2005）。

考古資料は、早い時代から、マンモスの牙とトナカイの角の「相容れない」その性質を利用した加工技法が駆使されていたことを明確に示している。すなわち、そのような考古資料の存在は、昔の彫師、製作者たちが、これらの素材の特性を加工上変えることのできる技術としてすでに会得していたことを物語っている。特定の状況のもとでは、角や牙が可塑的に「振る舞い」、かなり柔らかく、ねばりのある素材となり、切断し、かんなをかけ、長い削りくずを出し、曲げる事すらできる。別の条件のもとでは、かなり硬く、もろい素材として、硬い石で割ることもできる。マンモスの牙と角のこのような加工上の特性は、それらの本来の形と構造を変化させた時にのみ、手にすることができる。

第1章　マンモスの牙、トナカイの角：かたちとなりたち

　牙（象の骨）と角素材というのは、多様なかたちと構造からなる様々な動物の骨素材の一般的呼称である。仮にもし、セイウチであれば牙のことで、マンモス、アジア象、アフリカ象、イッカク、カバであれば、変形した一対の門歯である。トナカイの角は、何よりも骨格の一部を思わせ、雄牛、バイソン、ヒツジ、山羊のケラチンで形成されている中空の角とは、はっきりと区別される。だから、象の骨、あるいは角について話す時には、当然ながら、実際にどんな哺乳類に属していたのかを必ず示す必要がある。

　マンモス（Mammuthus primigenius）の牙は、そのかたちと構造から、何よりも、現棲の象を思い起こさせる。根はないし、その個体が生きているうちは、成長し続ける。長い弧状の形状をなし、横断面が楕円形を呈する。マンモスの牙の最大厚は、歯槽部付近にあり、牙の反対側、先端に向かって、だんだんと細くなっている（Fig.6）。マンモスの生存中、牙の先端はこすれ、摩耗し、外側には平坦面が作られる。牙が割れた例もまれではなく、折損の後、さらなる研磨が加えられている（Vereshchagin, Tikhonov 1986）。

　マンモスの牙の体部、その中心は、乳白色の象牙質を形成する。マンモスの牙は、明クリーム色の脂肪のセメントで覆われており、その外層の厚さは、成獣で0.5cmに達し、下層面は細かいリブ状で、縦のひだを刻んだようになっている。セメント質は、象牙質にくらべて、ほぼ2倍の硬さ（モース硬度で3から4）で、通常の歯のエナメル質（モース硬度6）とほぼ同じである（Vereshchagin, Tikhonov 1986, p.6）。

　成獣の「生きている」マンモスの牙は、均質であり、成層構造をしておらず、その中心軸まで神経管がはしっている。また象牙質は、細い線状をして、互いに鋭角で交差した、きわめて細かい多孔質の微細構造をしているが、折損したマンモスの牙の破断面（横断面）にこの構造が良く現れている（Fig.7）。生物学で、このような構造は、「シュレーゲル Shreger 線」あるいは「レチウス Retsius 条」と呼称されてきた。事実、これらの線は、非常に細かい「管」があり、象牙質細胞の特別な形成作用の結果作り出されたものである。一定量の象牙質を形成すると、これらの細胞は、この物質の次の単位の生成のために、歯髄の新しい部分で混ざり合う。こうして、マンモスの牙の成長がおこる（MacGregor

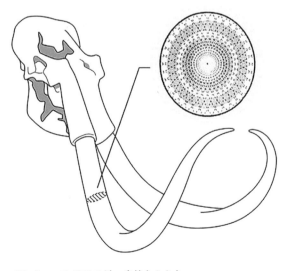

Fig.6　マンモスの牙　自然なかたち

第Ⅰ部　牙と角のわざのひみつ

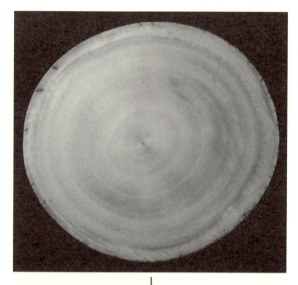

Fig.7　マンモス牙の内部構造　1 研磨した縦断面　2 割れ状態の縦断面

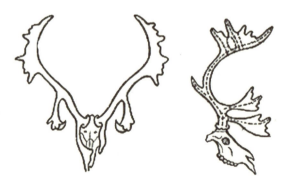

Fig.8　トナカイ角の自然のかたち

1985)。現棲の象も含めた、様々な動物に共通するマンモスの牙の成長の仕組みにもかかわらず、上述の管の相互配置という構造が、マンモスの牙だけにみられる特徴である。現棲の象では、象牙中の管が鈍角になっている。

マンモスの牙の類似する構造が、たわみに働き、その構造の高い力学的堅牢性を保持する縦のバネ構造を作り出している。しかしながら、その微細構造の特徴がまた、供給された有機物の痕跡を失い、乾燥して、「円錐成長」にしたがって層に分かれるという、マンモスの牙の別の特質の原因ともなっている。

トナカイ（*Rangifer tarandus*）の角は、骨生成物であり、頭骨前頭部の骨突起の瘤のようになっている（Fig.8）。年一回、トナカイは角を落す。その後再びはえてくる。トナカイは、他の鹿と違って、またこの種の中で唯一だが、オスだけでなく、メスも角をもっている。また、角が非常に細くて、ヘラジカやアカシカのもののようには重くない。角の根元には、不規則な平面からとびでた帯状の環（ロゼッタ形）がある。トナカイの角は、大きくて、入り組んでいる。長い主枝（主軸）は、上方と後ろに向かい、その後、上と前に向かっている。角の端には、後ろや上に向かう短い突起のついた、あまり大きくない垂直のシャベルをもつが、はっきりしたシャベル状を呈していない例や、それほど大きくない突起が後ろへ向いた例もある。第一と第二（欠いている事もある）の突起は、前方を向いており、大抵はあまり大きくない突起のついた垂直に位置するシャベルを形成してい

る。角の軸と突起は、扁平で、軸についたシャベルと突起も平坦である。角の表面は、一般には、研磨されたかのようになめらかである。色は、明褐色あるいは、白である。

トナカイの角の構造は、均質ではない。角の根元は、より一体となっており、軸からの距離によって、多孔質海綿状の構造となっている。トナカイの角の成長期には、管状の新しい角質化した構造になる。血液が充満し、短い柔らかな毛のはえた、薄いビロードのような皮におおわれる。この皮は、角の骨化の際に消滅し、落下する。成長の過程で、角の柔らかな海綿状の組織は鉱物化し、基本元素であるカルシウムが著しく増加する。鹿の角は、骨物質でできている（中胚葉起源）。額の突起の骨組織の血管から、構造物の運搬に不可欠な血液が、成長する角に流れてくる。角内部の血管はもっと少

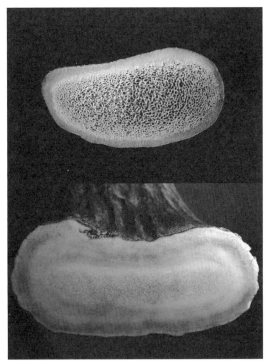

Fig.9　角の内部構造　上：トナカイ　下：ヘラジカ

なくて、骨格内とは異なって、規則的に配置されていない。成長の全期間を通じて、柔らかい部分と硬い部分は、区別できる。骨の海綿質では、骨生成細胞が増え、骨組みに骨生成石灰を残しておく。角とその突起の上部は、かなりの量の軟骨組織を含んでおり、その量は、それらの成長の速度と直接依存関係にある。横断面では、しっかりした骨層でおおわれた、量的に少ない海綿状構造である（MacGregor 1995）（Fig.9）。

このように、マンモスの牙とトナカイの角のかたちと構造は、加撃や破砕負荷への耐久性を保証するよう、自然に作りだされている。石器時代の人々は、このような特性を利用することを覚えただけではなく、持続的な方法でこれらの有機質素材の自然の特性を変えることも身につけていた。

訳者註：本書に記載されている製作実験のひとつ、牙製作実験は、いずれもマンモスの牙を用いて行われている。単に「牙」と表記される場合でも、特にことわりのない限り、マンモスの牙を指す。乾燥した「化石」や考古学的遺物のほかに、「現棲する象の牙」と見紛うほどの永久凍土層中から発見された「新鮮な牙」があることについては、注意されたい。

第2章　マンモスの牙とトナカイの角加工法の研究史

　マンモスの牙とトナカイの角加工法に関する研究の歴史に目を向けると、先史時代のマンモスの牙打割が特別な技術と考えられていなかったことがわかる。剝離加工法は、石の加工とくらべて、むしろきわめて簡単なものと考えられていた。マンモスの牙やトナカイの角の剝片や、板状のより定形的な剝片の獲得は、マンモスの牙を単に割るか、重いハンマーでマンモスの牙や角に強い加撃を連続して与えることによって行われるものと予想されていた（Efimenko 1953; Semenov 1957; Gvozdover 1953 他）。

　しかし、東ヨーロッパにおける後期旧石器時代のマンモスの牙製遺物群の研究は、マンモスの牙とトナカイの角加工技術が、単に剝片を剝離するだけに留まるものでないことを物語っており、今や剝離法は、牙や角素材剝離を可能にする多様な技の総体をもって示すことができる（Khlopachev 2006）。しかも、われわれが重視しているのは、技の一つとして、自然に本来備わった素材の特性の変化を含めて考えることであるが、もろい骨素材の特性に、可塑性と靭性を加味した特別な技法が存在する事実については、研究の当初からこれまで、研究者たちによって十分に注意されてこなかった。

　少なくとも、矛盾に満ちた遺物、つまり、加工可能な素材でありながら、あらゆるもろさをも象徴する牙および角製の剝片、そしてそれを剝がしとるための核の併存という特異な現象は、長い間理解されることがなかった。考古学の研究史においてはもちろん、その他の分野にあっても、個別に議論されたり、特別な研究対象として取り扱われた形跡は認められない。

Fig.10　ミハイル・ミハイロヴィッチ・ゲラシモフ

Fig.11　セルゲイ・アリストハヴィッチ・セミョーノフ

M.M. ゲラシモフ（Fig.10）と、S.A. セミョーノフ（Fig.11）(Gerasimov 1941; Semenov 1957)の業績が広く知られているが、その中で、マンモスの牙と角の柔らかい構造、「可塑性」の研究に注意を向けている。しかし、この問題の解決にむけての特別な実験を行ったという記述は、存在しない。むしろ、研究者たちがよく知るマンモスの牙と角の特性のなかに、矛盾した特性が含まれていることについては、なお気づいていなかったという印象をうける。

ゲラシモフが、実験を通してマンモスの牙あるいは角を実際に剥離したのかどうか、証明に必要な情報はない。彼の報告を読んでみると、マンモスの牙からの剥片の剥離には強い加撃が必要であることが予想される、という間接的な指摘を見出すことはできる。すなわち、マンモスの牙の横断破壊について次のような記載が認められる。「貝殻状表面をなす割れ目が破片に残されているが、このような割れ目の形状は、極めて強い加撃によってのみ可能である」(Gerasimov 1941, p.72) と。また、長い剥片を剥離するための技法（Fig.12）について、「大きなマンモスの牙片は硬い台に垂直におき、その上部にハンマーの一撃を加える。ハンマーの加撃は、中央から縁に向かって、いくらか斜めに傾いていなければならない。マンモスの牙片は、核のようなもので、得られた剥片は、それ以降の加工用の素材として用いられる」(同上 1941, p.73) とも記されている。

核からマンモスの牙剥片を剥離する方法を例解した図では、剥離が鈍角に示されているが、これでは、この核から剥片を剥離することはおよそ難しい。たとえ、黒曜石製であったとしても同じであろう。このような核からのマンモスの牙剥片の獲得は、事実上不可能である。同じゲラシモフの報告中には、「蒸気で柔らかくされたマンモスの牙から切り離された板状のもの」につい

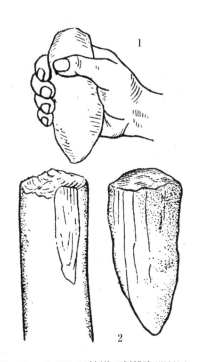
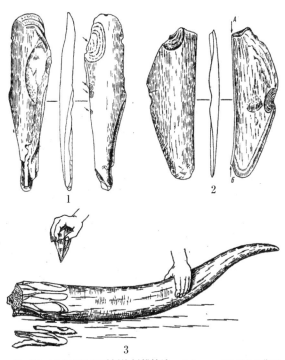

Fig.12 マンモスの牙剥片の剥離法（縦割り） ゲラシモフによる復原

Fig.13 マンモスの牙剥片剥離技法 セミョーノフによる復原

第Ⅰ部　牙と角のわざのひみつ

Fig.14　アナトリー・クジミチ・フィリッポフ

ての言及もある（同上 1941, p.71）が、その由来については不明である。この板状のものが剝離されたのは、マンモスの牙を蒸気で柔らかくする前なのか、後なのか、蒸気で柔らかくする実験での過程においてもたらされたのか、別の実験による成果であるのか、不明である。

さらに、S.A. セミョーノフによって示された、先の尖った両面加工の道具あるいは「ピック」による丸みを帯びたマンモスの牙の曲面から剝片を剝離する工程の復原図（Fig.13）（Semenov 1957, p.187）は、ゲラシモフによって示された剝離技法の記述と同様、仮説モデルに過ぎない。S.A. セミョーノフは、当時、マンモスの牙の剝離実験を行っていなかったし、その後の 1971 年に、S.A. セミョーノフの指導で行われたコーカサスでの A.K. フィリッポフによる実験研究（Fig.14）で、この図にあるような方法でのマンモスの牙の剝片製作が行われたが、むしろその方法による剝離が不可能であることを証明した。つまり、「縦あるいは横の切断も行われていない新鮮なマンモスの牙の曲面からの、のみ、斧、あるいは別の先の尖った道具による剝片‐未製品の剝離は、不可能である」（Filippov 1983, p.14）ことが明らかにされている。このようにして、特に、ハンマーを利用したマンモスの牙の剝離実験を実施するに際しての、最初の信頼できる情報は、A.K. フィリッポフの文献にみることができた。

A.K. フィリッポフは、実験を通して、乾燥したマンモスの牙から切断による平らな横断面をもつ小片を剝がしとることに成功した。剝片は、成長の円錐形にそうマンモスの牙の一端から剝がされ、剝離角度は 80° に近いという。「極めて重いハンマーによる数回の強い加撃の後、剝離面に沿って走る 8〜10cm の亀裂が生じた。剝片の最終的分離は、更なる剝離面への加撃によって、あるいは楔によってなされた」（同上）。つまり、剝片の剝離は、非常に困難で、多数におよぶ、極めて強い加撃の後にはじめて剝離亀裂が生じるが、完全に核から剝片を剝がし取るためには、時に楔の助けを借りなければならなかった、というのである。残念ながら、これらの実験の過程で撮影された写真も、剝片の図も、何も残されていない。しかしながら、それらがなくとも、獲得された剝片が「優美な」かたちをもちえなかったと理解するのはそれほど難しくない。マンモスの牙から、極めて薄く長い剝片をこのようにしては獲得できず、剝片は途中で破損してしまうに違いない。重いハンマーによる「獲得」を目指すとすれば、剝片は、強い加撃に耐えるため十分に厚くなければならず、厚さが有るというのはとても重要なことである。考古学的な遺跡に残されているマンモスの牙剝片の形状は、多種多様であるが、それらの中に、点状と線状の面を有する、あるいは点状、線状いずれかの面を有する大きくて、極めて幅の広い板状の剝片を見いだすことも稀ではない。このような形状と手順をもつ剝片が、一度の打撃によって得られた

こと、そしてそれらの準備過程で異なる方法を駆使してもたらされたものであることは、疑いない。A.K. フィリッポフ の一連の実験結果は、単純な条件下で角を剥離することが不可能であることを示した。「似たような角の剥離体験から、私たちは良好な結果を得ることはできなかった。多孔質の塊、あるいはその残核は、打撃に対する素材の強さを何倍にもした」という（同上）。

A.K. フィリッポフは、自らの実験の結果が多くの考古学的標本と一致しない理由について、素材加工上の何か異なる条件が関係しているものとはっきりと認識し、気温に応じた牙の剥離方法の変化の可能性を初めて示した。「このような剥離は、骨素材を、氷点下の気温、あるいは反対に強い加熱のもとで可能であるとも考えられる」（同上）と。

以上が、我が国考古学における、マンモスの牙とトナカイの角の特性に関する研究史の概略である。先駆者たちの実験、東ヨーロッパとシベリアの石器時代遺跡での発掘調査の過程でなされた私的な実験や数多くの観察[1]、大量の考古学的コレクションの分析結果にもとづき、私たちはこれらの素材の特性を十分に特定することができた。特に可塑性ともろさなどという、「結びつかない」特性の矛盾に満ちた結合を解明することができた。

われわれの研究の過程で、牙と角素材の特性にもっとも深く影響を及ぼす二つの基本的要素を解明してきた。その第一は、温度（A.K. フィリッポフの予想の正しさを立証している）、第二は水分である。温度・水分の様々な組み合わせに応じて、角とマンモスの牙の特性が、著しくその性質を変える。

重要な点として強調しておきたいのは、角と象の骨の予想される多様な状態の中で、われわれは三つのより極端な状態を重要なものとして取り上げるが、それらはそれぞれまったく異なる力学上の特質を持つ。

1) 自然に水分を含み（「新鮮で」）、凍っている（－25°C以下）状態で、マンモスの牙あるいは角は、比較的堅牢でもろい素材
2) 自然に水分を含み、0度以上の気温で、マンモスの牙あるいは角は、比較的柔らかく可塑性に富む素材
3) 「乾燥した」牙と角は、比較的堅牢で靭性のある素材、となるのである。

---

(1) 観察と実験は、以下の調査時に行われた：コスチョンキ旧石器時代遺跡調査（主任・N.A. プラスロフ）LOIA RAN、G.A. フロパーチェフによるデスナー河流域の旧石器時代遺跡調査 MAE RAN、コスチョンキ実験・使用痕研究（主任・E.Y. ギリヤ）、ジョホフ島考古学調査（主任・V.V. ピトゥリコ）

第3章　基本的な観察と考古学的な観察

　骨素材の組織学を専門とする動物学者でも、硬い物質の物理学の専門家でもないわれわれは、自分たちが観察した象の骨と角の特性変化の様子を詳細にわたって説明することはできない。結局のところ、われわれの研究にとって重要なのは、水分があって、硬く凍った状態の牙と角が、加撃法によって剥離でき、「人工的」剥片としての痕跡を残す大きな剥片を獲得することができるという事実なのである。マンモスの牙や角は、乾燥した状態で、−80℃まで凍らせてもその特性を変えることはない。

　そのミクロの細かい孔が空気でいっぱいになっている限り、その特性は、地上の大気中で起こるような、それほど大きくない気温変化のもとでは、事実上変わらない。すなわち酸素と窒素の液化にとって−180℃に近い温度が必要であるが、水は別である。水は、摂氏0°以下になれば、物質内部で凍る。水が、氷に変わる時、体積が9％増すことは知られている。だから、元々の体積が凍る時に、物質の孔内にある水は増えるが、この時、牙も角も割れない。

　マンモスの牙あるいは角の自然の水分は、凍結の際にそれらの破裂の原因にはならない。生きているマンモスの牙の先端は凍ったのだろうか？トナカイの角は凍るのだろうか？凍るだろうと考えるが、寒さで牙や角は破裂しないし、剥がれない。つまり、これらの物質は、自然本来のやり方で、破裂することなしに凍結に順応し、ミクロの細かい孔の中の氷の予想される拡大は、その可塑性の範囲を越えない。なぜなら、牙内のミクロの細かい孔の容積に収まる氷量が形成されるものの、自然に含まれる水分が臨界を越すことはないからである。

　さらに温度が低下すると、氷の密度と硬度が増す。例えば−30℃では、氷の硬度は、方解石あるいは、金雲母や象牙質といった鉱物のように、硬度3〜4であるが、体積は小さくなる。同時にそのもろさが著しく増す。氷は、あたかも、混じり合わせる素材を「くっつける」かのようにはたらき、この時、骨素材にもろさをもたらす。さらに温度が低下するにつれて、氷の堅牢性は、牙あるいは角の堅牢性に等しくなり、やがてそれらを超過し始める[2]。

　われわれの認識によれば、まさにこの時に象の骨あるいは角は、もろい岩石が割れると同じよ

---

[2] モスクワ大学地質学部地質鉱物学上級化学研究員 B.E. トゥムスキーの私信によると、「マンモスの牙内で、水分は、細胞の細胞質と、おそらく成長円錐の接触面と細孔隙にそう水のミクロ膜に含まれている。なぜなら、この水分は化合していないが、孔表面と象牙質の隙間を結びつけており、その凍結温度は、0°よりもっと低い。おそらく、凍結していない状況下でのマンモスの牙の象牙質は、それ自体かなり弾力性に富む素材であり、これを割るためには、強力な力を集中させなくてはならない。孔や隙間に含まれる水の影響を被るマンモスの牙の特性ともいうべき弾力性が、硬いものに対してというよりも、あたかも液体に対するかのように力を伝えるからなのであろう。つまり、衝撃の強さをあらゆる方向に伝え、その負荷をより均等に拡散させる。その結果、加撃のエネルギーは、マンモスの牙のかたちにそって均等に分散し、加撃負荷が接触面に集中することはない。マンモスの牙の温度の低下につれて、水は、だんだんと凍り始める（地質学でいうところの温度スペクトル）。水分量の減少とは裏腹に、マンモスの牙は、もろい氷の増加につれて、純粋に硬いものへと変化を始める。この時、氷と物質は、質的に近接し、加撃に対し共働しあうこととなる。当然ながら、氷は、液体としては働かず、硬いものとして働き、まさに物質のもろさの増加とともに、加撃のベクトルを残し、やがてある特定の方向に割れる」という。

うな性質を獲得する。われわれの実験では、−25℃以下の冷却が、顕著な素材の変化を招く。しかしながら、マンモスの牙や角の冷凍が、このような素材の剥離技法に必須の方法であることを意味しているのだろうか。考古学的遺物は、かならずしもそうではないと語っている。

剥離技法は、石器時代に、硬い有機物の第一次加工にきわめて広く使われた。骨製品の未加工品として、主にマンモスの牙やトナカイの角の剥離品が使われたというのは周知のとおりである。考古学的資料によれば、このような素材の剥離には、三つの方法があったことが理解される。最も簡単なものは、層状に分かれる剥離である。この方法は、牙を加工する時にのみ利用できる。

層状剥離（Rassloenie）—これは、周囲の環境の指標でもある温湿度変化の結果、マンモスの牙本体から円錐形構造個々が列上の「シュレーゲル線」に沿って分離する過程である（Fig.15）

ヒビが入り、層状に分かれた牙は、軽く、しかも凍結や分離を必要としない様々な素材の破片として、先史人に幅広い利用の可能性をもたらすが、何よりも、その破片はあれやこれやの製品加工にふさわしいかたちと大きさを持っていた。

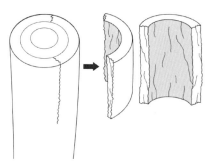

Fig.15　マンモスの牙　層状剥離（Rassloenie）

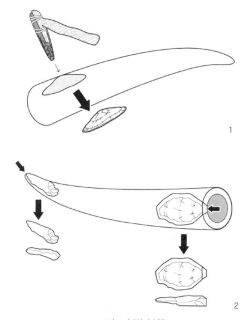

Fig.16　マンモスの牙　剥片剥離（Skalyvanie）

さらに他の二つの方法は、われわれが剥片剥離（Skalyvanie）と分割（Razlamyvanie）と名付けたものであるが、マンモスの牙やトナカイの角の一次加工の際に使われる。それらの基礎には、動力源となる負荷がある。牙や角にたいする内的メカニズムの影響の結果生じる。

剥片剥離（Skalyvanie　打割）—剥離の方法の一つで、その外側の層から至近距離にあるマンモスの牙内部に、亀裂が作り出される（Fig.16）。剥片剥離の方向次第で、横にも（Fig.16-1）、縦にも（Fig.16-2）割ることができる。

剥片剥離の際に縦割りを引き起こす動力インパルスが、鋭角でマンモスの牙本体の縁辺部にかかり、加撃による剥離をもたらす。この時、石材加工で行われる加撃法の決まりごとに倣う必要があろう。つまり骨の核前面は、突出していなくてはならないが、打面と剥離面との角度は鋭角でなければならない。むやみやたらでの剥離の確率は極めて低い。自然の円錐形と象牙組織の特

第Ⅰ部　牙と角のわざのひみつ

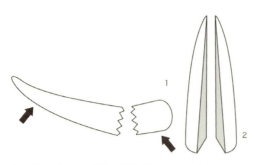

Fig.17　マンモスの牙　分割（*Razlamyvanie*）

徴は、高い力学的堅牢性を兼ね備えており、大きな負荷に耐える事が出来る。マンモスの牙本体の縁辺の形状は、自然の営みの中で形作られたものであるが、マンモスの生存中に変形がもたらされたとすれば、牙の末端が擦り減って行く過程か、牙が砕けた結果であろう。しかしながら、そのような場合ですら、牙本体上に作り出された縁辺の表面が、「偶然の」剥離を思わせるケースはおそらくごく稀であろう。牙表面からの少し大きめの剥片を分離するには、必ずと言っていいほどに牙本体上に打面の設置という特別な技術的処置を必要とする。

分割（*Razlamyvanie*　二つ割り）―これも剥離の一つの方法で、この時、マンモスの牙内部に割れ目が、その中心から奥へと、成長構造を横切って生じるが、二つの外的動力インパルスが同時に発生し、正反対の方向へ向かいながら、裂け目を作り出す（Fig.17）。

截断（*Razryf*）／曲げ荷重のやりかた次第で、横（Fig.17-1）、縦（Fig.17-2）の分割が生じる。縦割り（*Prodaljnoe*）―この分割は、マンモスの牙表面上の隙間、あるいはひび割れから長軸に沿って進む分割である。截断荷重は、幅広い楔を隙間、あるいはひび割れに打ち込む事によってのみ成し遂げられる。これは、マンモスの牙の中心部深くに動力インパルスを導く。もし反対側に別の溝（割れ目）があれば、動力インパルスをより正確に導くことができよう。横割り（*Poperechnoe*）―この分割は、マンモスの牙の長軸を横切って位置する刻み目あるいは隙間に割れが始まるが、末端にかかる圧力によって曲線的な荷重がもたらされる。

剥片剥離技法を用いた剥離とは違って、分割に際しては、牙そのものの構造と形が保有する破壊や截断荷重に抵抗しようとする様々な特性をやわらげるための方法が駆使された。曲線や隙間へのいかなる荷重も、マンモスの牙内に緊張状態をもたらし、やがてその緊張状態が極限に達した場所で、割れ目を発生させる。

細長い円錐形というマンモスの牙の自然の形状が、曲げ荷重による分割を可能にさせる。牙の両端に同時に与えられた強い作用がマンモスの牙を半分に折るのであるが、この時のマンモスの牙は、力学的視点からみると、一端が固定された円錐状の梁に似ている。すなわち、均等の抵抗を伴う長材である。このような梁のそもそもの側からの荷重と反対側からの劇的な負荷という反作用は、その全長にわたって、恒常的同等の負荷を保証する円錐形という形によって得られる（Khozatsukij 1990）。数式にあらわせば、このマンモスの牙の構造を次のように示すことができる。

$M_x / W_x = $ 一定

M　曲る時

W　抵抗時

x　マンモスの牙の切片ごとの力

このバランスがどんな形でも崩れると、過大な曲げ荷重となり、結果として割れになる。たと

第 3 章　基本的な観察と考古学的な観察

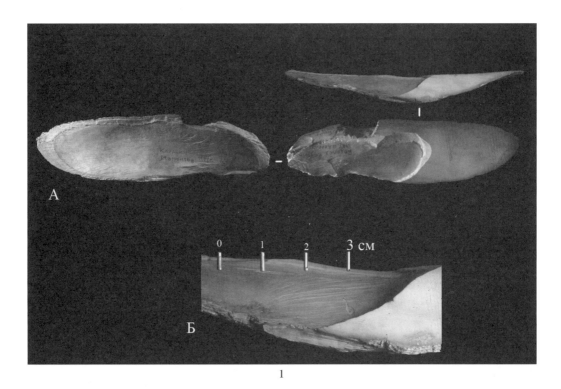

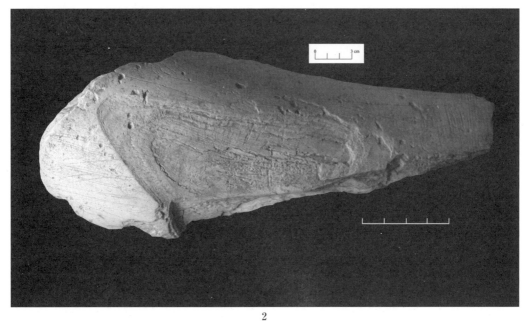

Fig.18　遺跡から発掘されたマンモスの牙剝片
　　1　横長剝片　ビョリョリョフ後期旧石器時代遺跡
　　2　横位剝離痕つき剝片　エリセーェヴィッチ I 後期旧石器時代遺跡

えば、長径25cm、長さおよそ2mの大きなマンモスの牙を折るためには、その端におよそ二人分の体重に相当する130kgの負荷が必要とされる。牙の長軸にそった分割のためには、まったく別の方法、すなわち楔を入れての分割が用いられた。角のない丸みを帯びた牙の表面には、楔

17

や複数の楔の助けをかりた場合にのみ截断荷重が生まれる。楔による分割の方法だけが、牙の長軸にそう截断荷重を生じさせる事ができるのでありマンモスの牙中心に深く入り込んだ楔は、それらによって生じた割れ目の両壁に圧力を与え、割れ目をいっそう広げる。

　われわれによって明らかにされた互いに異なる二つの基本的な剝離法、すなわち打剝と分割は、マンモスの牙とトナカイの角が、フリントとは異なる不均等性をそなえていることを物語っている。成長構造への負荷の方向により異なる力学的特徴を示すことが知られる牙と角の加工に用いられたであろう剝離技法に関する実際の証拠は、石器時代遺跡に広く残されている。成長のミクロ構造に応じて、牙や角の表面から剝片剝離は行われる。このような剝片は、打面をもつ木口部分からも、成長方向に沿う牙や角製の核の側面からも剝がされたが、剝離面は必ず、成長構造に対しタンジェント（正接）の位置にあった。

　横長剝片―牙から剝離された剝片は、長軸を横切る方向で剝がされた（Fig.18）。このような剝片の幅は、その長さを著しく上回り、平面が半月形をなす。剝片のこのような形は、まさに割り開始時の剝離がもたらす大きく幅広い剝離面によって説明される。剝離面を形成する剝片の腹面は、突出するか、いくらか内彎しているが、この際の、マンモスの牙の環状構造の形状を必ずしも反映しない。打瘤は、剝片の最大幅のところにあり、だんだんとそのへりや末端方向へ減少する。

　剝片の端部には、通常、打面の痕跡が残されている。打面は、様々な方法で作られているが、たとえば、エリセーェヴィッチⅠ遺跡では、牙の表面に刻まれたあまり深くない縦溝の側面を打面に用いている。これと同じ打面作出法の例が、ビョリョリョフ後期旧石器時代遺跡でも知られている。

　このような溝を作成した痕跡は、エリセーェヴィッチ遺跡出土の剝片に比べてはるかに良好な例が、永久凍土の環境下で発見されたマンモスの牙の横長剝片に残されていた。スポネフスキー遺跡では、牙表面の縦長剝片剝離痕の縁辺が横長剝片剝離の打面に利用されている。上述の打面のタイプすべてから、大きくて、きわめて幅の広い剝片が獲得されているが、幅が長さの3倍以上にはなっていない。

　ジョホフスカヤ遺跡では、完新世前期の年代であるが、横長剝片剝離が、別のやり方で行われていた。剝離面は、マンモスの牙表面に石製のみを接触させて作り出されていた。おうおうにし

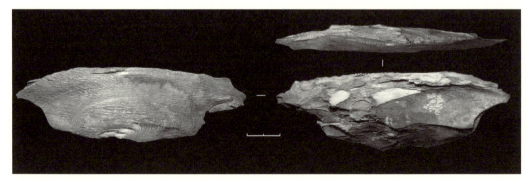

Fig.19　横長剝片　ジョホフスカヤ中石器時代遺跡

てこのようなのみが添えられる場所は、互いの横長剥片剥離痕が重なり合う二面の境界上にできた肋骨状隆起部分である (Fig.19)。ジョホフスカヤ遺跡の横長剥片は、エリセーェヴィッチ遺跡やスポネフスキー遺跡のものに比較するといくらか短い。より幅広い剥離面がそのことを説明しているが、幅は、その長さの3倍ほどのものが多い。

複数の追加加撃で剥離された横長剥片は、きわめて大きく部厚く、末端部分のリングが不均等で、剥離面上に特異な波状階段の節目が存在し、基部末端部（訳者註・いわゆる打面。日本と異なり、図や写真において下位置に表現されるのが通例）には、複数の打瘤があるのが特徴である (Fig.20)。

縦長剥片―剥片は、マンモスの牙の長軸に沿う方向で剥離されたもの (Fig.21)。これは、横長剥片と同じく、人の手による縦長剥離の痕をのこしている。縦長剥片の平面形は、左右対称で楕円形に近く、その基部末端からそれほど離れていない主剥離表面には、打瘤あるいは非円錐形の打点部が認められた。縦長剥片の基部端部が、剥片の最大幅となり、それとは逆の末端部へ向かって次第に幅を減じる。そのような剥片の腹面は、常に突出しているか平坦である。縦長剥片は、しばしば、マンモスの牙の尖った先端から剥がされる。この場合、打面としての機能は、マンモスの生存中に、摩耗の過程で牙の端部に形成された隆起部が果たす。しかし一般的には、折損したマンモスの牙の一端にできた横位欠損面のへりを縦長剥片剥離用の打面として利用した。マンモスの牙の木口上の高まった打面は、特別のやり方で準備された横位分割か、この表面の補足的

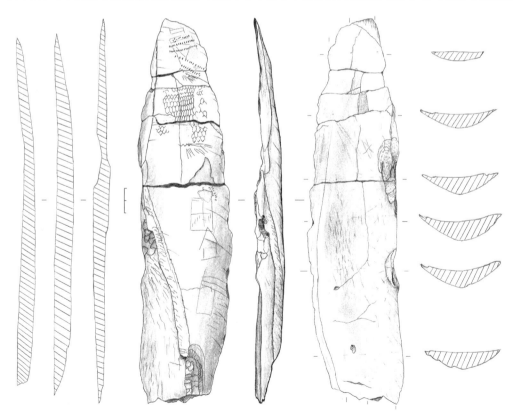

Fig.20 複数加撃の剥離痕がみられる横長剥片 エリセーェヴィッチⅠ後期旧石器時代遺跡

第Ⅰ部　牙と角のわざのひみつ

Fig.21　縦長剥片　ホトィレヴォⅡ後期旧石器時代遺跡

Fig.22　縦長剥片剥離面を伴う末端面　エリセーェヴィッチ後期旧石器時代遺跡

加撃の結果として作り出された（Fig.22）。

　われわれは、成長構造を横切る方向での剥離法によって作り出されたマンモスの牙あるいは角の剥離製品を、ヨーロッパやシベリアの考古学的資料中に見たことはない。

　このような方向での剥片剥離は、実際のところ、通常の環境下では不可能であろう。あらかじめ核を−80℃に冷凍した場合だけ、マンモスの牙から似たような剥片数点を獲得することができた。剥片は、厚く、短く、しかも不定形である（Fig.23）。核本体からの剥離の過程で、マンモスの牙に生じた様々な密度の円錐の層から剥がしとるには、大変苦労した。しかも、腹面の末

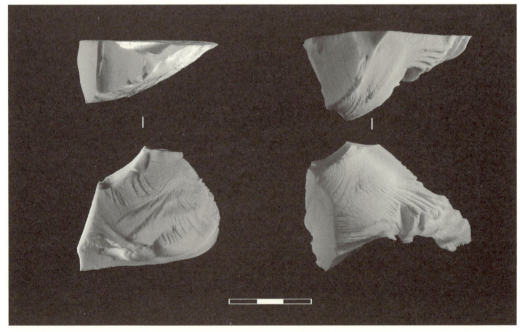

Fig.23　成長構造を横切るマンモスの牙の末端面から剥がされた剥片　2007年実験

第3章　基本的な観察と考古学的な観察

端部に凹凸の激しい波状の起伏が残された。これらの剥片は、多くは曲線状か階段状に割れた。この場合、割れは、鋸で挽かれた牙の縦断面に平行して走らず、いくらかの角度をもって進もうとする。

　成長構造を横切っての剥離作業の工程は、完全に同じ例ではないが、もしかしたら、繊維を横断する木の縦割りが類似する例として考えられるかもしれない。しかしながら、貝殻状の割れの形成についての話ということでは、むしろマンモスの牙の剥離の特徴は、より正確には、水晶石英と比較すべきものかもしれない。石英を使う場合、剥片の自由な獲得は、水晶の長軸に対して

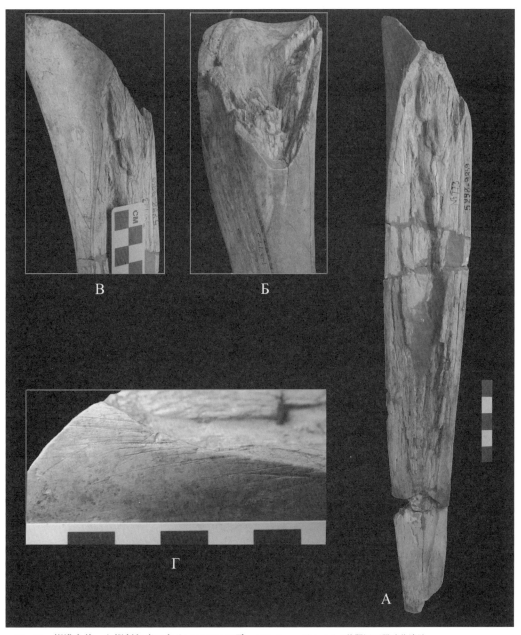

Fig.24　縦溝を使った縦割り痕のあるマンモスの牙　エリセーェヴィッチI後期旧石器時代遺跡

第Ⅰ部　牙と角のわざのひみつ

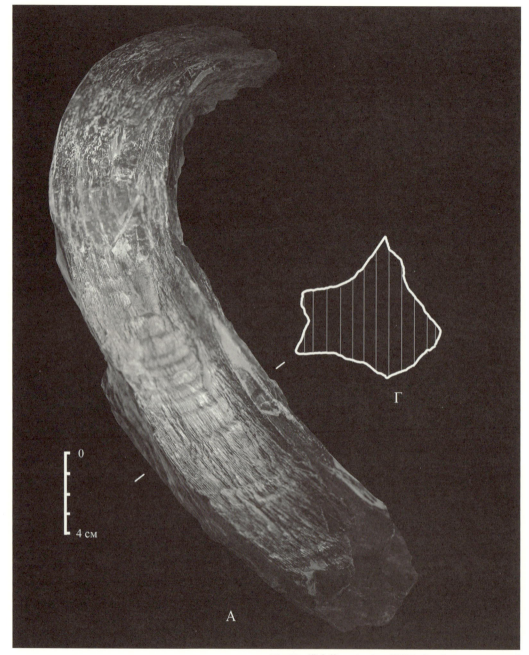

Fig.25　溝を使っていない縦割り痕のあるマンモスの牙

45°以下の角度の面でのみ可能である。水晶プリズムの長い側縁にそう剥片は、一見、板状剥片の剥離の準備が成されているかのように見えるが、実際の剥離は非常に困難であることが判ろう。なぜなら、このような方向は、水晶の結晶構造がもたらす可能な剥離面と一致しないからである。マンモスの牙の横長剥片のように、腹面に階段状起伏を残す。

　考古資料中には、稀ではあるが、マンモスの牙かトナカイの角を、縦におよそ半割したかのような非常に大きくて重量のある縦割り製品が含まれている。剥片との外見上の類似にかかわらず、

第 3 章 基本的な観察と考古学的な観察

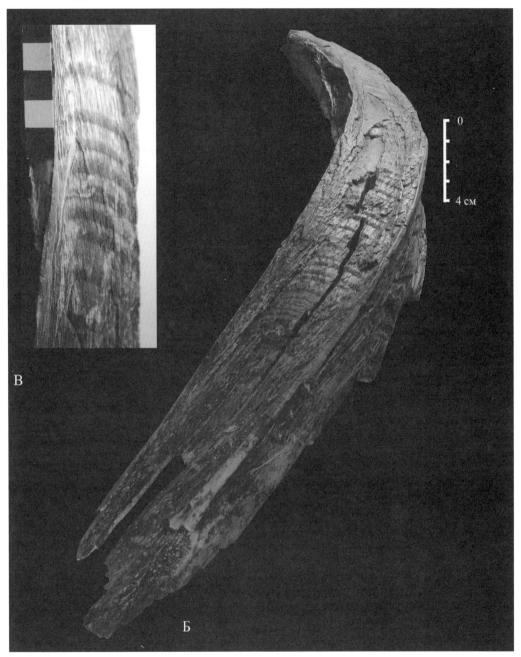

マリタ後期旧石器時代遺跡

それらは打剝技法によって得られたものではなく、牙あるいは角の軸にあわせて縦に割った結果得られたものである（Fig.24, 25）。あらかじめ溝を刻むことによって、あるいはそれがないものであっても、マンモスの牙丸ごとの縦割りが可能だった事を立証する考古的な遺物である。溝をうまく利用した良い例が、エリセーェヴィッチⅠ遺跡から出土した長さおよそ30cmと、それほど大きくはないが、側面に縦の割れ目の痕跡をとどめたマンモスの牙である。割れ目痕の両側縁に、石器によって入れられた溝の痕跡が確認できる（Fig.24 В・Г）

このようにして作出された割り製品の特徴は次のようなものである。

1) 部厚く長大。　2) 分割面が幅広できわめて平坦、牙の成長構造に関してタンジェント（正接）方向をもつ。　3) 牙の外側表面上に明瞭な加撃分離痕を欠如。　4) 両側縁に溝切断からの縦割り面の痕跡があること。これらはマンモスの牙の表面上の石器による削り取りの結果生じたかき傷としてだけではなく、縦割り面の表面上にもはっきりと読み取れる溝や研磨痕を残す。石器による加工のおかげで、この縦割り面は、その中央部に比べてよりよく保存されている。牙表面にたまたま存在するひび割れが、溝の役割を果たす場合も知られている。5) はっきりと位置づけられた牙の縦の溝あるいは縦のひび割れに沿って剥離面が存在すること。

剥がされた部分の割れ目が、マンモスの牙のほぼ中心を通過して、その成長構造を横切って進むので、このような製品については、仮に放射状剥離と呼ぶことができる。

放射状剥離は、溝入れなしでも可能であった。1925年にM.M.ゲラシモフによるマリタ遺跡発掘中に、5面の大きな放射状剥離の痕跡（Fig.25-Г）を残す1.5mほどの大きなマンモスの牙核が発見されている（Fig.25）。加工される前には、牙の直径は、およそ25cmあったと思われる。放射状剥離による剥離面どうしの境目は良く保存されており、それらの剥片の分離が溝なしで、おそらくは末端や、マンモスの牙基部端から縦の楔を入れ、割れを実現していた事を証明している。割れ面上に、分離の方向を示す「衝撃波」がよく示されている（Fig.25-А, Б, В）。

このような剥片の放射状剥離は、水分のあるマンモスの牙からのみ可能であった。非常に「乾燥した」マンモスの牙の, すでにある放射状あるいは同心円状のひび割れに楔を入れて割る事は、まったく非生産的である。よく乾燥した牙の一つに鉄製斧で楔を入れて割る実験では、牙は砕けたものの、破片のひとつは、遠くおよそ10mの距離に飛び散る結果となった。乾いたマンモスの牙は、極めて靭性に富んでいるが、同時に頑丈でとてもしなやかである。どのような木や角製の楔すらも、乾いたマンモスの牙への作業には役立たないし、よりいっそう丈夫な道具一式が必要とされる。

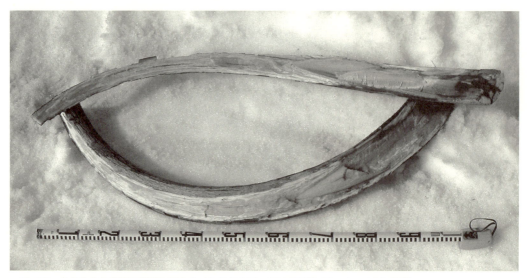

Fig.26　水分を含む状態の縦割れ痕あるマンモスの牙　2004年実験（ジョホフスカヤ遺跡）

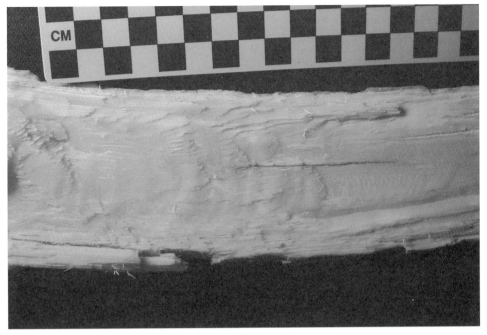

1

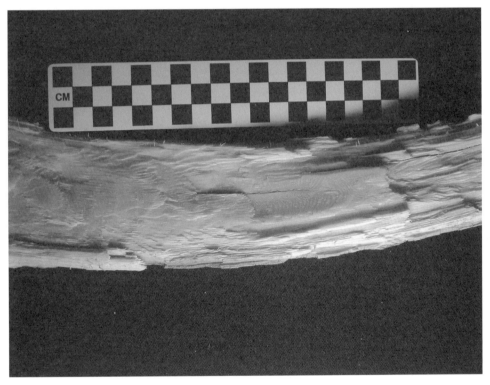

2

Fig.27 水分の多いマンモスの牙の縦割れ片と表面上に残る波状痕 波状痕は、剥離進行方向を示す

マンモスの牙の場合、水分の多い状況でこそ、極端な結果をもたらすことなく、穏やかにコントロールしながら割る事が可能である。この工程での鍵となる点は、ひび割れの始点とその後の割れの進行方向を管理することである。牙の横断面や、外側の曲面に、自然のひび割れがある場合は、それらが全長に及ぶよう気遣いながら剥片剥離に利用することが首尾よく行うコツである（Fig.26）。実験では、半製品は、マンモスの牙の自然なカーブをなぞりながら螺旋状に分離した。剥離面は、不規則で、「ずたずたに裂けた」ようにでこぼこした起伏（Fig.27-2）がみられるが、それにも関わらず、ひび割れの進行方向にあわせて生じた波形、同心円状の痕跡が認められる（Fig.27-1）。

縦の分割に際して、短く部厚い石製の剥片を利用していた事実が判明している。例えば、およそ28000〜27000B.P.の絶対年代をもつスンギール遺跡では、O.N.バーデルによって割り痕のあるマンモスの牙が発見されているが、その表面のひび割れ中に、大きくて重いフリント製の剥片12個が打ち込まれていた。剥片の基端部には強い打撃痕があり、末端は砕けていた。また、このマンモスの牙から数mのところには、別の「縦割り済みのマンモスの牙」が発見されている（Bader1978, p.69）。

ひび割れによらず、あらかじめ刻み込まれた溝を利用した牙の縦の分割は、はるかによくコントロールされた工程であることを物語る（Fig.28）しかしながら、この場合の分割の方向は、牙の成長円錐形の方向に一致させるか、およそ平行させることが望ましく、このことは考古学的資料からも裏付けられる。

割れが牙の中心を縦に進む場合、割れ面の起伏が、大変特徴的な図柄を描き、中軸から縁辺へと向かう植物模様を思わせる（Fig.29）。

水分のある冷凍されたマンモスの牙に割れ目をつけることは可能なのかどうか、またそのためにどの程度凍らせることが必要なのだろうか。このような問題は、さらなる実験の過程で明らかになる。

マンモスの牙や角の横割りによる剥離を裏付ける証拠は、つい最近まで、それがあらかじめ準備された場合に限ってのものであった。意図的な割れのしるしは、木口上の横割れの痕跡にあるかもしれない。あらかじめ、横の溝を入れるか、あるいはマンモスの牙の丸みを帯びた表面か角の基部の表面に、かなり深い刻み目を入れた。石器時代には似たような方法が広く流布していたらしく、事前の横割りの結果生じたと理解されるいくつかの形態的特徴を見いだすことができる。

およそ真っ直ぐに横割りされたFig.30-4は、少しヒンジを起こし、剥離面上末端部に小さな襞状の割れ目痕が認められるが、同じ深さでマンモスの牙の円周全域にわたって刻み付けられた幅広くない溝（0.5cm以下）からの横割りによって残されたのものである。

斜位に横割りされたFig.30-3の割れ面は、平坦で、基部の深みにある溝の底からおよそ45°の傾きをなすが、前述のものと同様、しかしより短く、マンモスの牙の円周のおよそ3分の1ほどに溝が刻まれ、横割りされた結果もたらされたものである。

横割りによるヒンジを残すFig.31の木口面、すなわち割れ目面には、連続的な深い、断面V字形の亀裂−襞を残し、中央部分がもっと深くなっているが、短くて真っすぐな溝が準備されて

1

 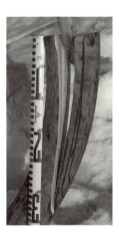

2

Fig.28 あらかじめ彫りこまれた溝にそうマンモスの牙の縦割り　2003年実験（ジョホフ島）

Fig.29 牙中心にそう縦割りによる剥離面

第Ⅰ部　牙と角のわざのひみつ

Fig.30　マンモスの牙末端部にみられる横割りのかたち　1,2 円錐形　3 斜位　4 ヒンジ状になっている

Fig.31　マンモスの牙末端面にみられる横のヒンジした割れ目

Fig.32　実験用角製ハンマーの横割れ面　2002実験（ジョホフ島）

の牙の割りであったことが理解される。

　ただし、上述の方法のいずれかを用いて横の分割を行うには、マンモスの牙が十分に長大である必要があった。また、長い牙の基部に連続して行われる横の分割は、円錐形や円筒形の半製品

第3章 基本的な観察と考古学的な観察

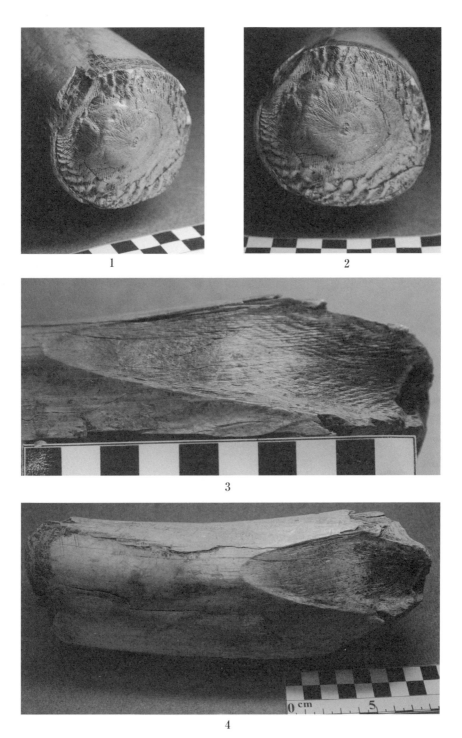

Fig.33 剝片剝離痕を持つマンモスの牙核と冷凍状態での横割り

をいくつかもたらすが、もしかりにマンモスの牙が短ければ、分割するためには、幅広で、牙の基部の円周全体に入れられた極めて深い溝を準備する必要があった。しかも、このような溝を深く入れると、溝はだんだんとせまくなり、牙の木口が円錐形となる（Fig.30-1, 2）。

　横位剥離による円錐形の特徴を知ることは、多くの点で、他のマンモスの牙や角における事前準備のない横割り面の特徴を理解するうえでも有益である。実際、似たような剥離製品は、遺跡の包含層からも、先史人の生活に無関係なマンモスの牙のたまり場からも見つかる。剥離のメカニズムの観点からは、その剥離過程での牙の破断も、フリント破片の破断と同様、分割による破断が、常に曲げ・截断荷重と関係する。素材の裂け目のひびからそれが始まり、「舌状」のものを含め、様々なかたちを作り出しながら終息する。

　つまり、割り素材としての不均等性のために、マンモスの牙の横位破断は、完全に真っすぐ（長軸に対し90°）にも、平坦にも決してならない。これと同様に、マンモスの牙の長軸に垂直に、滑らかな腹面から剥片を剥がすことも、滑らかな表面を伴う、完全な横の破壊が起きてマンモスの牙を二つに割ることもできない。その多くは、斜めか、円錐形に割れるであろうが、その破断面には竜骨様の凹凸を残す。そのような横の分割の良い例は、K.N.ガブリロフによって、東グラヴェト文化のホトィレヴォⅡ遺跡の発掘時に発見されたマンモスの牙の遺物に示されている（Fig.33-1～4）。末端と基端部には割れ痕がみられるが、長い凍結したマンモスの牙の硬い表面に加えられた一撃によって生じたものである。

　暖かな環境下では、先史時代の製作者は、横の分割にあたって別の方法を用いた。まずもって孔を穿つ事、あるいはヤスリで引く事、そして続いてのマンモスの牙の分割である。

　角の横割りの際にも、似たようなことが観察されることを指摘したい。角は、その構造に関してマンモスの牙と似ていないが、不均等性を持つ点では同様である。マンモスの牙の原材の場合と同様、水分を含んだ冷凍の角から、特に、剥片－半製品を剥がすことは、縦方向か、タンジェント（正接）の方向で行うことができる。プラスの気温の場合の角の横位破断の例として、あるいは、実験道具の柄の破壊面を例にあげることができるかもしれない。これには、マンモスの牙からの横位剥離と同じように、尖った鋸歯状の波を集めたようなヒンジ状の折れ目がみられる（Fig.32）。このような波の方向は、破壊の方向に一致している。

　完全に真っすぐで、平らな横位破断面を残した分割の例は、鉱化していた、すなわち骨物質が完全に、鉱物性生成物に置換されていたマンモスの牙の木口上にのみ認められており、このような真っすぐで、長軸に垂直で平坦な破壊面を備えたマンモスの牙は、旧石器時代のイリスカヤ2遺跡で発掘された資料中に観察されている。同様な例としては、石化した木を割ることができるという経験をあげることができよう。

第4章　マンモスの牙とトナカイの角の剥離実験

1. 素材の質的構造と実験の確実性

　われわれの実験結果や、モデル化された加工過程が、真に過去の実際を反映したものであろうか、信憑性はいかに。少なくとも、疑いをもたれないためには、土に埋もれる前の先史時代のマンモスの骨と掘り出された現代のものへの加工法が同じであることを示す必要があろう。

　掘り出されたマンモスの牙と新鮮な現棲の象の骨において、本質的な特性がどれほど似ているかについては、様々な考えがある。専門家の間では、これらの素材の特性に本質的な差異はないというのが大方の考えである。一方で、別の見方もある。例えば、マンモスの骨には強い鉱化があり、外殻表面は加工に適さず、新鮮な象の骨とは大いに異なる、というA.P.ヴォロドヴスキーの指摘には同意できる（Borodovskij 1997, p.108）。だが、これについてもそうとばかりは言い切れそうにない。この差異は、保存の悪い、あるいは特殊な保存状態にあったマンモスの牙についてのことである。ロシア科学アカデミー動物学研究所やロシア科学アカデミー人類学・民族学博物館、その他の博物館に北ウラルと西シベリアで発見されたそのような素材が数多く保管されており、われわれも実際に見ているが、たとえその象牙質の核が、加工されたマンモスの骨のあらゆる特性を備えているとしても、それらのマンモスの牙の実際の保存状態と、「新鮮な」現棲のものとでは当然ながら異なっている。

　われわれは、現代のマンモスの牙に対する加工のいくつかの試み、そして掘り出された様々な保存状態にあるマンモスの牙を相手にした自らの加工体験を十分に蓄積してきたが、それによると、このような二つの異なる素材の特性に大きな差異を認めることはできない。ただし、「新鮮な」現代の象と掘り出されたマンモスの牙との違いをあげるとすれば、良好な保存状態で凍土中から発見されるマンモスの骨が、現代の象に比べて、水分含有量の高い点を指摘することができよう。マンモスの牙素材は、有機質・鉱物が集合する特別なグループに属するとされており、現代の「新鮮」な像牙の場合、その8～10%が水で構成されているとされる（Korado 1992）。当初、水分で満たされているものの、死後、象牙は栄養を失うとともに、それまで保持されてきた水分との一体性は、周囲の温度や湿度という環境に決定的に支配されることとなる。牙素材が、それまでの均質性を保持するためには、温度が25℃以上にならず、水分が45～55%の間に納まっていることが必要であるという（Schmid 1989, p.58）。埋没と埋没環境（タフォノミー）次第であるが、仮に大気中に長期間さらされることなしに、牙が急速に湿潤環境におかれるとすれば、乾燥によるその本体のひび割れ、そしてそれに続く凍結ひび割れが未然に防止され、やがて凍土の中で骨素材の良好な状態が半永久的に保存される。つまり、条件つきながら、それらの牙は、「充分に湿って柔らかい」ものとみなすことができる[3]。発掘されたマンモスの骨と過去の生存中の

---

(3) われわれは、水分が増えていると考えているが、V.E.トゥムスキーの私信によると、「凍土中のマンモスの牙の急速冷凍時に、そもそもの水分が残され、変化は少ない」ともいう。

状態の間に違いが存在することは疑いないが、むしろ土からマンモスの牙抽出後すぐに、その乾く過程で、急速にその差異が失われていく。

2. 乾燥状態でのマンモスの牙とトナカイの角の剝離

マンモスの牙素材が「乾燥した」場合、その自然な、本来保存していた水分を失う結果、著しく硬くなり、半透明性を失い、ローズがかった褐色からにぶい白色へと変色する状態が理解される。

「乾燥した」マンモスの牙の割りに関する最初の実験は、すでに1983年に、著者のうちの一人によって、旧石器時代の遺跡が集中するコスチョンキ遺跡群の調査基地でなされた。その後も、われわれは何度も、研究室や野外で、乾燥程度や寸法、形の異なる様々な段階の製作素材を対象に実験を繰り返した。当初の実験の結果では、1970年代に A.K. フィリッポフによって行われた観察に、新しく付け加えるものは何もなかった（Filippov 1983, p.14）。大きな石製ハンマーの力を借りて、80度に近い剝離角度で、一点への複数の加撃によって、マンモスの牙核本体から、中形の剝片を剝ぐことができた。ここでの必須条件は、硬い大きな面の存在であるし、できるだけ、加撃の方向を同じに維持することである。幅2cm以内の不定形で、中形で、短い剝片は、一ないし二回の加撃によって、そのような核から剝がされるに違いない。この様な剝片獲得を定義するために、「割り」や「剝離」などの用語を使うのは不適切であろう。「乾燥した」マンモスの牙がやっとのことで打割される以上、「たたき割る」の用語使用が、ここではよりふさわしいと思われる。

乾燥したマンモスの牙の靭性の程度は、極めて高い。幅が広く打割られた剝片を分割するために、より大きな力を必要とする。しかし、極めて強い加撃が、思い通りの任意の剝片剝離を可能にすることを意味してはいない。どれほどの強さを加えることができるか、究極の限界は、剝片面が破壊されることなく、この加撃にどれほど耐えることができるかどうかで決まる。どちらにしても、乾燥したマンモスの牙製核から剝片をうまく剝離するには、面の堅牢さを維持しつつ複数回にわたる強い加撃が必要である。このようなこともあって、「乾燥」したマンモスの牙素材を分割して得られる剝片の形や大きさは、極めて限られたものになると予想される。このような技術的やり方では、点状あるいは線状の小さな面を備えた幅広い剝片や、板状の定形的な薄くて長い剝片は獲得できない。

Fig.34 冷凍状態での「乾燥した」マンモスの牙打割

われわれは、「乾燥した」冷凍マンモスの牙の分割に関する実験を行わなかったが、われわれの依頼に基づき、同僚の使用痕研究者 O.V. クズネツォフが、チタ市郊外において −40℃のもとで実施している。それによると、ザバイカルの冬季の寒冷という乾燥した環境でも、「乾燥した」マンモスの牙の特

第4章　マンモスの牙とトナカイの角の剥離実験

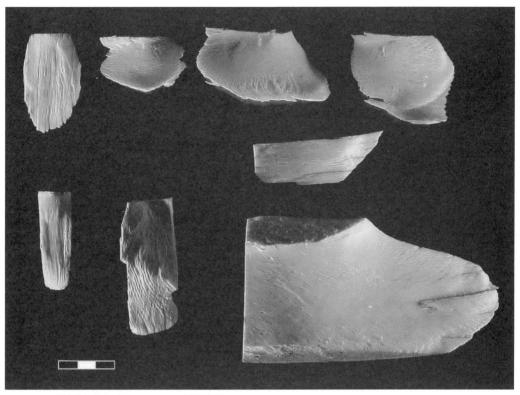

Fig.35　「乾燥した」冷凍マンモスの牙剥片類

性にいかなる変化もなかった。重いハンマーの助けを借りながら、適切な剥離角度によって、どうにかして数枚の小さな剥片をマンモスの牙からは剥離することができたに過ぎない（Fig.34）。このことは、低温をもってしても、「乾燥した」マンモスの牙の加工上の特性を変えることはできない、というわれわれの推測を裏付けた。

「乾燥した」マンモスの牙からわれわれが獲得した剥片は、Fig.35に掲載したとおりであるが、別の状況の素材から獲得された剥片と比べて、区別できる特徴も多くないし、不明瞭である。それでも、以下のような特徴が認められた。

1) 大きな打面の存在があり、しばしば剥離面の始点は円錐をなさない。
2) レチウス条から成るより明瞭な格子模様（網目模様）が、特に横の破断時にはっきりと現れる

これ以上の特徴を識別することはできなかった。形態学的に類似する剥片は、おそらく水分を含んだ冷凍のマンモスの牙製の核から剥がされたに違いない。唯一の違いは、「冷凍」剥片上では、レチウス条で構成された格子模様がほとんど見られない点である。だから、そのような短いマンモスの牙製剥片のような遺物の分析に際しては、それが「乾燥した」マンモスの牙の剥離の結果であるのか、水分を含んだマンモスの牙の剥離の結果であるのかを特定するのはかなり難しい。ただし、剥片の剥離面の様相とその形状に限っては、「乾燥した」マンモスの牙製核から獲得された剥片であるかどうかの判定はそれほど難しくない。したがって、剥離法を含めて、考古

学的遺物の分析に際しては、先史時代に割られたマンモスの牙素材の質的状態を「背理法」で分析・検討することが重要である。つまり、小さな面を備える大きな剥片や、細く長い板状の剥片を、乾燥したマンモスの牙核から獲得することは、物理的にできるはずがないのである。

乾燥した角の剥離の特徴については、現代の実験者たちが、フリント剥離の際に角をよく利用しているので、詳述する必要はなかろう。剥片剥離の素材というよりも、むしろこの素材が、他の素材に対し、鈍角な角度で任意の力を加えることができるのは、かなりの硬さと、例外的な靭性を保有しているおかげである。

3. プラス気温下での自然の水分を含む状態のマンモスの牙とトナカイの角の剥離

自然の水分を含むマンモスの牙の剥離も、「乾燥した」冷凍素材の剥離のように、失敗するだけの運命にあると予想されていた。しかしながら、M.M. ゲラシモフの頃からまことしやかに伝えられてきた「極めて強い加撃」という言葉の「魔術的」影響を検証する意味から、また可能な限り「完全な全貌」を解明するためにも、自然に水分を含む状態にあるマンモスの牙の割り実験を幾度となく行ったが、ジョホフ島の極北ツンドラの環境下にある凍土から取り出され、10年以上、野外に放置されていたとみられるマンモスの牙の一部を利用し、製作実験を行った。付け加えると、島の現在の気候は、夏の湿度が70〜100％と極めて湿潤で、日中の気温も、ごくまれに＋6℃以上に上昇することがあるが、年間に数時間を上回ることはない。V.E. トゥムスキーは、マンモスの牙が凍結、解凍のサイクルを最小でも数十回繰り返しさらされると、緻密さや力学的堅牢性を減らし、すでに自然の水分を含んでいないという評価を下している[4] が、われわれが用いたマンモスの牙の状態は、V.E. トゥムスキーのデータのとは異なり、「自然に水分を含んだ」ものとみなすことができる。その上面に乾燥によるひび割れが集中的にあらわれているが、同時にマンモスの牙は、半透明さを残しており、土中からの抽出後にひからびたものであることが明らかである。

ちょうどよい角度に縦に鋸で挽き切られていたマンモスの牙の一端、すなわちその切り口を打

Fig.36 数十回の加撃後の「自然の水分を含む」マンモスの牙の打面

---

(4) V.E. トゥムスキーの私信による。

面に充て、打ち欠きには10kgもある鉄製ハンマーを用いた。重さ30kg以上もあるマンモスの牙片の核は、加撃時の衝撃にも十分な安定性を発揮し、核の面へ最大の力が十分に伝わるよう準備された。緩く冷凍されたマンモスの牙と極めて重い石製ハンマーを用いた、似たような実験は、ロシア科学アカデミー考古学・民族学研究所にある、低温凍結装置KXH-4c（モノブロックCARRIER、容積4㎥）の中でも実施され、まさに同じような結果を得た。

実験で明らかになったのは、数十回の加撃後、マンモスの牙核の打面には、しわがより、繊維状にすりへり（Fig.36）、「乾燥した」マンモスの牙の剝離（Fig.35）の時のような小さな剝片の飛散すらも生じなかった。

そもそも当初から、この実験の結果は予測されていたことであったが、まさにその失敗こそが極めて重要であったのである。極北ツンドラ環境でのよく乾燥した夏季、水分を含んだマンモスの牙素材は、超強力な加撃が与えられたとしても、ハンマーによる割りには不適格であったことを証明している。角についても、まったく同様といえよう。加湿は角を柔らかくするだけで、可塑性を増加し、割りの可能性をゼロにする。

4. 低温時の自然に水を含む状態にあるマンモスの牙とトナカイの角の剝離

冷凍状態にあるマンモスの牙の剝片剝離実験は、2004年に行われた。最初の実験は、ふつうの家庭用冷蔵庫を使って実施され、その冷凍室内に、自然の水分を失わず、その木口部分にあらかじめ打面を準備したマンモスの牙を置いた。マンモスの牙は、6時間−18℃の温度で凍らされ、その後、石製ハンマーで剝片剝離が行われた。第一の剝片剝離後直ぐに、剝片剝離工程が、室温時の「乾燥した」マンモスの牙の場合に比較して、容易に進むことははっきりしたが、そうだとしても、そう簡単ではなかった。このような実験で得られた剝片類は、Fig.37に示したとおりである（Fig.37）。この経験が示しているように、ほんの数分後には、核上層が暖まり、もろさという特徴を失ってしまうで、マンモスの牙の剝片剝離は、素早く行う必要がある。

ロシア科学アカデミー考古学・民族学研究所の古文化財保存及び修復室と低温冷凍室KXH-4（モノブロックCARRIWE、容積4㎥）を利用するわれわれの実験は、失敗だった。冷凍室は、必要不可欠な低温を保証しなかった。6昼夜の間、この室内に置かれたマンモスの牙表面から、重い石製ハンマーの助けを借りて、剝片を剝がしとるというわれわれの試みは、望む結果にはならなかった。加撃後、木口表面には、しわがより、ぼさぼさに裂けたが、ひびは生じなかった。さらに重いハンマーに変えたり、さらに高い打面をマンモスの牙に設けたりしても、状況は変わらなかった。

そして、さらなる実験を、2006年の冬季、野外の、サンクトペテルブルグ市　ムリンスキー泉公園で、−25℃の気温のもとで実施した（Fig.38）。これまでの実験と同様に、調査実施のために、「新鮮」で乾ききっていないひび割れなどのない、長さ50cmで直径15cm、完全な小片（塊り）で、巧みに作出された打面と断面V字形の深い縦溝を刻みこんだものを使用した。3時間半の間、酷寒にさらした。このように準備され、冷凍されたマンモスの牙の剝片剝離は、はるかに上首尾にいった。中程度の石製ハンマーによって、数枚の縦の剝片と横の剝片を獲得することに成功し

第Ⅰ部　牙と角のわざのひみつ

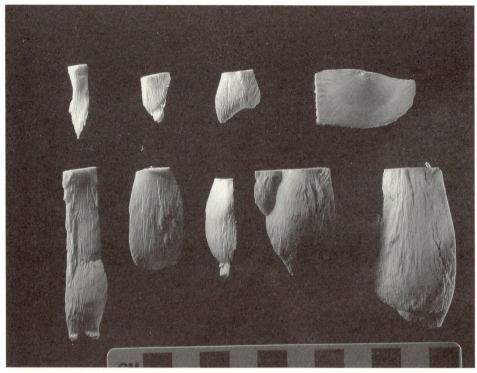

Fig.37　－18℃のもとで得られたマンモスの牙剝片類　2004年実験

Fig.38　－25℃のサンクトペテルブルグ市ムリンスキー泉公園にて　2006年実験

Fig.39　－25℃のサンクトペテルブルグ市ムリンスキー泉公園にて　用いたハンマーと剝がされた剝片　2006年実験

Fig.40　マンモスの牙の打割に用いられた石製ハンマー　サンクトペテルブルグ市ムリンスキー泉公園　2006年実験

第 4 章　マンモスの牙とトナカイの角の剝離実験

Fig.41　マンモスの牙横長剝片剝離の好例　サンクトペテルブルグ市ムリンスキー泉公園　2006 年実験

Fig.42　得られたマンモスの牙製大形横長剝片　サンクトペテルブルグ市ムリンスキー泉公園　2006 年実験

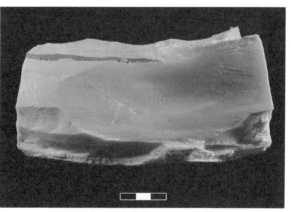

Fig.43　横長剝片剝離痕を残すマンモスの牙核　サンクトペテルブルグ市ムリンスキー泉公園　2006 年実験

Fig.44　オットー・シュミット記念北極・南極研究所のロ独研究室にある冷凍庫「CT322LV2755」　ウラジミール・チュルン氏提供

37

第Ⅰ部　牙と角のわざのひみつ

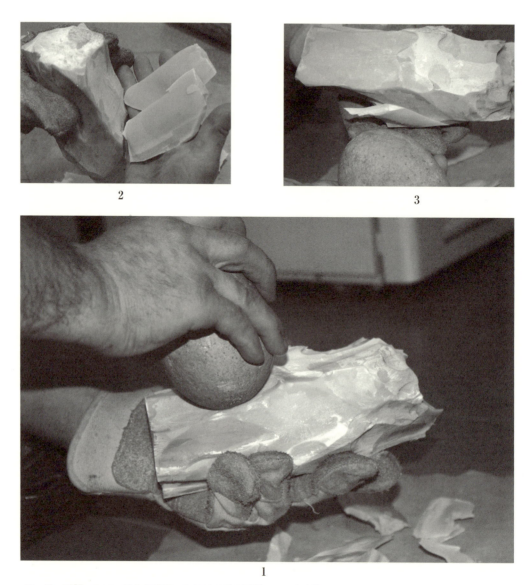

Fig.45　石製ハンマーによる冷凍マンモスの牙の打割　2007年実験

たのである（Fig.39, 40, 41）。剥片の大部分は、マンモスの牙の側面に準備された深い縦溝の縁から剥がされた。獲得された剥片中でもっとも大きい例は、長さ7cm、幅15cmである（Fig.42, 43）。

　成功に勢いづいて、オットー・シュミット記念北極・南極研究所のロ独極北海洋調査研究室から親切なる招待を受けたので、次は屋内で実験を続けることにした。研究室職員ウラジーミル・チュルンの協力と低温器「Ruainstruments CT322LV2755」という設備提供のおかげで、−30℃から−80℃というはるかに低温で、冷凍したマンモスの牙剥離の一連の実験を行うことができた（Fig.44）。 主要な課題が、冷凍のマンモスの牙剥離という事実そのものであったこれまでの研究とは異なり、2007年の一連の実験過程では、東ヨーロッパとシベリアの後期旧石器時代の

第4章　マンモスの牙とトナカイの角の剥離実験

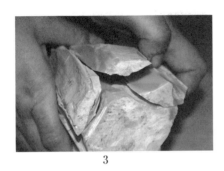
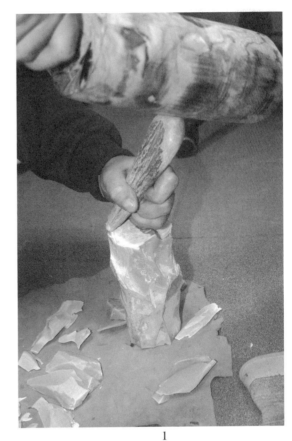

Fig.46　冷凍マンモスの牙打割の角製パンチと木製ハンマー　2007年実験

マンモスの牙遺物群の素材にみられる古い剥離技法の研究の過程で明らかになってきた、技術工程のモデル化に大きな注意が払われた（Khlopachev 2006）。

　これらの実験の成果は、われわれの期待通りであった。−30℃以下の温度であれば、水分を含むマンモスの牙をハンマーの直接加撃のみならず、角のパンチを利用しても剥片剥離することができると判明した。剥片獲得に特別の力はいらなかった。ただ剥離の際に、等方性を持つ石の剥離のときと同様の原則を守るだけである。

　特に、実験が明らかにしたのは、マンモスの牙の剥片の打割が、硬く重いハンマーを利用して高い面から実施されたときにもっともうまくいくということである（Fig.45）。マンモスの牙表面に刻み込まれた溝は、剥片剥離の方向とは関係無く、剥片剥離のための打面設置のもっとも単純でかつ便利な方法である。溝に十分な幅がなく、縁辺への正確な加撃が難しい場合には、剥片の剥離は、

Fig.47　角製パンチと重い木製ハンマーによる冷凍マンモスの牙剥離実験　2007年

第Ⅰ部　牙と角のわざのひみつ

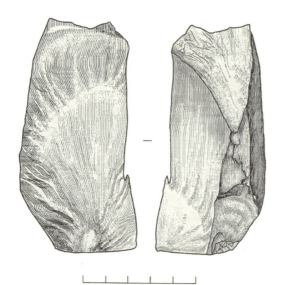

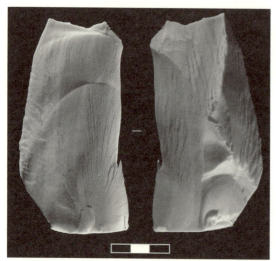

Fig.48　およそ－40℃で冷凍されたマンモスの牙から剝がされた縦長剝片　2007年実験

角製パンチと重い木製ハンマーを使うとよりうまく行うことができる（Fig.46, 47）。割りとられたすべてのマンモスの牙剝片の腹面に、石製剝片に残されているのと似た、リング（打撃波）と打瘤（あるいは打割の非円錐形の始まり）があった（Fig.48, 49）。大きく長い剝片を剝がしとるためには、一回の加撃では、確かに十分でなく、同じ点への複数の連続する加撃が必要である。剝片腹面（主剝離面）上に、幅の広い、互いに移動を伴いながら広がっていく波形がみられ、打割面での段階的な剝離過程の痕跡を読み取ることは容易であろう（Fig.50）。

マンモスの牙の打剝に際して、温度が－30℃以下の時には、1～2cmの小片やさらに細かい1cm以下の剝片など、二次的な剝離生産物が数多く作り出される（Fig.47）。結果として、マンモスの牙の打剝を行ったその場には、面積としてあまり広くないが、様々な大きさのマンモスの牙片の集積が形成されるが、旧石器考古学でよく知られたフリント剝離の製作址（「場」）の光景に似ていよう。マンモスの牙剝離に関係すると思われる似たような「場」は、マンモスの牙製遺物の平面的広がりの検討から、ホティレヴォⅡ、チモノフカ1、スポネヴォ、エリセーェヴィッチⅠなどいくつもの後期旧石器時代遺跡に存在することが判明している。

われわれは、後期旧石器時代のユージノヴォ遺跡で、類似する製作址の一つを自ら調査する幸運にめぐまれた。マンモスの牙の最初の加工が、ここでは、集落の住居と住居の間の南東部で行われた。マンモスの牙の第一次加工場は、面積1.5～2㎡、306点の縦長剝片、大形と中形の剝片、数十点の細長い剝離片、それに縦割り痕のあるマンモスの牙丸ごと13点、長さ10～25cm、幅およそ2.5cmの細長い板状剝片の剝離に用いたマンモスの牙核3点からなる集積である。マンモスの牙製核、その細長い板状剝片の形状と比率からみて、冷凍された、自然な水分を含むマンモスの牙から、マンモスの牙表面の木口縁にあるあまり大きくない鋸で引かれて階段状に作られた場所にパンチをあてて加撃し、分割・剝離作業を繰り返していたことを物語っている。

2007年の実験プログラムでは、冷凍の角の剝片剝離には深く注意を払うことはなかったが、

第 4 章　マンモスの牙とトナカイの角の剥離実験

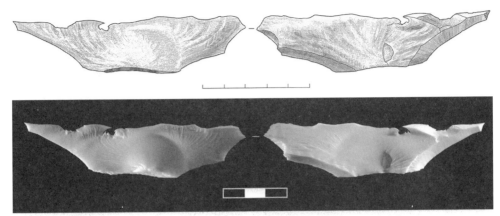

Fig.49　およそ−40℃で冷凍されたマンモスの牙から得られた横長剥片　2007年実験

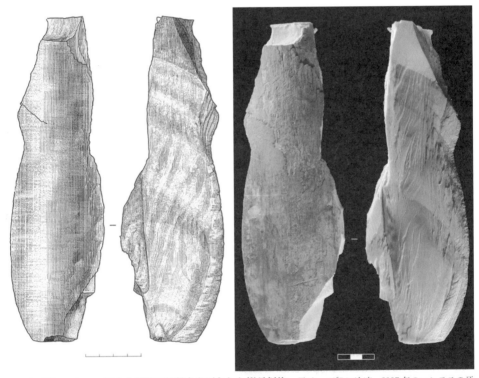

Fig.50　硬いハンマーによる複数回加撃を必要とした縦長剥片　牙は−40℃に冷凍　2007年のマンモスの牙打剥実験

　数回の実験の結果、低温下で水分を含む角の場合もその特性を変えることはなく、マンモスの牙素材と同様であることが理解された。
　特に強調したいのは、この場合、冷凍トナカイの角あるいは、マンモスの牙を、冷蔵庫から引き出した後、できるだけ早く、すなわち5〜10分の間に打剥するのが望ましいということである。なぜなら、核の表面はすぐに暖まり、もろさの特性を失うからである。
　水分を含むマンモスの牙の温度−40℃以下では、マンモスの牙のもろさが、いっそう増幅す

第Ⅰ部　牙と角のわざのひみつ

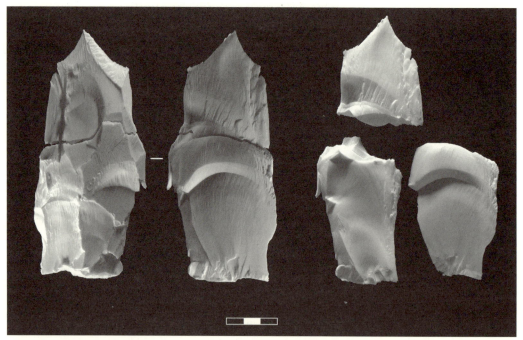

Fig.51 －60℃とそれ以下に凍ったマンモスの牙から剥がされた剥片　2007年実験

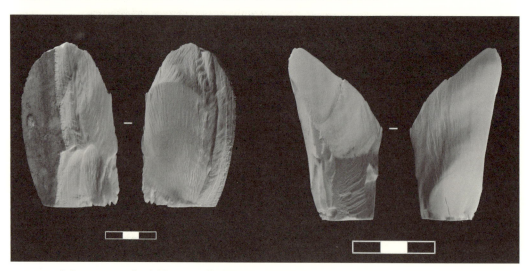

Fig.52　冷凍マンモスの牙から剥がされた縦長剥片　2007年実験

ることも究明された。剥片剥離の特徴は、エボナイト（硬化ゴム）を想起させる。さらに－60℃とそれ以下の低い温度に凍らせると、マンモスの牙は、度を越すほどにいっそうの脆さを増す。つまり、分離された剥片は、剥離とともに砕片状に割れる（Fig.51）。

　水分を含むマンモスの牙の場合、特別に強い加撃もせずに、十分に「快適な」剥片剥離を可能にさせるのは、－30～40℃の温度の時で、大きな板状の剥片や、縦長や、タンジェント（正接）、すなわち横位方向の剥片が得られる（Fig.48～50, 52）。剥片剥離を成功させるには、上述のマンモスの牙素材の非等方性という質に支配される、ただひとつの簡単な規則を守ることが不可欠

である。つまり、マンモスの牙の側面またはその木口で剥がしとろうとする剥離面（腹面）が、牙の成長円錐構造に対して、タンジェント（正接）方向に相当するものでなければならない、ということである。

マンモスの牙の長軸を横断する面での、制御された剥片剥離は不可能である。これは、とても難儀なことで、剥離面、あるいは打面の設定に、製作者の自由度は大いに制約される。われわれの理解によると、こうした事情は、マンモスの牙の剥片剥離生産技術が、マンモスの牙の加工素材をまず暖かい環境で準備し、その後それを冷却して剥片を剥離する、という二つの局面を有した加工作業であることと深く関係している。この二つの加工の相は、N.K. ヴェレシチャーギンがビョリョリョフ遺跡での調査中に発見したマンモスの牙から剥がされた横長剥片上にもみることがでる（Fig.18-1）。剥片は、冷凍マンモスの牙と接合したが、その剥片が分離された面（剥片剥離面）は、素材が冷凍される前に、「温かい環境」下で作られたものである。このビョリョリョフ遺跡での横長剥片を剥離するために、マンモスの牙表面に刻まれた縦のあまり深くない溝（0.35cm）のヘリが打点部に充てられた。しかも溝は、同時に数枚の横長剥片を剥離するのに使われた。剥片の背に見られる剥離痕がこのことを物語っている（Fig.18-1）。フリント製石刃の側縁による縦溝入れ実験は、このようなマンモスの牙加工が効果的であるために、素材が水分を含み、凍っていない状態でなくてはならないことを明らかにした。

事前の打面調整なしで、マンモスの牙や角の丸味を帯びた表面から計画的に剥片剥離するには、おそらく尖った硬い刃を備えた斧かのみを使って割る場合にのみ可能であったと思われる。そう考える理由はあるが、とは言え、1957年にS.A.セミョーノフが考案し、1983年にフィリッポフが確かめたマンモスの牙の剥片剥離法の承認を意味してはいない（2章参照）。彼らのようなやり方で、マンモスの牙の丸味を帯びた面から剥片素材を得ることは、事実上不可能であるが、マンモスの牙の丸みを帯びた側面を細かい剥片剥離によって成形することで可能となるのもほぼ間違いない。

このような種類の実験をわれわれはまだ実施していないが、ジョホフスカヤ遺跡で発見、発掘されたマンモス牙と角製「つるはし」と、それらにみられる形態的特徴の数々が、類似する成形法の存在を物語っている（Pituljko1998, p.63）。このような遺物の尖端部の大部分は、細かな横位剥離で成形されている。マンモスの牙表面の側面に施された剥片剥離の痕跡が並んでいるが、剥片が、非常に小さな打面から極めて鈍角の剥離角度で、タンジェント（正接）方向に剥離が行われ、剥がされたことを示している（Fig.53）。このような種類の加工は、どうみても手斧の刃をマンモスの牙の表面にハンマーのように振り下ろし、それほど深くない深さで削り取りながら打面を作り出し、その後、順次、剥片を剥がしとることでできたものとみられる。注目すべきは、互いに重なり合う2枚の小さな貝殻状剥離痕の境にできる肋骨状の突出部を剥ぎ取るように大形剥片の剥片が作出されることがしばしばみられることである。

水分を含む、硬く凍ったマンモスの牙や角からの剥片で、特徴的な点をあげると、以下のようなものである。

1）剥片が形作る、とくに半分、あるいは3分の1の面積を占める滑らかな表面組織

第Ⅰ部 牙と角のわざのひみつ

Fig.53 角やマンモスの牙製のつるはし　表面は小さな横剥片で調整されている　ジョホフスカヤ中石器時代遺跡

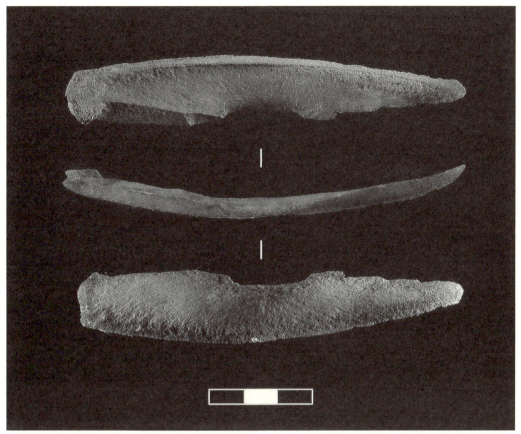

Fig.54　角製横長剝片　ジョホフスカヤ中石器時代遺跡

2）明瞭に示された、しかし、比較的細く、加撃点から様々な方向へ分散する放射状の「線」
3）極めて表情に富むが、なめらかで流れるような打撃波
4）中程度の大きさのフリントを割る時に得られるのと同じようなプロポーションの剝片

このほか、凍ったマンモスの牙を切断するときに、中には小さな線状、あるいはほとんど点状の打面をもつ幅広く、大きい剝片も剝離されていたことが、指摘できる（Fig.18, 54）。また同様に、細く薄く長い板状の剝片もみられるが、プラス気温の乾燥した状態のマンモスの牙や角製核から剝がされることは不可能なものである。

これとともに、発掘調査で発見された考古学的遺物、すなわち人為的にたたき割られたマンモスの牙製遺物の研究によると、打剝の方法とその調整法は、われわれが行った実験に比較してはるかに多様で、はるかに多くの段階を持つことが示されている。このことを雄弁に物語るもののひとつが、加工上、「暖かい」タイプと「冷たい」タイプの特徴を併せ持つ考古学的証拠、マンモスの牙と角の加工品である。それらは、本書の著者の一人であるギリヤが、中石器時代のジョホフスカヤ遺跡の資料の中から見いだした。

5. 暖かい環境と寒い環境でのマンモスの牙と角の加工法の組み合わせ

ジョホフスカヤ遺跡の調査関係者たちが「コロバハ」と呼称する「つるはし状道具」(Pituljko 1998, Fig.45, 46) は、暖かい状態と冷たい状態でのマンモスの牙加工法を組み合わせた製作の途次、あるいは一部使用の過程で残された代表的な考古学的遺物である。

この特異な形状をもつ遺物について、V.V.ピトゥリコがその著作の中で初めて言及し、あわせて「コロバハ Kolobakha」とする最初の判断基準を示している。それによると、

1) 土と接触するような道具であること
2) 「昔の槍のような武具」
3) 「木製加工に不可欠な斧のような、粗割りする道具」
(Pituljko 1998, p .63)

なお研究の余地を残した実験プログラムながらも、現在、長年にわたる入念な分析を経過し、観察数と実験データがいっそう増加したおかげで、ジョホフスカヤの「コロバハ」の製作手法はもちろん、用途の推定についても、これまでになく完全に記述できよう。

このタイプの完成品それぞれは、「つるはし状」の製作物とは、まったく別物である (Fig.55, 56)。それらすべては次のような特徴を持っている：1) 円錐形の端部の反対側にていねいに加工された突出した部分（訳者註・頭部）があり (Fig.57-1)、マンモスの牙素材の

Fig.55 マンモスの牙製「コロバハ」
ジョホフスカヤ中石器時代遺跡

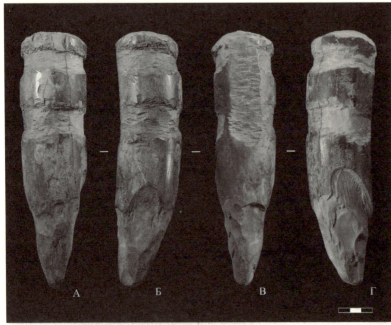

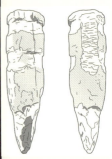

Fig.56
マンモスの牙製「コロバハ」 ジョホフスカヤ中石器時代遺跡

Fig.58 マンモスの牙製つるはし状のピック様道具のひも掛け用溝　ジョホフスカヤ中石器時代遺跡

Fig.57 マンモスの牙製ピック様道具　1. 頭部　2. 頭部に隣接する部分　手斧による直接的なへこみ

Fig.59 マンモスの牙製「コロバハ」＋気温下で、手斧で刻み目を入れて作られた溝　ジョホフスカヤ中石器時代遺跡

木口面に横長剥離の方法で成形加工が施され、そのためにその表面はしわや打痕に被われている。2) それに隣接する側面の一部に、牙－素材の側面が手斧で成形されたことを示す粗いまっすぐな刻み目が残されている（Fig.57-2）。3) そのちょうど逆の面には、同じような方法で作り出された紐掛け用の二つの溝がある（Fig.58,59）。4) 端部（訳者註・頭部）と反対の側には、先細りとなる尖端部が作られており（Fig.60）、それは、長軸におよそ直角に交差するタンジェント（正接）方向、すなわち横位方向の剥離、そして長軸方向に相当する縦長剥離、もしくはそのいずれかの剥片剥離法によって成形されている。ほとんどの場合、尖端部からおよそ10cmまで

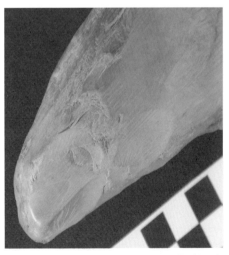

Fig.60 マンモスの牙製「コロバハ」　鋭い尖端部の使用痕

の範囲が、集中的な摩耗によって強く丸みを帯びている。研磨による平準化は、円錐の周囲に沿って緩やかに迂回し、しかも線状痕が、遺物の長軸に沿って認められる。5) あらゆる「コロバハ」

第Ⅰ部 牙と角のわざのひみつ

Fig.61 ジョホフスカヤ遺跡に隣接するところでのピック状道具による土掘り実験

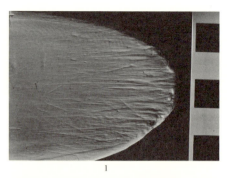

Fig.62 1. マンモスの牙製実験道具にみられる痕跡
2. ジョホフスカヤ遺跡出土の掘り具

Fig.63 「コロバハ」の先端部にみられる摩耗痕 ジョホフスカヤ中石器時代遺跡

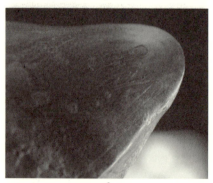

Fig.64 「コロバハ」の先端部にみられる細い線状痕 ジョホフスカヤ中石器時代遺跡

は、短いものも含めて、いくらか曲った断面を呈しているが、それはマンモスの牙素材の自然なカーブとは無関係である。「下部」は、少数ながら、短縮されたコロバハの例に真っ直ぐなものもあるが、一般に凹んでおり、逆に「上部」は、突出し、紐掛け用の小さな溝をそなえる（訳者註：Fig.56A 参照）。道具の尖端は、凹んだ側に向いている。

当初、コロバッハの尖端部に認められる磨耗痕の判定には、われわれの実験による検証も、裏付けもなく、それらは、土との接触によって生じた磨耗に共通する特徴と判定された。一方で、この問題の解明に必要な確かな実験プログラムを、ジョホフ島で実施することが不可能であることも判明した。

土掘りに関する限られたものではあるが、島の遺跡近くでの一連の実験（Fig.61）の後に、実験道具上に基準となりうる痕跡（Fig.62-1）が残されていることを確認し、考古学的資料との類似性などを通し、比較研究の可能性を切り拓いた。当初の予想に反し、それらの痕跡は、「コロバハ」にみられたものではなく、同じ遺跡の文化層から出土したマンモスの牙製掘り具の刃部についていたものと同一である（Fig.62-2）。砂利だらけのジョホフツンドラの土は、マンモスの牙製道具の表面に、かなりはっきりとした痕跡群を残す。実験用道具や考古学的遺物の掘り具による土掘り作業による磨耗と、「コロバハ」の末端部の磨耗（Fig.63）との違いは、一目瞭然である。後者の「コロバハ」には、道具末端から反対の端へむかう、極めて深い筋、なめらかで、かなり激しい平滑化や、平らに丸みをおびた稜、ごつごつしたへこみや、縁の折れ目、粗い線状痕の欠落が特徴的である。「コロバハ」の尖った先端には細い線状痕がみられる（Fig.64）が、それらの特徴は、ジョホフ島の土掘り具に認められたものとは合致しない。

その後、これらの細い線状痕の由来の解明のために、ジョホフ島から遠く離れたヤナ川岸でマンモスの牙製掘り具を使って森の土を掘る、土掘り実験が実施された。しかしながら、おそらく

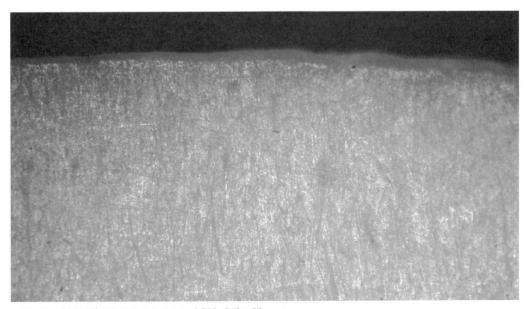

Fig.65　実験用道具上にみられるレス土掘り痕跡の例

第Ⅰ部　牙と角のわざのひみつ

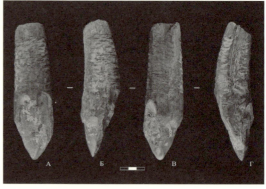

Fig.66　実験用道具（1）とそれに残された硬い雪掘り痕（2）の例

Fig.68　下端部の破損した「コロバハ」　ジョホフスカヤ中石器時代遺跡

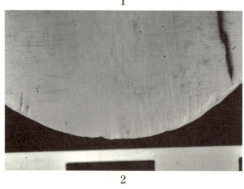

Fig.67　硬い雪の掘り痕のあるシャベルの刃　ジョホフスカヤ中石器時代遺跡

　もっとも軽い超微細な粉塵状の土のおかげでこのような掘り痕さえも、「コロバハ」の摩耗とは合致しなかった（Fig.65）。
　結局、摩耗痕は、完全な一致とまではいかないが、「コロバハ」末端部の摩耗痕にもっとも近いものは、硬い雪掘り用に使われた掘り具に認められた（Fig.66）。この時までに、考古学資料

50

第4章　マンモスの牙とトナカイの角の剥離実験

А

Б

В

Fig.69　マンモスの牙製「コロバハ」の頭部　円錐が落下し、加撃痕がある

51

第Ⅰ部　牙と角のわざのひみつ

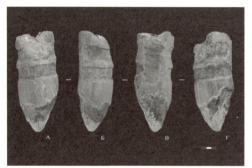

Fig.70　上端が破損した「コロバハ」
　　　　ジョホフスカヤ中石器時代遺跡

Fig.71　半分に割れた「コロバハ」
　　　　ジョホフスカヤ中石器時代遺跡

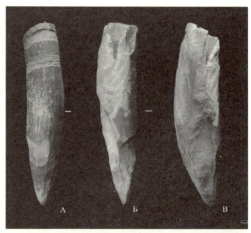

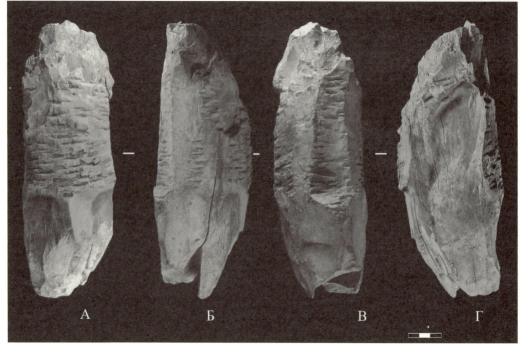

Fig.72　破損した上下端部をもつ「コロバハ」　ジョホフスカヤ中石器時代遺跡

中に類似する摩耗痕のある道具が発見された。つまり、マンモスの牙製シャベルが見つかり、その刃には、このような痕跡群がはっきりと残されていた（Fig.67）。

　すでにのべたように、半円錐形の尖端部の反対側、「コロバハ」の頭部には、まったく別の摩耗痕、すなわち、打剥痕がある。これは、木と断言できるたいそうやわらかな素材によって加えられた、極めて強い加撃の痕である。大部分の製品の頭部は、そこから、マンモスの牙の円錐形成長構造にそって中央部が窪むほどに破損している（Fig.68）。円錐形の脱落で、「ラッパ」形－極めて薄い縁をもつ環状の木口となるが、欠損しても、過去のジョホフ島来訪者たちはそれに加撃を加え続けていたことが知られる。彼らは、「コロバハ」の欠けた頭部へ、強い加撃を与え続ける。この結果、激しく打ち砕かれたマンモスの牙の木口面から、円錐が抜け落ちるとともに、「ラッパ」

52

第 4 章　マンモスの牙とトナカイの角の剥離実験

にも似た環状の木口面の内側と外側へ向かう短い剥片剥離痕が残される（Fig.69）。

このような「ラッパ」形の壁にもあたる木口面は押しつぶされ、その横断面は丸味を帯びている。反対の尖端部の形が遺存しているとき、多くの場合、「コロバハ」の頭部上端部は、すっかり打ち剥がされていた（Fig.70）。

コレクション中に、一度およそ半分に割れてしまったものを交互剥離で調整し、後になってもう一度利用された「コロバハ」もある（Fig.71）。完全に「砕けた」ものもあるが、その場合、頭部も円錐形の尖端部も調整が加えられている（Fig.72）。調整された円錐形尖端部をもち、頭部が良好に保存されているようなマンモスの牙製「コロバハ」は稀である。

「コロバハ」の円錐形尖端部の損傷のタイプが使用の結果であると見分けるのは、反対側頭

Fig.73　「コロバハ」下端からの剥片
ジョホフスカヤ中石器時代遺跡

部の場合ほどに容易ではない。なぜなら、円錐形尖端部は、頭部端と異なり集中的に調整されるからである。それ故、使用中に損傷した剥片から意図的に剥がされた調整剥片を間違いなく選び出すことができるのは、調整と再成形の作業工程、あるいはそのどちらかの工程で生ずることのない背面にはっきりとした摩耗痕を有する「コロバハ」円錐状尖端部の剥片である。

タンジェント方向の横位に行われる剥離すべてが、調整と再成形、あるいはそのいずれかによる剥片の剥離に属していることは疑いえない（Fig.53）。しかしながら同時に、尖端部の調整は、縦長剥片の剥離によっても行われることがあり（Fig.73）、それらによる剥片が、使用の過程で作り出されることも、意図的剥離の過程で作り出されることも等しく可能性を有する。このような事情で、「コロバハ」尖端部の損傷による剥片の一部は、調整による剥片と区別できず、同じグループとして扱われている。疑う余地のないものとして、背面に摩耗のある剥片だけが分けられるが、困難である意図的な獲得、そして道具のはっきりした目的意識のある破壊という条件のもとでのみ可能である。

「コロバハ」の損傷した円錐部の特徴は、まずもって、長い石刃様の縦長剥離された欠損部にあり、摩耗した尖端部とも異なる（Fig.74-B）。極めて厳しい環境、－30℃かそれ以下のところに、しかも比較的柔らかく、すっぽり包まれた中に守られていたおかげで、これらの剥片は滑らかな表面をもち、ほぼ側面全体にリングや様々な痕跡を残している。このような剥片のいくつかは、繰り返される加工によって腹面の様子が分からなくなっている例もある（Fig.75）が、腹面をそのまま残す例が数多く集められている（Fig.76）。

コレクション中には、このタイプの剥片のほか、「コロバハ」－核ともいえるものが認められ

第Ⅰ部　牙と角のわざのひみつ

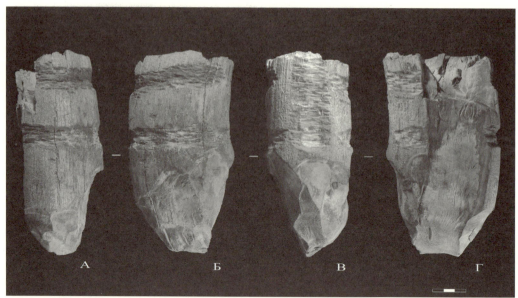

Fig.74　薄い下端部にみられる大きな剥片剥離痕を残す「コロバハ」　ジョホフスカヤ中石器時代遺跡

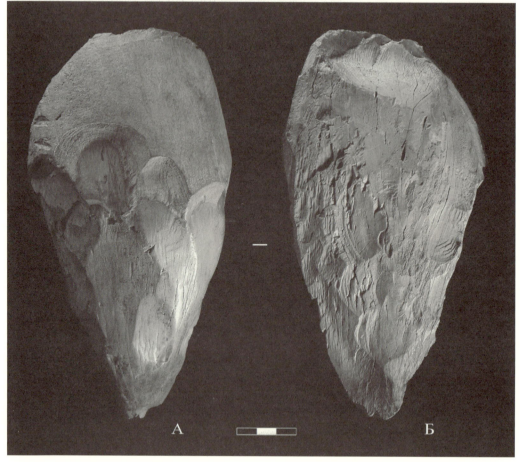

Fig.75　細い下端部をもつ大形剥片「コロバハ」　ジョホスカヤフ中石器時代遺跡

第4章　マンモスの牙とトナカイの角の剥離実験

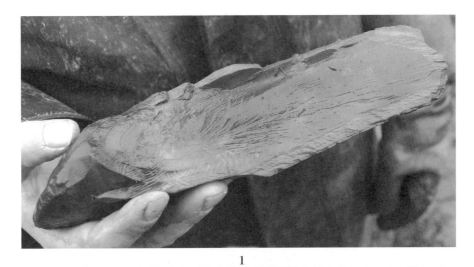

1

2

3

Fig.76　「コロバハ」の薄い末端部片（1・2）と使用想定図（3）
　　　　ジョホフスカヤ中石器時代遺跡

Fig.77 薄い下端部に非剥離剥片を残す「コロバハ」

る。また似たような剥片の一例として、「剥離不足」の状態で終わっているものもある（Fig.77）。一見すると、これらは、でこぼこした末端を伴う極めて大形のマンモス牙製の縦長剥片である。しかし、より注意深く観察すると、次第に厚さを増すこのような磨耗痕のある「コロバハ」の円錐形末端部の剥片も、その端部で、剥離が抜ける剥片の最末尾でないことが分かる。むしろ、剥片剥離の始点部に相当する。そのはじまりは、円錐状タイプでない。

剥離法にそれほど詳しくないどんな人でも、この剥片を見たとき疑いを示さずにはいられないであろう。専門家は、砕けやすい黒曜石剥離の際にすら、非円錐形の始まりからこれほど大形の剥片を獲得することはもちろん、良質のフリント板状のものでも獲得が非常に困難であることを理解していようが、マンモスの牙からの剥離による類似する製品獲得もはなはだ合理性を欠いている。

もちろん、これがすべてではない。ジョホフ先史人が、蒸気製ハンマーと同じような力で、機械のハンマーと同じような威力で加撃したのだろう、という比喩ではないが、何らかの方法で、「コロバハ」末端部へ均等な力を加えたからであろうと、純粋に理論的には推測できる。が、この推測は、打ち捨てねばならない。なぜなら、このような剥片の面（磨耗痕のある「コロバハ」の末端面）上には、加撃の痕跡が、まったくないからである。非円錐形の起点を伴う、ジョホフスカヤ遺跡マンモスの牙製剥片の由来の明確な説明として、一つだけが残る。これはあらゆる先行する仮説に比べて、驚くにあたらないが、唯一の可能性があるものである。つまり、これらの剥片類が、加圧によって作り出されたものである。より正確にいえば、反対側をしっかりと固定した上で、「コロバハ」の一端に強い横の圧力を加えた結果、獲得されたのである。

さらにもう一つの観察が注目される。すなわちこれと同時に、Fig.76に示したように、剥片は細くなり、ちょうど「コロバハ」の紐掛けの末端部分で折れているが、Fig.77は、はるかに部厚く、ひび割れが極めて深く、「コロバハ」－核本体に入り込み、紐掛け付近まで達して消える。この結果、他のすべての剥片のように末端ではなくて、基部で折れている。

Fig.75剥片も驚くべきものである。その大部分が、繰り返される剥片剥離加工で、打剥されたにもかかわらず、残っていた部分は、自然のあらゆる営力も含めて極めて寒冷な環境下での割れであったことを物語る痕跡が残されている（Fig.78）。

ここで、これまでの観察の結果をまとめることにしよう。

1. 製作痕

「コロバハ」は、自然に水を含んだマンモスの牙から、暖かい環境で製作された。このことは、頭部や面と紐掛け用の横溝の成形痕が裏付けている。これらすべてのかたちの要素は、斧を使って、柔らかく、平削りあるいは、穿つ加工に適したマンモスの牙になされたものである。特に良好にこれがみられるのは「コロバハ大将」と呼ばれるもの（Fig.59）で、十分な大きさと、特に入念な仕上がりのせいで、発掘時にこの名誉ある呼び名を授けられたものである。遺物の円錐形尖端部もおそらくは、このよう

Fig.78 「コロバハ」腹面剝片痕
ジョホフスカヤ中石器時代遺跡

なやり方でつくりだされているが、使用と剝片による再成形の過程で、この「コロバハ」は損傷の痕跡、加工痕で覆われていたと思われるが、ジョホフスカヤ遺跡文化層での「コロバハ」には、その製作の第一次段階が遺物に残されていない。

2. 使用痕

「コロバハ」の円錐状の尖端には、やわらかな土と硬い雪、あるいはそのどちらか一方との接触を示す極めてはっきりした痕跡が認められる。これまでのところ、よりいっそう確かな判断を得るために、本格的な実験が不可欠であると考えているが、シュピッツベルゲン、またはヒビヌィ（カレリア）で試みるべく話を進めている。

残されている痕跡の位置的な特徴から、「コロバッハ」がL字形あるいはT字形の柄に固定することは不可能であったことを裏付けている。あらゆる「鍬状掘り具」あるいは「つるはし状掘り具」にみられる摩耗痕が、非対称に残されている。つまり、細かくは道具のカーブの壁と加工される素材の堅牢さ次第ではあるが、刃からひろがる刃部上部の摩耗は、下部の摩耗を5～10倍越えている。「コロバハ」末端の全周をめぐる、土と雪、あるいはそのどちらかとの接触による痕の均一な位置関係は、その固定の唯一の方法を示している。つまり、金属製突き棒のキャップのように、「コロバハ」が平行する棒の末端に縛り付けられるのである（Fig.76-3）。

「コロバハ」の頭部端部にみられる強力な加撃痕は、「コロバハ」自身による加撃痕ではなく、むしろそれへの加撃によって残された痕跡と理解しなければならないのははっきりしている。この結論は、同じく「コロバハ」の頭部に加撃を続けることで、マンモスの牙の成長構造に沿った円錐形の中央部分が抜け落ちる現象を説明している。加撃面の中央にある大きな孔がなんらかのハンマーで打ち窪められたと考えるのは的はずれである。

もっとも集中しての摩耗は「コロバハ」の頭部が被っており、やがてそれはまさに砕け、しわくちゃになっている。一方の円錐形の尖端部は、より長い使用にもかかわらず特別な損傷もない

第Ⅰ部　牙と角のわざのひみつ

Fig.79　「コロバハ」横長剥片
　　　　ジョホフスカヤ中石器時代遺跡

が、しかし摩耗が充分に進んでいる。
　「コロバハ」の原形をもっともよく残しているのが、紐掛け部分である。それらは、しっかりと紐に縛られ壊れにくかったからであり、尖端、あるいは頭部からの損傷によって一部、剥片剥離が及んでいる。

3. 調整痕と再成形痕

　多くの場合、「コロバハ」の円錐形の尖端で調整や再成形が行われている。どうみても、それらを定期的に尖らせたのだろう。これは、道具の尖った方から見てタンジェント（正接）方向の横位剥離、そして縦長板状の剥離、あるいはそのどちらかの剥離によって行われた。正接打割が斧の助けを借りておこなわれたという予想は、なお将来の実験による検証が求められている。ジョホフスカヤ遺跡出土のすべての「コロバハ」の円錐形尖端部の調整と再成形が、狩猟基地領域と接する、－30℃かそれ以下の極めて寒冷な環境下で行われたという事実は、まったく疑いようもない。遺跡の文化層中に、そのような工程で製作された打割製品が実際に残されている（Fig.73, 79）。

4. 損傷痕

　一連の発掘資料から、「コロバハ」が極めて異常なカーブをもって破断する例が明らかにされている。尖端部が地中に固定されている時に、「コロバハ」の頭部を起点とした大形板状剥片の剥離と、尖端部の破損、あるいはその両方が起きるまで、側面からの強い加圧で折れ曲がる（Fig.76-3）。すなわち、縛り付けられた「柄」の助けを借りながら、この役割を果たした結果と言えよう。剥片の形態、特にそれらの腹面の特徴からみて、これら「コロバハ」の損傷のすべてが、－30℃かそれ以下の極めて低温の環境の中で起ったものと理解される。

5. 類似するもの

　上述のように、「コロバハ」以外に、遺跡文化層から角製の類似品が見つかっている。これらには、温暖な環境での製作と寒冷な環境での使用、調整、損傷の痕跡が残されている（Fig.80）。この他、角製コロバハの一つに、下部ではなくて、側面に面が作出されていることを指摘しなくてはなら

第4章　マンモスの牙とトナカイの角の剥離実験

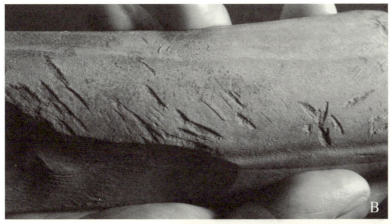

Fig.80
破損した薄い末端部と手斧痕のあるトナカイ角製「コロバハ」ジョホフスカヤ中石器時代遺跡

ない。すなわち、その円錐形部分の「表」が右を向いており、T字形柄に装着される可能性を完全に排除している。

　これまでの分析・検証から、民族学的な類似品の存在は確認できていないが、先史時代のジョホフスカヤ遺跡の住居の骨組みを構成していたであろう棒の下部に取り付けられた「尖端部」、もしくは「槍先状」器具として「コロバハ」を考える事ができるであろう。

　「コロバハ」は、遺跡外のどこか、おそらく島から離れたどこかで、一年の温暖な時期に野営

59

地で製作されたのだろう。棒の端に縛り付けられて、硬い雪か土に打ち込まれ、まさにそれによって、家全体や、家の被い（例えば、石のない時）を支えたのだろう。島に来るまでに、住居は何度も組み立てられ、また解体され、その結果、「コロバハ」は使い古された。すなわち、頭部がくだけ、その尖端部分が鈍く摩耗した。ジョホフ島にある遺跡が、一時的狩猟キャンプだったことを考慮すれば、「コロバハ」は、この場所で使われ、修理された。非円錐形の起点を備える、「コロバハ」から剥がれた大形板状剥片は、土中に固く凍った槍先から棒を抜く時か、あるいは住居の解体時に生じたに違いない。このような剥片が生じうる別の条件を示すのは難しい。これらの剥片や、打撃によって生じた「コロバハ」の修理品も、ジョホフ先史人たちが、確実に遺跡地域内に生存し、少なくともそれが寒い時期であった事を証明している。

第5章　角と牙のたわみ実験―形状記憶

　角とマンモス牙の製品を、真っ直ぐにし、撓める、あるいはそのどちらかをすることができることは、周知の事実である。これについては多くの考古学・民族学的証拠、そして実験による検証例があるので詳細を記述する必要はなかろう。われわれによる長期間にわたる実験研究でも、何百もの様々な道具を製作し、その製作の過程で、角や牙を真っ直ぐにのばしたり、撓めたりしなければならなかった。それ故ここでは、われわれの観点から、いくつかのより本質的な観察と実験結果の引用に限定して紹介したい。

　任意の素材物質を撓める時には、二つの基本的指標がある。すなわち、長さと厚さである。薄く長いものほど、撓めて変形させることが容易な傾向を示す。この決まりは、金属線を撓める場合でも、石核からの剥片剥離過程にあるフリント製板状のものを撓める場合でも等しく重要である。同じ厚さであるならば、物質の撓められる部分の長さが短いほど、そして、撓める範囲が短ければ短いほど、破壊の可能性が高まる。カーブの表面側が伸び、内側が縮む。角あるいは牙を湿らせることと暖めること（蒸気で柔らかくすること）は、その可塑性という特性をいっそう助長するが、われわれの多くの実験で、蒸さなくとも、水につけるだけで素材を柔らかくするという当初の目的を達成することができた。撓みのその瞬間に素材を暖めることは、変形をよりいっそう容易にするし、暖められた物質を撓めるのはより少ない荷重で済む。しかしながら、撓みを目に見えて容易にする温度上昇は、一方で破壊のリスクも増大させる。

　真っ直ぐな、あるいは曲った角や牙製品は、その当初の形を「記憶」している。真っ直ぐに伸ばされた物質は、時間とともに曲ろうとする。曲ったものが真っ直ぐにされたものは、自然の元の形に戻ろうとする。

　さらに角にたいする実験の過程で、重要なもう一つのタイプが存在することを究明できた。すなわち、自然の形への回帰という志向のほかに、自然の形状には関係ない角と牙の「記憶」、水分に制約される「記憶」である。もっとも良い例はこうである。1994年に、若いヘラジカの角で作られた20点の植刃器が、レニングラード市（当時。現在のサンクト・ペテルブルグ）で製作された。水につけて柔らかくし、真っ直ぐにし、乾かし、かんなをかけて滑らかにするなどし、磨き上げ、溝に刃を埋め込んだ。安定した真っ直ぐな状態で、それらは旧石器時代のコスチョンキ遺跡の調査基地（ボロネージュ州コスチョンキ村）に運ばれた。そこは別の気候環境で、乾燥した暑い日中、日陰に置いていたが、そのうちそれらはみんな一様に曲ってしまい、最初の形に戻ってしまった。ところが、水中に置かれると、槍先は、勝手に、真っ直ぐになっていた。

　この状況については、容易に説明することができる。レニングラードでは安定的であるようにみえたが、コスチョンキ遺跡の周辺地域の気候に対しては、槍先の乾燥が不足していたのであった。水につけて柔らかくしたり、真っ直ぐに伸ばしたりする過程で、槍の軸の縮まった一方の側よりも、軸のカーブの外側にあたる反対側により多くの水分が微細孔にたまる。しかし、乾燥の

過程で、両側の張力バランスが、微細孔中にある不均等な水分分布に従いながら次なるバランスへと変動する。さらに乾燥が進む前に、すべての軸は真っ直ぐな状態に落ち着き、コスチョンキの環境への「気候順応」が果たされる。

　角や牙製品に埋め込まれた「形の記憶」というものは、どれほど「深く」、そしてどれほど長く残るものであろうか。これは、数多く存在する要因に左右され一様とはいかないが、まずもって素材の密度とその弾性（はずみ）次第である。角もマンモスの牙も、均質なものではなく、外層の質は、内部のものとはまったく異なっている。角が、特にそうである。動物の大部分の角の内部の細胞膜質の壁の厚さと密度は、根元の状態と、先端近くの状態でおよそ別のものと言えるほどに、部位ごとに異なり決して均質ではない。緻密であればあるほど、原材料の量が凝縮されていればいるほど、作られた製品は、より長く弾性変形へ向かう力を保持していることになる。

　過去のある時点で真っ直ぐに伸ばされたか曲げられた角や牙製品が、文化層中に入り込む前か或はその後にもともとの形に戻った例は、稀ではない。スンギール、マリタ、コスチョンキ１（上層）、アヴジェーエヴォ、メジリチ他の遺跡で見つかった円弧状に曲がった長大なのみや軸など、多数の遺物がこれを裏付けている。類似する製品に対する「取り扱い法」が過去にあり、それが現在でも同じように有効であることを示している。つまり、そのような製品は特別な注意や特定の扱いが求められるのである。先史時代人が、製品を希望する形に残す方法を一つならずとも知っていたことは注目に値するし、何らの疑いも抱かせない。すなわち、脂と松脂、あるいはそのどちらかをしみ込ませること、周期的な温暖加工、発生した変形に欠かすことのできない平滑化、すなわち真っ直ぐにすることなどである。冬季、酷寒の天候のもとで、真っ直ぐにされた牙あるいは角製素材から作り出された植刃器と矢は、その硬度が石に近く、極めて恐るべき武器だったであろう、と確信をもって断定できる。特に、酷寒の天候時に、これらの道具はより壊れやすいが、もし、乾燥が保たれると、その靭性は、いずれの場合にも、石製槍の靭性を越えた。ただし、このような類いの狩猟装備は、暖かい時期、周囲環境の湿度が上昇した場合などは、特に注意深い保管と補足的な手入れを必要とした。

　ところで、「形状記憶」の継続性を考えるとき、「角あるいは牙を曲げる事ができるのは、後にも先にもただ一度きりなのか」という問いが生ずるのは当然なことであろう。これまでのところ、このような問いかけへの論理的答えを、われわれは持ち合わせていない。特に、もし、既製の遺物が、あらゆる特性を残しているということを考慮に入れるなら、角と牙には石と異なって弾性と可塑性があり、また木とは異なって堅牢性と緻密さを備えていることは、それぞれを区別するには好都合である。いずれにせよ論理的になお不確定な回答となる理由は、われわれが、角や牙製の軸や板状のものの動的変形、すなわちそのたわみについて語るときに、二つの相反する側（撓みの外側と内側）、対立する二つの負荷（「収縮」と「伸び」）の存在を見逃すことができないためである。

　すなわち、内側の負荷にさらされたものは、常にそのかたちと体積を回復させようとするであろう。この場合「常に」というのは、その特性を著しく変えないでいる間は、という意味である。われわれにとって、これらの特性こそが重要である以上、答えは単純明快である。つまり、「形

状記憶」から免れることは不可能である、ということである。

とは言え、上述のあらゆる判断に、理論的に根拠が有るにもかかわらず、実際に製作してみると、すべてが、何かしら異なっているようにもみえる。

まずもって、角あるいは牙から、その全直径を通じて均質な、利用に適した長い素材（軸）や板状の素材を得ることが、事実上困難であると指摘しなければならない。角もマンモスの牙も、その素材の構造からみて、まったく同質ではない。もっとも緻密な層は、その表面にある。角の中心核から、あるいは、牙の象牙質中央部から、軸を切り取ることは可能であるが、道具の実用的意義からすると、層の表面から切り取られたものとは比べようがないほど異なっている。利用に適した牙あるいは角製の長い素材も、その構造は均質でなく、さまざまな特性を備えた層から成るが、なかでは外側の層が特に堅牢で緻密である。

それ故、実際に真っ直ぐに伸ばした軸、あるいは曲げた板状のものをそのままの状態で安定させるためには、層によって異なる不均等な伸びの力の問題を解決しなくてはならない。理論的には、素材を圧縮したり緻密にするよりも、弱く脆い層の側に撓めるほうがより適切な処置と言える。すなわち、角を撓める場合には、細胞膜質側に撓め、牙の場合には象牙質側に撓める。より緻密な内側の層を引っ張って伸ばすことで、素材の密度の均等化が最大限にはかられるが、平らな表面の微細孔により均質に水分が分布するように、また道具の内側がより多孔性を保つようにすることが重要である。われわれが実施した何百もの実験の結果は、素材がどっちの側に撓んでも、それに左右されることなく、利用に不可欠な安定化した形状を一定期間保つことができることを証明してくれた。問題は、それがどのくらいの期間続くかということだけである。

もちろん、ここで下された理論的判断の多くは、既知の、あるいは未知の因果関係のさらなる確認のため、補足的実験の検証が必要とされている。

角あるいは牙を真っ直ぐに伸ばしたり、撓めたりすることは、それ自体、技術的に難儀な工程とは言えない。多分、主に三つの段階を経ているはずである。すなわち、水を含ませて柔らかくすること、必要な形に変形すること、安定した状態で乾燥することである。

例えば、トナカイの角の頭部に近い掌状

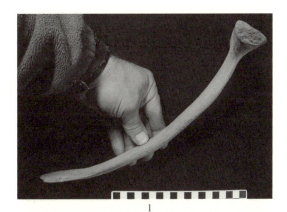

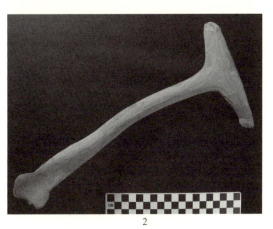

Fig.81　トナカイ角製「T字形」柄　ジョホフスカヤ中石器時代遺跡

第 I 部　牙と角のわざのひみつ

Fig.82　ジョホフスカヤ遺跡調査のキャンプ地にあるトナカイ角庫

Fig.83　実験的に作り出されたトナカイの角製「T字形」柄を水に浸す

　枝を真っ直ぐに伸ばす作業をこのような方法で試してみた。ジョホフスカヤ遺跡文化層から発見されたトナカイの角の様々な部分から作りだされた、大量の斧用T字形柄の完成品・未完成品（Pituljko1998, p.158）に関連して、この実験が実施されたのであるが、多くのもの、すなわち完成品で、道具として作業に使われたらしいものですら、柄の部分は強く曲っていた（Fig.81）。

　実験用材料は、ストロボフ島（ノヴォシビルスク諸島南群のリャホフスキー群島）で数年間（2002～2005年）にわたって採集されたトナカイの落角を用いた。主として、成熟した雄、あるいは成獣の雌のもので、大きくて、丈夫なものを選別したが、いずれの一組の角も、古いもので、どれほどの期間、ツンドラに打ち捨てられていたのかまったくわからない。

　成年の雄は、11～12月に角を落すが、雌は、それよりかなり遅く5～6月であることが知られている。われわれが発見した角も、最近落下したもののようには見えなかったので、多くが、ツンドラで大気中に一年以上さらされていたものと思われる。似たような環境にあるジョホフ島での角の保管期間、2～3年を下らない期間を含めると、この実験でわれわれが利用した角は、3～5年間、ツンドラの大気中にさらされていたことになるが、集められた角のすべては、「冷蔵庫から出したもののように」、非常に良い品質を保持していた（Fig.82）。北の島々の天候を考慮すると、このたとえは決して過大なものではなく、事実、実験の過程で、撓められて圧迫され、水に浸されて柔らかくなった角の切断面から赤い色の稀薄腐敗膿が流れ出た。それはまるで、鹿が昨日、角を落としたかのようであった。

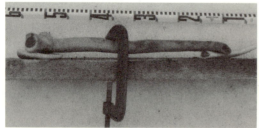

Fig.84　トナカイの角製「T字形」柄を平らにする

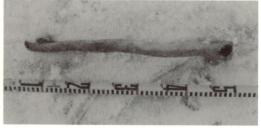

Fig.85　実験で作られた真っ直ぐなトナカイの角製「T字形」柄

トナカイの角の掌状枝を切り取った数点は、ジョホフスカヤ遺跡出土のFig.81に示したものに似せて作られ、ジョホフ島でサーモカルストのプールに浸され（Fig.83）、金属製の万力の力を借りて真っ直ぐに伸ばされ（Fig.84）、さらに暖かく乾燥した環境の中で動かすことなく完全に乾かされた。真っ直ぐに伸ばされた素材は、力学的に均衡のとれた側面形に仕上げられたと認めることができる。

　そして、完全に乾ききったすべての素材は、真っ直ぐな形状を保ち続けた（Fig.85）。しかしながら、戸外に運ばれ、締め付けから解かれた素材の二つは、2週間後、それまで真っ直ぐであったのに、元の形に戻ってしまったのである（Fig.86）。一方、ツンドラに持ち出されたが、万力で固定された状態の素材は、真っ直ぐなままだった（Fig.87）。このような状態で、さらにもう一年の間、乾燥した室内に寝かされた。この後、締め付けなしで、乾燥した暖かい室内環境に置かれたものは、一年間、その形を変えることはなかった。もし再び水に浸すと、この素材に内在する張力が復活するかどうかは判らないが、十分に有り得ると思われるが、この実験はこの段階で中断した。その成果は、水分状況の変化によって、人工的に真っ直ぐにされたトナカイの枝角全体が元の形へ戻る可能性を示唆した点にあるが、強く曲った持ち手のあるジョホフスカヤ遺跡出土のT字形柄も、そもそもは真っ直ぐな形をしていたもので、先史時代の日常的使用から解放された後、「形状記憶」の効果が作用し、曲った形状に戻ったものと考えられる。

　有り余る優れた角素材と水に浸して柔らかくするのに十分に好適な天候条件下にあるジョホフ島で、課題を少しでも取り除くよう、角の枝全体を一度に真っ直ぐに伸ばして平らにする実験を試みた。この実験が、具体的な考古学の問題を解決す

Fig.86　元の形戻った2本の実験製作されたトナカイの角製柄　ヤナ川2003年

Fig.87　実験的に作られたトナカイの角製真っ直ぐな「T字形」柄

Fig.88　サーモカルストプールに浸されたトナカイの角　ジョホフ島　2004年

第Ⅰ部　牙と角のわざのひみつ

Fig.89　トナカイの角丸ごとを真っ平らにする

Fig.90　トナカイの角丸ごとを平らに潰す
2tもの重量

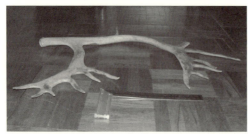

Fig.91　真っ平らになったトナカイの角

Fig.92　縦に鋸で挽き割られた真っ平らになったトナカイの角

るものではないようにも思われたが、何がしかの理論的興味をそそるものがあった。

　中程度の鹿の角を、サーモカルストのプールに、一週間浸した（Fig.88）。その後、2枚の厚いベニヤ板に挟み、湿った砂を入れた複数の袋で上から圧力をかけた（Fig.89）。三日間、砂の重みで角が平らたくぺしゃんこになるよう袋の数を増していったのであるが、それぞれの袋は50kgを下らない。結局、角が平らになった時点では、パネルの上におよそ20袋が積まれていた（Fig.90）。つまり、角の上には1tをくだらない負荷がかかっていたということである。途中、角の複数の突起の末端が、板のパネルの間に納まらず外に出ていたため、それらを鋸で切断しなければならなかったが、角への負荷を増やした際、ジョホフ島での他の実験と同様、鋸で引いたところから希薄な腐敗膿が流れ出た。

　角は、厳しいツンドラ環境内で、砂の圧力下に一週間以上置かれたが、その後、板のパネルは入念に締め付けられ、丸ごとサンクト・ペテルブルグへ搬送した。そこで2ヶ月間、すっかり乾かし、締め金をはずし、乾燥した室内に置かれたが、トナカイの平らな角は、一年以上「形状記憶」効果のどのような兆候も示さなかった（Fig.91）。

　突然に元の形に戻ってしまうこともなく、実験は首尾よく終了し、角は、真二つに鋸で挽き割られ、壁飾りとなった（Fig.92）。

　マンモスの牙の実験に話をもどすと、真っ直ぐに伸ばされた、あるいは曲げられた棒状の素材や、板状の素材を獲得するための作業は、角の作業にまったく同じといってよいほど似ている。これまで、文献の中で、牙製の長く真っ直ぐな製品を作る可能性について様々な意見が表明されてきた。例えば、次のような観点がある。

「マンモスの牙製の2mの槍を製作する為には、巨大な牙を蒸し、それを真っ直ぐにし、割り、それからようやく、素材を切り出し、磨かなくてはならない」（Matjushin 1972)。

われわれの実験では、1970年代にA.K.フィリッポフによって記録されていた、よりいっそう可能性のある、そして単純な技術を採用した（Fig.93）（A.K.Filippovの私的文書記録）

「このような種類の実験にとって有効な装置は、溝の入った丸太であった。牙は、曲った状態で縦に分割され、それ以後、以下のようにして真っ直ぐな棒状素材が製作された。(1) 分離された部分を水につけ、柔らかくする。(2) 細い一方の端を溝に納め、曲った部分は革ひもで縛り付ける。Fig.93にあるように、飛び出た曲がった部分は必ず溝の真上に位置するよう紐で固定し、さらに装置全体を川や湖の水に浸す。ただし棒状素材は、螺旋状に曲がっているため、時折、溝に向けて方向修正する必要があるが、棒状素材が溝にすっかり納まり、真っ直ぐに伸びるまで繰り返される。その後、牙を、溝の中で完全に乾燥させる」（Filippov 1978, p.31）。

2002年、ジョホフ島での調査の折、まさにこれと同じ方法で実験を行い、マンモス牙製の長く真っ直ぐな棒状素材の製作に成功した。そして、O.N.バーデルによって後期旧石器時代のスンギール遺跡の二人の未成年者の墓中で発見された、著名な遺物の完全なレプリカを手にすることができた。

なお、その墓壙中からは、長さ30cm〜116.5cmの13点の投げ槍と120cmを超す長さの3本の槍が発見されているが、その槍や投げ槍のための素材には、長く平らに伸ばさ

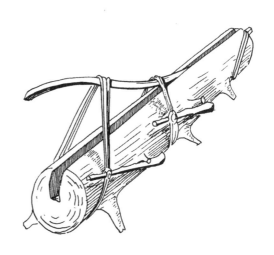

Fig.93　牙の棒を真っ直ぐにする装置
A.K.フィリッポフ復原（A.K.Filippov 提供）

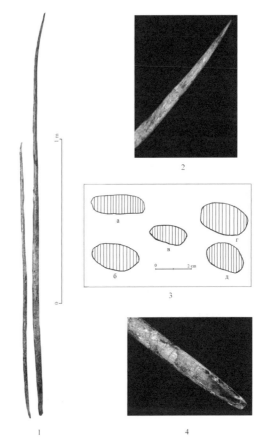

Fig.94　真っ直ぐにされたマンモス牙製の大形槍
スンギール遺跡

れた棒状素材が用いられていた。スンギール遺跡でのそれらの獲得方法は、切断によっている。棒状素材の形は、互いに平行する二つの溝によって決まるが、ある角度で近づいていくものの溝が奥で交わることはない。最後、棒状素材を牙から切り離し、分離作業は完了する（Khlopachev 2006）。形状の特徴、打割面と丸味を帯びた表面の位置関係が、この棒状素材の製作法を示している（Fig.94）。

　長大な棒状素材の胴部の際立った扁平さは、このような遺物すべてに共通する特徴である。槍、投げ槍の長さ次第であるが、1～2cmの厚さをはかる。しかも、その最大厚は常にこの製品の中央部にあり、先端・末端へ向かって次第に厚みを減ずる。本体からの分離という、素材切り離し（分離）の証明は、二つの指標によって立証される。第一に、製品の断面が亜台形であり、その表面（上面）が左右対称で、より細い剥離面（下面）と平行する（Fig.94-3）。多くの場合、打割は、調整されずに行われ、自然のかたちをその表面によく残している。第二に、元の牙全体に対する槍・投げ槍の特別な位置取りに関係する特徴である。おおよそ、強く伸びて緩くなったゼンマイを思わせる、長いマンモスの牙の自然のねじれが役立っているが、できあがる槍や投げ槍の中央部は、この螺旋の中央部、最も真っ直ぐな部分に充てられる。表面で切り取りが行われたことから、切り取られた素材の端は、独特な「ねじれ」、牙の螺旋形状を残す。このような「ねじれ」、つまり素材の端を真っ直ぐに伸ばすことが求められるが、結果として、両端は別々の方向へ真っ直ぐにしなければならなかった。

　このような実験の結果、棒状素材を分離すること、それを真っ直ぐに伸ばすことが実際に可能であることを確認できた（Girja 2002; Girja et Khlopachev 2006）。なお、実験に際しては、極めて良好な状態にあるマンモスの牙が選ばれた[5]（Fig.95）。セメント質の深さに至るひび割れも、円錐形成長構造に沿う層状化もなく、まったく欠陥は見られなかったが、唯一、先端部が長さ45cmほど欠損していた。残念ながらそこは、放射性炭素による年代測定用として鋸で挽き落された。

　棒状素材の切り離し法は、切り離すための溝の深さと形、位置に深く依存しているが、最も大

Fig.95　スンギールの槍の製作実験のために使われたマンモスの牙

Fig.96　二本の溝のあるマンモスの牙をサーモカルストのプールに浸す　ジョホフ島　2002年

---

(5) われわれは、実験用素材提供をいただいたV.V.Pitulikoに感謝する。

切な技術的要素のひとつである。われわれの実験では、作られるであろう棒状素材の位置取りは、セメント層の断面の縦線方向に従う中心「軸」から「目分量」で成された。当然ながら、牙そのものの螺旋状カーブをなぞることになる。

マンモスの牙は、溝入れの過程で周期的に湿らされるが、時に丸ごとそっくり、サーモカルストのプールに浸された (Fig.96)。後に道具に残された痕跡を比較することもあって、有柄のもの、あるいは無柄のものなど各種のフリント製石刃の助けを借りながら溝は刻まれた (Fig.97)。

作業用に選び出されたフリント製石刃（白亜紀のドネック産フリント）は、真っ直ぐな形をしていて、中央部で3〜5mmの厚みをもつものである。使用部の調整はなく、道具に成形されてもいない。つまり、刃部調整などをあらかじめ行うことはいっさいなかった。ただ石刃は、掴む場所（多くは腹部）のみ、切れ味を鈍らせるためにリタッチや研磨を施した。

牙に溝を入れる最初の段階で、石刃の刃部に、鱗状剥離によるファシット（使用痕）が生じたが、その後は、刃の形も安定した。追加調整もないままでの一方の刃部による1回の作業の平均時間は、45分から1時間であった。この間、道具の刃部は、変色や丸みを帯びながら鈍くなっていった。

結局、断面V字形で、長さ2.3m、深さ3〜3.5cm、上部での幅1.5〜2cmの一つの溝製作には、純粋に作業のみで平均およそ6時間かかった。その上、作業は非常に強い力で行わねばならなかったことについて特記せねばならない。各種の実験道具の使用を繰り返しながら、最後のみ、時間と労力の節約のために、棒状素材を現代の電動のこで切り取った。

極めて重要で、しかも実行困難な製作段階の一つが、牙本体から最初の棒状素材を分離することである。これは二つの方法で行うことができる。牙を縦に半分に割り、その半分のものから棒状素材を切り取るか、作り出されるべき棒状素材の両側に二つの平行な溝を形成するか、そのいずれかが必要である。マンモス牙製の大形棒状素材を獲得するための第一の方法を示す実例は、後期旧石器時代のエリセーェヴィッチI遺跡にみられるが、考古学的情報は、第二の方法を物語る例の方がはるかに多い。それは、スンギール、コスチョンキ1（上層）、コスチョンキ8（1層）、ガガーリノ、アヴジェーエヴォ、メジン、メジリチ、マリタ、ビョリョリョフ等の後期旧石器時代の遺跡から出土した牙製遺物群に示される。一つの牙からいくつかの大形棒状素材を製作するには、切り取り、すなわち最初の棒状素材の分離に始まるが、実験では、牙に、二つのV字形の溝を刻むことによって達成された。つまり、単に丸ごとそっくり、最初の棒状素材を切り取ったのである。獲得された素材は、幅は十分に広いものとはならないであろうが、次の分離工程を容易にするであろう深く幅のある溝が、牙表面上に残される。しかしながら、石器による十分に深いV字形の溝の製作自体、それほど簡単ではなく、長く真っ直ぐな石刃をもってしても、牙に2.5cm以上の切れ込みを入れる作業は難儀である。とりわけ、溝に深く入りこんだ刃器へいっそうの力を込めるのが難しい。準備された二つの溝が深いところで一つに交差せず、結果として切り取りできなかった場合には、牙本体から棒状素材を切り離すために楔を打ち込んだことを、後期旧石器時代の牙製遺物群が物語っている。良好な例としては、後期旧石器時代のメジン遺跡、炉III下のピットIIIから発見された大形で、厚い最初の棒状素材の剥離痕を残すマンモスの牙片（長さ112cm、直径14cm）があげられる (Shovkopljas 1965, pp.88-89)。牙の側面に楔状をした大き

第Ⅰ部　牙と角のわざのひみつ

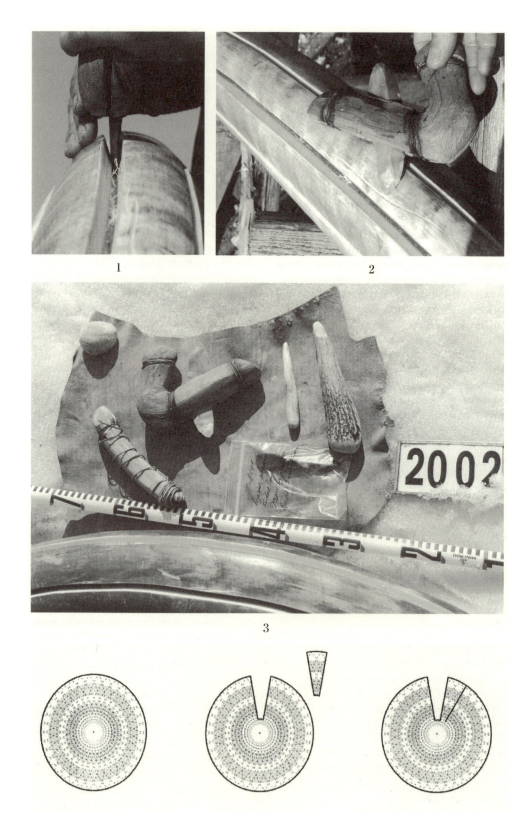

Fig.97　マンモスの牙への溝入れ（1）と用いた各種の道具（2・3）、溝入れ模式図（4）

く長い溝が位置している（82.0 × 6.5 × 4.2cm）。この溝は、先端から数センチのところで始まり、次第に広がり、根元側の基端部まで伸びている。また楔状の溝は、底が十分に平らになっていたが、基部端からわずか13.0cmまでの間のところにだけ棒状素材の一部が切り取られず残されていた（29.0 × 1.8 × 1.4cm）。刻まれた溝は、牙の表面に対しておよそ45～50°の角度で互いに向き合うように作られているが、一部、溝が一つにならず、素材を切り縮めてしまった。二つの溝の幅は、牙の先端部では0.6cm、中央部で1.3cm、根元側に近い基部で1.8cmあった。

　溝の側面にある痕跡によると、溝入れは、マンモスの牙の先端方向から根元側へも、またその逆方向からも行われたことを立証している。牙表面に切り込まれた溝が4.2cmほどとかなり深いために、体部側左右両側縁に独特な「肩」（段）が作り出されている。そのような平坦化は、石器による牙本体への締め付けが起こらないようにする必須の条件である。と同時に、溝は、素材を切り離すためだけでなく、棒状素材の両側から楔を入れる可能性を確保するためにも、十分な幅をもっていなければならないということが、実験によりはっきりと理解された。

　単に棒状素材に、梃子などを下に入れて持ち上げて取ったり、木口からの楔による加撃で縦に剝ぐことは、はなはだ好ましくない。同様に棒状素材を強く曲げてはいけない。なぜなら、木口の両側、あるいは、一方の側からの楔を入れることによる分離や圧縮の過程で、牙の象牙質内のひびわれの出現の確率が、極めて高くなるからである。このようなひび割れは、あらゆる方向を持ちうるが、特に円錐形成長構造にそって形成されやすい（Fig.98）。このようなひび出現を回避することは、かなり難しく、まさにそのためにも、先述したとおり、最初の軸はまるごと切り離すことが望ましい。

　厚く短い棒状素材を獲得しなければならない場合、溝を異なる位置に設けることもある。例えば、チモノフカⅠ遺跡では、二本の深い溝入れを似たような方法で行い、素材を獲得している。溝の一つは、牙の表面に垂直に切り込まれることが多いが、ここでは、もう一つの溝が30°の角度で、また牙の中心に近い溝奥部での両溝間の幅は牙表面での幅の2分の1から3分の1ほどまでに狭まっている。いずれにしても、この場合でも、完全な素材を切り離すことにいつも成功するわけではない。

　牙の比較的もろい内側の部分に斜めのひびが発生する危険性をはらんでおり、このことが溝の切り取りを勧める基本的な理由である。割ったり、圧力をかけたりするより、切り出しの方がよりましで、より好ましい。もちろん、これがもっとも安全な方法ではあるが、敲打や加圧に比べて、はるかに大きな時間と力を消費することが求められる。剝離法による棒状素材の作出は、より迅速で、はるかにエネルギー消費の少ない方法である。しかしながら、どのような方法に

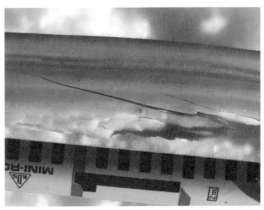

Fig.98 ひび割れに被われた象牙からとられた最初の棒状素材

Fig.99　マンモス牙と切り取られた大きな棒状素材

Fig.100　角製楔による棒状素材の分離

Fig.101　大形牙から最初の棒状素材が抜き取られた後の溝底

Fig.102　マンモスの牙と分離された大形の棒状素材

しても、ある種の危険性を秘めており、作り手には、加工素材の特性に対する適切な知識が求められる。

　S.A.セミョーノフは、エスキモーによる凍結象牙の分割法を紹介している。「石刃による分割の際、たった一回の加撃で終わる事が可能であるとする根拠はない。(略)。分割には、溝に挟んだ骨製の楔を利用したと考えねばならない」(同上)。いずれにしても、われわれの実験において、十分に深い溝や角製楔の利用にもかかわらず、あるいは最大限の慎重さをもってしても、無傷な形での最初の棒状素材を分離することは成し得なかった（Fig.98）。おそらくは、経験が十分でなかったのであろう。適切な敲打か加圧のためには、さらに幅が広く、もっと傾いた溝を作出することが必要なのかもしれない。そうであれば、われわれの実験過程で起きたように、楔が単に素材を曲げて脇にずらすのではなく、素材を「上に持ちあげ」、牙本体から引き離したであろう。

　だが、われわれの実験すべてが不成功だったわけではない。分離する素材の下に両側から、正確に、連続的に打ち込まれた三つの楔によって良好な成果を得ることができたものもある（Fig.99）。楔を入れての打割法（Fig.100）による最初の棒状素材の分離後、牙上には特徴的な「植物模様」をそなえた剥離痕が残された（Fig.101）が、特に重要なのが、極めて深く幅の広い溝（Fig.102）であったために、これ以降の素材の分離作業をより効率的に行うことができた、という点である（Fig.103）。素材の片側の自由な空間の存在は、次の棒状素材を楔によって切り出すのではなく、その脇から切り離すことを可能にし、このことが、象牙質内のひび発生の危険性を著しく減少させた。最初の棒状素材の分離後、剥離による棒状素材の獲得のための素材中心部（溝の底）へ向かう道は、少なくとも一方の側から自由に辿れるので何かと有利である。内部へ向かうというより、ほとんど牙の表面と平行に力を加える事が可能である。これと似たような方法の幅広い利用が、

ヨーロッパやシベリアの旧石器時代の数多くの遺跡で認められる。例えば、スンギール、メジン、チモノフカⅠ、コスチョンキ１（上層）、ビョリョリョフ他である。

　長さ2.3m前後、幅5cmの実験的に製作された軸は、あらかじめサーモカルストプールの雪解け水に一日つけられた（Fig.104）。マンモスの牙は、角と比較して、かなり長期間かかって水をすって柔らかくなる。特に表面のセメント質は、長時間水分を吸収する。それよりは硬くなく、緻密でない象牙質は、より早く柔らかくなる。水分の飽和につれて、牙は、よりしなやかになる。われわれの実験では、象牙質の円錐形成長構造にそって、層状化した薄い層が、ボール紙のように曲るほど、柔らかくする事に成功した（Fig.105）。より大形の素材を曲げることが必要とされるもの、そして、あるいはより大きく曲げる必要があるものほど、吸水期間には大きな注意を払わなくてはならない。

　その後、水中で軸を真っ直ぐにする工程が始められた。われわれのマンモスの牙には、相当な程度のカーブがみられたので（Fig.106）、水に浸された棒状素材を真っ直ぐに伸ばすことは、極めて綿密に、とてもゆっくりと行われなければならなかった（Fig.107）。この場合、作業を急がなかったことが、破損の危険性を大きく軽減した。完全に真っ直ぐ伸ばす為には、平均して一週間かかった。それぞれの平らにする作業後、この牙の道具は、再び水に浸された。さらに、もう一つの牙素材の特徴を強調したい。水をすって柔らかくなった牙製の軸は、極めて急速に、2、3日後か、時には一日後（例えば暖かい水の中）には、真っ直ぐに伸ばすことができる。しかしこれは、決して、成功を保証してはいない。水から取り出した後で、乾燥の程度によって、急速に伸ばされた牙が、締め付けの最中に壊れることもある。その内的張力が強大であるからである。比較的厚く短い素材を、撓ませたり、あるいは真っ直ぐ

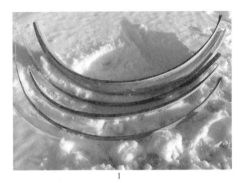

Fig.103　マンモスの牙から首尾よく分離された一連の大形棒状素材

Fig.104　サーモカルストのプールに棒状素材をつける

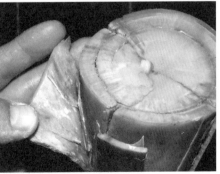

Fig.105　水に７日間浸した後のひび割れだらけの「新鮮」なマンモスの牙

Fig.106　復製された自然の形状を残す棒状素材

Fig.107　真っ直ぐにされた大形棒状素材
ジョホフ島　2003年8月

にする場合に、特に起りやすく、われわれは一度ならずこれを確認することとなった。だから牙を加工しながら、警戒を怠ってはならない。たとえ、棒状素材がうまく真っ直ぐに伸びたとしても、それを乾燥させるのを急ぐべきではなく、より長い間水中にただ置きっ放しにするほうがはるかによく保存される。理想的には、乾燥時の牙の折れの可能性を完全に取り除くために、まだ水に有るうちに、真っ直ぐにされた棒状素材が、かなりの程度（できれば最終的に）「抵抗する能力」を失うまで、またその弾性の力の大部分が尽きてしまい、内的緊張の力が相互に平衡を取り戻した、とはっきり確認できるまでは待つことが必須である。

先述した角の場合でのように、牙上層の素材から得られた素材のすべてが、非均質な構造をそなえている。マンモスの牙では、まさにこの非均質性こそが独自の特徴となっている。なかでも、マンモスの牙の大きい弧状の表面（外側）から切り取ったものと、小さい表面（内側）から切り取った棒状素材の特性に顕著な違いを示す。理論的には、牙はあまり硬い物質でなく、「圧縮」による変形が楽にできるので、象牙質の側に曲げるのがより適切である。大きな弧状の棒状素材を真っ直ぐにする場合（セメント質の方向への曲げの場合）、牙の内部素材、つまり象牙質は「破損への」負荷を体験する。小さい（内的）弧から剥がされた棒状素材を真直ぐにする場合、素材のこの部分は、反対に圧縮される。この場合、曲げによってひびが発生したり、棒状素材の分離によるひびが発達する度合いははるかに少ない。予防手段としては、真っ直ぐに伸ばす前に、分離された棒状素材の腹面（内側）表面に、ほんの小さなひびすらない事を確認するために、かんなをかけて平らにするか、表面を削ぐのも有用であろう。深くないとしても、ひびがある場合には、素材全面の研磨か、鉋かけの方法で、すっかりきれいにしなければならない。特に、牙の表面側（セメント質側）へ向けて曲げることで真っ直ぐにする予定の棒状素材にとっては、不可欠である。

水を吸って柔らかくされた状態で、正しく真っ直ぐにされた牙製の棒状素材は、その内的張力が平衡化し、乾燥後、長い期間その形を保ち続ける。われわれによって製作されたスンギール槍のレプリカのひとつは、ただ一度水につけて、柔らかくされ、真っ直ぐに伸ばされたものであるが、安定した温度・水分環境に置かれ、その形をなお4年半の間保っている。レプリカは、牙の

「小さな」内側の弧より取り外された棒状素材で作られている。つまり、真っ直ぐに伸ばすことが、象牙質側への曲げによって行われた。ザライスク郷土誌博物館（Fig.108）とコスチョンキ考古博物館（Fig.109）に寄贈するために作られたスンギール槍の2つのレプリカは、牙の側面側、内側と外側の曲げ面の中間に相当する棒状素材から作り出されたものであるが、異なる振る舞いをした。ザライスク郷土誌博物館の槍は、完全に安定したと考えられた後、一年半経ってから「形状記憶」効果が現れた。また、コスチョンキ博物館の槍には、これが二度起きた。一度目は、サンクト・ペテルブルグ市で、二度目は、コスチョンキに運ばれた後である。それぞれ、その度に、再度槍を水につけて柔らかくし、真っ直ぐな状態で再び乾燥させた。

このような一連の実験の結果、A.K.フィリッポフ（Filippov 1978）によって提案された方法で、マンモスの牙からスンギールタイプの槍を製作することが可能であることを単に確認したばかりでなく、それに従わなければマンモス牙製の棒状素材を真っ直ぐにすることができないという、一連の技術的必然性を解き明かすことに成功した。

得られた観察結果は、仮に、墓で知られる先史時代のスンギール人の具体的な行動に関わる結論について、新たな見直しの必要がないとしても、様々な時代や地域の遺跡から出土している角や牙製の考古学的証拠とそれらの撓みをめぐる技術について、新たな視線を向けるに充分であった。

Fig.108　真っ直ぐに伸ばされたマンモスの牙製棒状素材から製作された大形の槍
ザライスク郷土誌博物館へ寄贈

Fig.109　真っ直ぐに伸ばされたマンモスの牙製棒状素材から製作された大形の槍
コスチョンキ考古博物館に寄贈

角丸ごとを真っ直ぐに伸ばす実験例と類似するテーマを終了するにあたり、果たして牙丸ごと伸ばす事は可能であるか、という問いかけに答えを出すべきであろう。もちろん、可能であろう。もし、軽く曲っていて、とても長くて薄いものが見つかったとしたら。例えば、長さ5mで、幅が10cm以下のものであれば可能であろうが、しかしそのようなものは自然界に存在しないであろう。

第6章　マンモスの生活にみられる自然の破損と摩滅化の痕跡

　マンモスの牙の人工的加工のいろいろな様相に関する記載をする時、その変形の自然の形相に注目しないというのは想像力不足というものであろう。巨大な牙や牙（犬歯）をもつ他の動物と同じように、マンモスはしばしばみずからそれを折損した。この他、われわれにとっては厳しい、しかし彼らにとっては快適な、とても独特な周氷河ツンドラ環境に棲み、雪の覆いの下にある食物の獲得のために牙を使いながら、マンモスは牙の先端をすり減らした（Pohling 1888-1891; Zalenskij 1903; Digby 1926; Garutt 1960 など）。この視点を固く信じていたのが、わが国のマンモス動物群の代表的研究者であるV.E. ガルットである。「マンモスの牙の極端に過度な発達が、その絶滅の原因となった、という学説が存在した。しかし私たちは、この巨大な牙が、マンモスにとって極めて便利なもので、餌を探す時、冬の雪をまき散らすのに素晴らしい道具であった、と考える。よく保存されたマンモスの牙では、そのような使用を物語る"摩滅ゾーン"と呼びうる箇所を明確に見分けることができる」という（Garutt 1960, pp.158-159）。この著作の中で、「冬期、餌の探索において雪をまき散らすために自身の牙を利用するマンモス」の復原図が示されている（同上、p.160、V.E. ガルットの指導で画家E.Ja. ザハロフによって描かれたfig.8）（Fig. 110）。

　存命中の摩耗痕が実によく保存されていたマンモスの牙先端部の折断片は、幸運にも状況の一致する、しかも友情の証として「矮性小型（ピグミー）マンモス」（*Mammuthus primigenius vrangeliensis*）の発見者で地理学者のS.L. ヴァルタニャンからわれわれの研究に提供されたものである。彼は、ラクヴァザン Rakvazan 川下流の砂浜（北西チョコトカ Chkotoka のクィットゥィク Kyttyk 半島の浜）でこの資料を発見した。表面の素晴らしい状態は、この破片が砂浜でそれほど長く放置されていたものではなく、しかも長期間、川の中にあったわけでもないことをはっきりと物語っている。

　牙の先端部の下面（底面）は、上面に対し30度ほどの角度で平らに削ぎ落とされ、研磨されている。平らな表面の長さは23cn、幅5.5cmである（Fig.111）。まさにその先端あたりから始まる集中的な無光沢の研磨は、滑らかに、そこから離れるにつれて姿を消す。平滑にされ、削ぎ落された表面の縁辺部分は、その全周にわたって、やわらかく丸みをおび、磨き上げられている。端部にみられる研磨の配置は、平面の研磨に一致しているが、マンモスの牙の丸みを帯びた表面へと移行するほぼその付近で研磨は突然途切れている。

Fig.110　雪を掘るマンモス　V.E. ガルットの指導により画家E.Ja. ザハロフが描く

円錐形成長構造をたどる比較的細いひびの他に、北極キツネの歯の痕が、生存時のマンモスの牙の摩滅中に、唯一のマクロな損傷として残る。もっとも情報量をもつ先端部の縁のひとつやマンモスの牙の先端上部および下部表面が、飢えた動物によって咬まれたものである（Fig.112）。

生存中の摩滅の痕跡のミクロな損傷群として、様々なへこみや擦痕、無秩序にある擦痕、溝の形をした様々な方向に走る線状痕が大量に含まれる。50倍かそれ以上拡大した場合にはっきりと識別できる、細かく、研磨面全体を被うヒビ割れのネット網も、このようなミクロの損傷に含まれねばならない（Fig.113）。この網は、何よりも、陶器の上薬上の細かい亀裂、あるいは乾燥によるひびを思わせる。

マンモスの牙の摩滅に含まれるのは、
1) 軸にそって滑らかにカーブするが、横断面は扁平な、滑らかに形成された面。
2) 摩滅によって平らにされた面の周縁が丸くなっている。
3) 偏光のもとでは光沢がないが、内蔵された照明の灯りのもとで、100倍以上に拡大された場合は、かなりはっきりした研磨の様子を示す。
4) 大量の、幅や形のさまざまな密集する線状痕が、研磨面全体にあり、細く真っすぐな擦傷が主体であるが（Fig.113-1）、より幅は広いが深くない溝で、規則的な横のひびが溝の底部にあるものもよくみられる（Fig.113-2）。これら

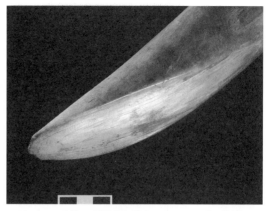

Fig.111 自然の研磨痕を残すマンモスの牙の先端

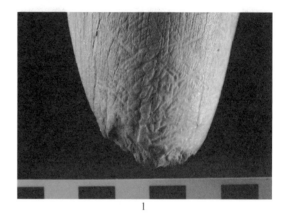

1

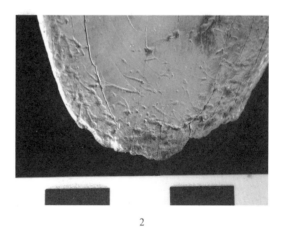

2

Fig.112 マンモスの牙の末端部に残された北極キツネの咬み痕

すべての線状痕の形は、かなり単調に、マンモスの牙の長軸に沿って位置し、稀にずれているものもある。

すべての数え上げられたマンモスの牙の表面のマクロとミクロの要素は、互いに相互依存しており、一つの傷痕群に属している事はいうまでもない。研磨、表面の擦り減りとまるみをおびた

第Ⅰ部　牙と角のわざのひみつ

1

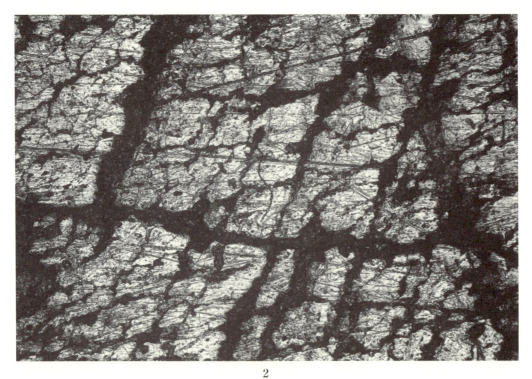

2

Fig.113　マンモスの牙末端部の表面にみられる自然の損傷　対物レンズ通過の照明、微分干渉顕微鏡（これ以降 DIC）、100倍

縁辺部に関連する顕微鏡的な線状痕の方向は、この表面のマクロな形の特徴に呼応し、縦の断面で突出するが、横ではまっすぐになっている。

　存在する傷痕群については、このマンモスの牙が、大きな半径の弧を描くかのようである。振り子状の動きが起こったのは、明々白々である。マンモスの牙の先端が、進行方向、運動の方向を向いていた。マンモスの牙の扁平な下面は、かすかに磨かれ、構造上同質でないものを含む素材と接触した。この素材は、柔らかいが、牙を平らに削り、縁辺に丸味を帯びるほどに研磨する一方、無数の、均一の方向の線状痕を残す、極めて細かい研磨粒子を含んでいた。マンモスの牙は、この素材の奥へ入り込まず、布地表面にアイロンをあてる様に、ただその表面をなでたに過ぎなかった。まったくの素人のように思われるとしても、アイロンを動かすように面全体を使っているようで、どこが特に使われた場所なのか、見極められなかった。その理由は、先端部がひどく損傷しているせいだけではなく、おそらく特別な機能部位は無かったからであろう。

　この傷痕群に対し、似たような保存状態の素材や摩滅の実験標本に比較するにふさわしい資料を、今日われわれは持ち合わせていない。

　擦り減り痕のあるマンモスの牙をわれわれが観察するのは、はじめてではない事も指摘しなくてはならない。すでに1970年代半ばに、さまざまな擦り減った末端部のあるマンモスの牙の完全なコレクションを見ることができた。このコレクションは、コスチョンキ遺跡発掘の基地でA.N.ロガチェフによって集められ、素晴らしいことには、V.E.ガルットの講義と説明を聞くことができたのだ。その時以来、マンモスの牙の摩滅へのわれわれの興味は、膨らむ一方であった。多数の類似する標本は、われわれの注意を引かずにはおかなかった。しかしながら、このマンモスの牙片は、ミクロレベルでの研磨をよく観察し、分析する可能性を保証する高いレベルの保存状態を維持した最初の例であり、マンモスの牙の摩滅の傷痕群に関するここでの記述は、われわれが知る限り、このような種類の作業のはじめての試みであった。

　マンモスの牙の予想される多様な応用についての考古学や、古生物学の分野にある様々な考えの存在について知りながら、ただ一つの、おそらくきわめてよい例についてだけの完全な記述を手にしただけで、最終結論をいそぎたいのではない。十分な量の実験データを持っていないこと、これは基本的に、われわれのやり方ではまったくないことが重要である。しかし、容認可能な説明の種類がそれほど多様なものではなく、結論はおのずと明らかである。つまり、マンモスの牙は、根が混じっている芝土、そしておそらくは雪で覆われていた地面と接触したに違いない。自分の牙にこのような摩滅をつけるためには、マンモスは、芝土に牙の先をいれながら、ただほんの少し「頭を揺らす」ことが必要だった。同様な頭の動きは、私たちだったら「いいえ」をいう時、ブルガリア人だったら「はい」というときにおこなっている。

　ここで、さらにもうひとつの状況に言及するのが適切であろう。マンモスの牙の削ぎ落しの過程は、マンモスにとってのみ特徴的なのではなくて、毛サイの角もまた摩耗していた。この事実にわれわれの目を向けさせたのは、古生物学者であり古地理学者であるP.A.ニコリスキーであった。古生物学博物館「氷河期劇場」（モスクワ　F.K.シドロヴスキー館長）には、世界最大の毛サイの角コレクションの一つがあり、さらにその大部分に摩滅が有るからである。もちろんサ

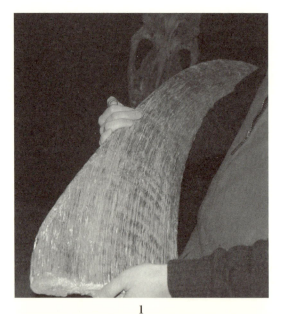

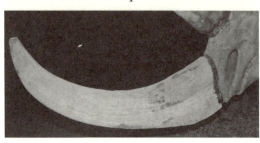

Fig.114　自然の擦り傷のある毛サイの角

イの角の摩滅は、多くの理由で、マンモスの牙にみられる痕には似ていない。たとえば、角は別の位置に発達するし、毛の変形したもので成り立っているから、素材も粗い構造である。重要なのは別のことである。つまり、マンモスと寸分違わず同じ運動をしながら、サイは土と接触して角を擦り減らす。前方へ鎌形に曲ったサイの角は、摩滅の結果、「ナイフによって断ち切られたように」真っすぐになっているが、実際には擦り減って、角の側面に垂直な面が現れる（Fig.114）。冬季に、サイもマンモスも、食物探しの過程で同じ困難に直面した事実は見逃せない。

　もちろん、マンモスの牙やサイの角のすべてに、擦り減りの痕があるわけではない。

　われわれによって記載された研磨状のマンモスの牙の摩滅や縁辺の形の変化の特徴は、民族学的資料、同じような用途として認められた考古学的資料、そして十分なものではないとしてもわれわれの実験道具を思い起こさせるが、それは芝土に積る雪のための道具である。このマンモスの牙と接触するのは、一体どのような土なのだろうか。これはやがて明らかになる。

　チュコトカでS.L.ヴァルタニャンによって発見されたマンモスの牙片の報告に戻ろう。この破片の全長（大きなアーク部分で）は58cmである。破片の基部に近い方の端の損傷の特徴は、末端の摩滅と劣らず興味深い。このタイプのひびの始まりは、しばしば「舌状破損（断口）」と呼ばれる。つまり、われわれには、ジョホフ「コロバハ」ですでにおなじみのもので、何らかの持続的な作用で剥がされた非円錐形剥片である（Fig.115）このような破損の最初の局面は、素材の横に裂けるひびの出現である（Fig.7）。第二が、縦の剥離面への亀裂の移行である（Fig.115-2）。横の裂け目と縦の剥離の組み合わせというもっと複雑なものもある。このような種類の破損にもっともよく類似するものとしては、もしかしたら、湿気を含む木の枝の破損が考えられるかもしれない。この場合、はじめに発生した横位の裂け目が、縦の剥離に入れ代わる。

　表面のパティナを調べると、破損は現在のものではなく、たとえ立証できないとしても、マンモス生存中に出現したということは十分あり得る。極めてはっきりしているのは、もうひとつ別のことである。ジョホフの「コロバハ」とは違って、この破片上では、極めて突出していて、「ずたずたに裂けた」生地をしている表面の形と、レチウス条ではっきりと示される網構造が残され

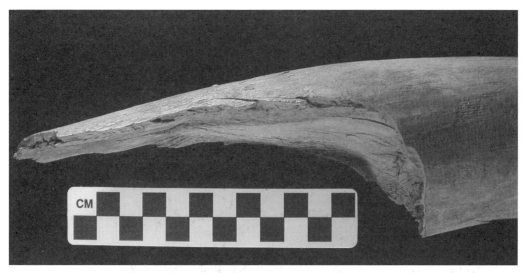

Fig.115 横長「舌状」マンモスの牙破損

ており (Fig.7)、損傷からみて、破損の時に、マンモスの牙は極めて「新鮮」で、比較的暖かな環境の中にあったことが理解される。

　剝離の方向は、存命中の破損という考え方の証拠にはならないが、マンモスの牙の末端に、「マンモス」内部から巨大な圧力がかかったのである。マンモスの「マンモスの牙による引っ張り合い」という考えを退けるなら、このような破損が生じるためには、何らかの信じられないほど丈夫なものに牙が引っかかったマンモスが、急に後ずさりしなければならなかったであろう。

　あるいは、マンモスの牙が凍土中にある時、崖から凍土が滑り落ち、その崖崩れ時に生じた、という説明がはるかにもっともらしいのかもしれない[6]。

Fig.116 ソプリヴァーヤ・ゴーラ　氷河コンプレックスの崩壊　ヤナ中流域　2003 年

Fig.117 凍結擾乱による凍土変形層　ピナクル状割れ目

　氷河コンプレックス（エドマ）が崩落する時に、ずり落ちた塊のサイズ、それらの力と威力は、時として、想像をはるかに超える（Fig.116）。マンモスの牙の一部が凍土の崩れ落ちたかたまりに遭遇したのであれば、それがマッチのように破損したのは疑いない。しかしそのような場合、パティナに驚くべき差異があったはずである。すなわち、新鮮で、パティナの印のない、あるいは、かすかにパティナのある破損の表面と強くパティナ化したマンモスの牙表面とである。だから、この破損は凍土内部で起きた変形によるというのが、もっともらしい。

　「大陸氷河層中にマンモスの牙があるとき、有機物のしっかりした凍結保存状況を背景に、マンモスの牙の断裂変形、粉砕が生じることは少なくない。水が氷結すると、堆積は 10％増加するが、岩石内の孔やひび内に、140kg／㎠かそれ以上の圧力がかかることは知られている。泥状の氷が、収容されている岩石を動かしその空間をこじあけながら、その影響帯内にあるマンモスの牙を変形したり壊したりすることができる」（Smirnov 2003, p.105）。直接氷脈によるマンモスの牙の破裂のケースはほとんどない。たとえ、ジョホフスカヤ遺跡の文化層の分類中に、文化層埋没後に生じた水脈によって住居の木製の棒が破壊されたのをいくつも見る事ができたにもかか

（6）遺物の発見者の言葉によると、「破損の原因が、どこでどのようにして生じたか、崖の崩落と具体的に関連付けるのは無理として、ただ、破損の原因を予想するだけである」（S.L. ヴァルタニャン　私信）

わらず、そのようなケースを観察することはなかった。しかしながら、たいてい、まさに氷の住居そのものが異種のものを裂くのではなく、凍土のはるかに幅の広い面（堆積）が隣接し、横に伸びている氷脈のせいで曲って変形させられるのである（Fig.117）。

「曲げ」荷重をかけられた痕跡のある、マンモスの牙の横の破損の大部分はこのようにして起きた、とわれわれは考えている。時として、このような破損は、大きな直径のマンモスの牙にみられ、それら出現の原因が、凍結擾乱以外に予想できないものもある。とりわけ、細いマンモスの牙の場合の理解は、極めて難しい。牙はマンモスによって、人によって破損させられたのかもしれなかったし、それらが含まれていた地質学的層の沈下によって壊れたのかもしれない。

物理的破損の過程は「三つの原因、マンモスか人か自然か」、そのうちの一つである以上、この場合「人による」破損を、他のものから区別する特別な理由はない。つまり、マンモス、凍土、人が、形態学的に同一の破損をひきおこすことができる。このようなタイプの破損が人工的に発生した確証とみなしうる唯一の状況は、遺物（製品）が壊れた場合である。重要として強調できるのは、あらゆる個別の、特に、長いもの－遺物は、文化層中の凍結擾乱作用によって曲げられ破損することが十分あり得ることである。しかし、このような種類の破損の大量の自然発生は、特にもし破損が、人工品の類似する場所に起るのなら、可能性は極めて少ない。つまり、分裂のこの種類の人工的発生を確信持って承認できるのは、非円錐形タイプの破損発生以前に、このマンモスの牙の破片が人間によって何らかの変形を受けていたことを断言する理由がある場合だけである（第4章参照）。それ以外のものは、立証が難しい。

マンモスの牙の横位破損時の非円錐形の形状は、きわめて多様である。それらは、斜め－長い（舌状）形状とは限らず、横の断裂が卓越する時には、もっとまっすぐなものもあるが、縦の剥片は、ほとんどみられない。既述のように、マンモスの牙の非等方性の結果、横位破損の表面は尖った畝をもつ波状のでこぼこした模様をもっている。これも、本質的に、角の横位破損と同様で

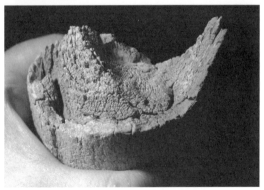

Fig.118　マンモスの牙に残された舌状の割れ目

Fig.119　マンモスの牙の乾燥過程で生じた同心円状と放射状の割れ

第Ⅰ部　牙と角のわざのひみつ

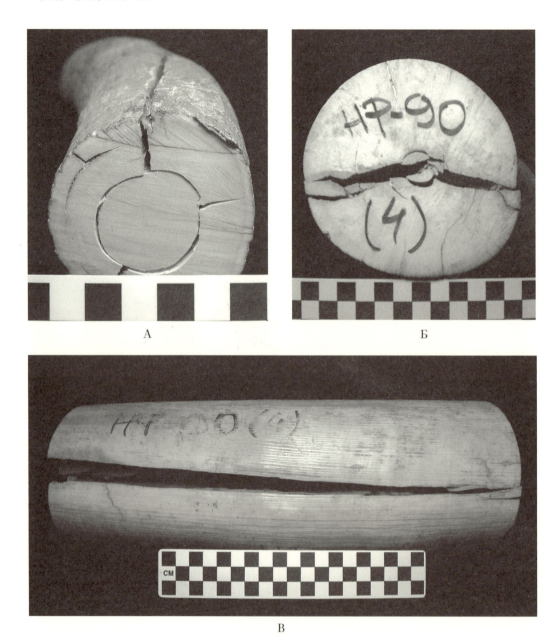

Fig.120　乾燥による深い縦放射状、同心円状の亀裂を伴うマンモスの牙

あるが（Fig.33）、サイズを大きくしたようなものである。水分を含むマンモスの牙を強く冷やした環境では、おそらく、「曲げの加重」によって剥がれた時の舌状の形状を残さない「真っすぐな」破損となるのだろう。マンモスの牙の長い破片を稜へ打ち付ける時、牙は、それ自身の重みでまがりながら、ほぼ横におれる。まさに、斧なしで、乾燥したトウヒの細い木の幹を折ることができるように。

　横位破損の舌状の特徴が未発達のマンモスの牙の例は、ヤンスキー遺跡近くのヤナ中流域の砂浜で発見された（Pitulko, Nikolsky et al. 2004, pp.52-56）し、A.Ju. イヴァノフが調査のためにわ

れわれに提供してくれた（Fig.118）。これは、極めて、短いもので、その両端の破損は、同じ側の曲げから発生し、おそらく凍土中の牙変形時に生じたはずだ。しかしこれらだけがこの例の興味深い点ではない。横位破損以外に、おそらくその形成後に、それがさらに縦にも割れた。

マンモスの牙のこの縦の分割は、さらに一つの極めてよくみられる自然の分割のタイプであり、「乾燥による亀裂」と呼び習わされているものである。

マンモスの牙は、現代のものも化石も同様に、均等な乾燥には「向いていない」。マンモスの骨は「あらゆる生物由来の素材と同じように、そもそもはじめから、水分で飽和し（歯の象牙質と類似して、8〜10%）、そのかなり速い喪失はマンモスの牙の層状化とクラッキングを導く。層状化は、レチウス条にしたがっておき、継続して、すべての新しい円錐成長に及ぶ。この過程の結果、その表面に縦のひび形成を導く牙本体内部で緊張状態が大きくなる。このようにして、乾燥の過程で、牙構造の非均質性は、はじめ円錐形成長構造に一致する、同心円状ひび形成、その後放射状に牙素材表面の縦のひび形成を導いた」(Smirnov 2003, p.104)（Fig.119）。

乾燥時のマンモスの牙は「様々な方向に従って、不規則な収縮が起きる。（直径の）幅では、その長さに比較して極めて大きい」（同上）。まさにこのような亀裂の発達の過程は、古地理学者 M.A. アニシモフがわれわれに提供した、放射性炭素による年代測定の為に乾燥し直された標本上で読み取られた（Fig.120）。

実際に、マンモスの牙の層状化とクラッキングをともなう状況が、極めて難しいものであったということを排除しない。きっと牙内のひび形成と発達は、その乾燥とすでにひびの内部や表面にあった水の凍結の結果、同時に起こったに違いない。

マンモスの牙の乾燥による縦の亀裂はどれほど大きいものが存在するのか、また別の起源のひびとは何が異なっているのだろうか。ヤンスキー遺跡から5km下流にあるヤナ川岸の踏査の際、われわれは、乾燥ひびにそって分離した、およそ1mにおよぶ大

Fig.121 乾燥の結果、縦割れしたマンモスの牙

Fig.122 典型的な波形模様のあるマンモスの牙の縦割れ面

第Ⅰ部　牙と角のわざのひみつ

Fig.123　多方向波のみられる、マンモス牙の縦割れ面

Fig.124　マンモスの牙の自然の縦割れ面

Fig.125　マンモスの牙の自然の縦割れ面

きなマンモスの牙片の発見に成功した（Fig.121）。もしかしたらもっと大きな破片が見つかるかもしれない。分割されたこのタイプには、以下の特徴がある。
1) 放射状の亀裂から生じている以上、このようにして得られた表面は、いつもマンモスの牙の中心をむいている。
2) もし仮に、この亀裂が、マンモスの牙を半分に折っているなら、二つの放射状の亀裂から、剥片の一つの表面（マンモスの牙周囲の直径に従って）が形成されるとき、マンモスの牙

の中心軸から左右に二つの平行な乾燥の断裂波が生じる（Fig.121, 122）。

3) このような波それぞれは、別の放射状の亀裂から生じているため、隣りのそれの形や頻度と関連しない。

4) 乾燥の断裂の波の方向は、常にマンモスの牙の円錐形成長構造の方向に一致しており、常に先端方向を向いている。牙の先端に比べて、あまり密でない体部に近い末端から始まっているからである。乾燥の亀裂が中央の「神経の孔」から始まっているとき、稀には、短い部分で波がマンモスの牙の軸の横に向かうかもしれない（Fig.123）。

5) 乾燥の断裂波は、極めて平坦で、事実上「起伏なし」で、互いに並んだ、かわらあるいは魚の鱗の列のように思われ、一つ一つの波の線は、直角にならんだ鋸歯縁のようでもある（Fig.123, 124, 125）。

第7章　マンモスの牙と角加工に用いられた石器に残る痕跡

　すでに何度も指摘してきたように、新鮮で乾燥しきっていないマンモスの牙は、水につけて柔らかくされた状況で、切り取ること、鉋かけ、鋸挽き、穿孔などを含む様々な加工に極めてよく順応する。この場合、単なる吸湿の他に、作業時に原材料のどのような化学的な加工をも必要としない（例えば、Osipowicz 2005 参照）。高い湿度とかなりの低気温の極北高緯度環境では、マンモスの牙と角は、水をすって柔らかくなった後で、ゆっくりと乾燥していくので、かなり時間的コストのかかる非常に大形のものを製作する可能性をもたらす。われわれの実験が示しているように、乾いた原材料の加工に比べて、乾燥させ水につけ、柔らかくしたマンモスの牙や角の加工に用いた石器は、比較しようがないほど長時間の使用に耐え続けたし、その機能部位に残された摩耗痕も、多くの場合大いに異なっている。

　まさにこのため、硬い有機物質加工に関連する遺跡群を研究する数多くの使用痕研究者とって、この情報は例外的で、大きな興味を抱くであろうと思われるので、その例のいくつかをここでとりあげるのは意味があるであろう。

　これらの実験データ、痕跡の非凡なタイプは、新しく、興味深いデータであり、ここでの分析に関する記述ともども、ぜひ使用痕研究に携わっている方々に提供したいと考える。これらの実験結果は、疑いもなく、中央・東ヨーロッパの後期旧石器時代遺物群のマンモスの牙原材加工に関連する分析の際には、比較データとして、特別な意味があろう。新鮮なマンモスの牙と角加工実験でわれわれが使用した道具の大部分が、いずれのレベルでも、ユーラシアの様々なフリントに近いドネツク産の白亜紀のフリント材から意図的に作り出された。これらのデータが、石器時代全体の遺物群のより幅広い領域での分析に、比較基準として十分なものになるであろうと期待している。

　われわれの実験で使われたあらゆるタイプの道具のうちで、もっとも効果的であったのは、木製柄に固定されたフリント製の刃を備える両握り手付き鉋であると認めざるを得ない（Fig.126, 127）。このような道具によって、マンモスの牙の長さと手の動きにだけ制限をうけるが、どのような長さにもマンモスの牙製の削りくずを作り出すことができた。肉眼で見える、研磨された細い帯が刃の縁辺部に現れたときには、すでに一時間がたっていた。さらに、この道具を使用すると、縁から3mmかそれ以上の幅で光沢のある部分が広がった（Fig.128）。刃部がかなり尖った角度（15～20°）を持つ場合さえ、刃縁辺での慎重な作業に際しては、集中的な刃こぼれは生じず、完全な削りくずを生産しながら（Fig.129）、つまりその有効性を維持したままで、8時間もの長時間にわたって使われた。われわれは、それ以上長い時間の実験を行わなかったため、一つの刃の使用可能な最大時間までは知り得ていない。

　実験道具のフリント製の刃によってマンモスの牙表面に残された鉋かけ痕（Fig.130）は、われわれが遺物表面に観察したもの（Fig.131）に極めてよく似ていた。このような鉋かけ痕は、

第7章　マンモスの牙と角加工に用いられた石器に残る痕跡

Fig.126　マンモスの牙を削る両握り手付き鉋

Fig.127　フリントを装着した両握り手付き鉋とその削りくず

Fig.128　両握り手付き鉋にはめ込まれたフリント製刃部にみられる摩耗と縁辺損傷

Fig.129　両握り手付き鉋よる一時間の作業後に得られた牙の削りくず

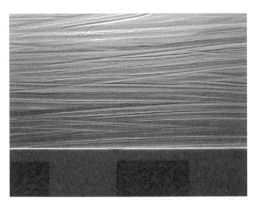

Fig.130　牙に残された両握り手付き鉋による使用痕

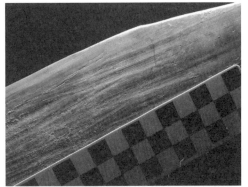

Fig.131　遺物表面に残された両握り手付き鋸による使用痕　ジョホフスカヤ中石器時代遺跡

長く真っすぐに平行するか、マンモスの牙表面と鋭角に交差している。削り痕は、極めてなだらかな溝状で、その内面は、引っ掻き傷、溝状や尾根状の連続的線状痕で覆われており、それぞれの一度の削りの中に溝と厳密に平行に位置し、それぞれの削り痕はそのカーブをすべて繰り返している。

　両握り手付き鉋のフリント製植刃自身の摩耗は、数々の特徴を示しながらもありふれた組み合わせとして現れていた。すなわち、刃部縁辺の刃こぼれや摩滅、マンモスの牙表面との接触面の

89

第Ⅰ部　牙と角のわざのひみつ

Fig.132　「新鮮な」牙を削って得られた痕　作業時間正味8時間15分、対物レンズ通過の照明、DIC、50倍、Helicon Focusソフト上で編集

　光沢と線状痕である（Fig.132〜135）しかしながら、顕微鏡写真が示す大雑把な検査は、経験不足の使用痕研究者でも、示される一つ一つの特徴の性格や発達の程度が普通ではないと認めるものであった。

　「硬い有機物」と判断される、乾燥したマンモスの牙加工による痕跡のある道具とは違って、われわれの道具には、刃部縁辺に鱗状刃こぼれが、マイクロレベルではっきりとは認められない。羽状模様と階段状の末端部、あるいは終息部を伴う、あるいは、そのどちらかを伴う、個別的な浅いファシットはあるが、そこら中にあるのではない。半月形の割れ目状の鱗状刃こぼれのミクロファシットが圧倒的で、縁辺の丸みをほぼ一掃し、完全に研磨されている（Fig.132）。この状況は、いうまでもなく、刃部の形の作業にみあう正しい選択の結果であるし、道具の慎重な使い方の結果でもある。しかし、われわれの鉋のかなり尖った刃部を、特に考慮にいれると、主として、これは使った素材の柔らかさ、その作業のし易さの結果であり、乾燥したマンモスの牙原材に特徴的なものではない。

　刃部の丸味をおびた縁辺は非対称で、われわれの実験用道具すべてにおいて、接触面である平らな腹部側へ傾いている。刃縁辺の平面は、まっすぐではなく、いくらか「鋸歯状」で、でこぼこしており、縁辺の刃こぼれ出現後に残されたものである。しかしながら、これら刃のピークが滑らかである以上、より正確には、これを「波状」と呼ぶべきであろう（Fig.132）。縁辺断面は、同様に完全な円形ではなく、半月形刃こぼれの垂直なファシットの縁辺が丸みを帯びてなめらかになっているだけである。

1

2

Fig.133　1.「新鮮な」牙を削って得られた痕　作業時間正味8時間15分、対物レンズ通過の照明、DIC、100倍、Helicon Focus ソフト上で編集
　　　　2.「新鮮な」牙を削って得られた痕　作業時間正味8時間15分、対物レンズ通過の照明、DIC、100倍、Helicon Focus ソフト上で編集

第Ⅰ部　牙と角のわざのひみつ

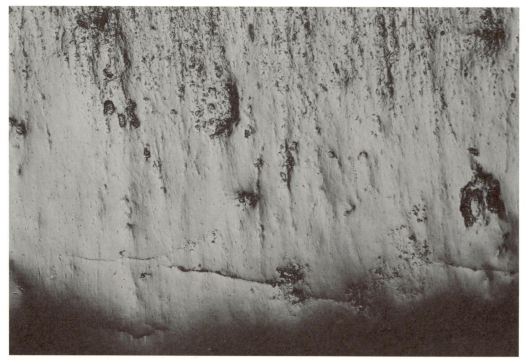

Fig.134　「新鮮な」牙を削って得られた痕　作業時間正味8時間15分、対物レンズ通過の照明、DIC、200倍、Helicon Focusソフト上で編集

　新鮮なマンモスの牙での作業に伴う、鉋の刃の研磨の特徴についての全体的理解は、顕微鏡写真のチェックで得ることができるだろう（Fig.132～135）。ただ、上述のように、道具とマンモスの牙の作業面の間の幅広い接触帯の故に、研磨の進行の痕跡はかなり幅があり、道具の刃縁辺から1～3mmかそれ以上に広がっている。光沢は、縁辺部から離れるに従って、次第に消滅する。

　多くの道具の運動方向を横切って位置するゲル状の乾燥のひび（Fig.162）も、著しいミクロの起伏のあるところ、刃縁辺部にもっとも多くみられる（Fig.132）。

　いたるところ隈なく研磨されている縁辺に近いところでさえ、ゲルで被われていないミクロのへこみがみられる（Fig.133, 134）。

　研磨は、極めて顕著な傾向を持っている。途切れなく研磨された帯状の「上」部境界（研磨が散漫で、それほど展開しない相への移行帯）は、滑らかではない舌状形で、特に小起伏の高所に、道具の動きに合わせてあらわれる。途切れなく研磨された表面の起伏もでこぼこしており、刃縁辺部に対しおよそ垂直になっている、なだらかな「溝」と「頂き」の繰り返しで示される。全面に光沢が及んで、起伏がもっとも平らになった部分は、直接刃縁辺にある（Fig.135）。

　幅や長さの様々な引っ掻き傷状や溝状の線状痕が多数、研磨の有る無しにかかわらず、全面にわたってある。線状痕は長さが15mmに達し、それより長いこともある。線状痕の方向は、共通の研磨の方向に一致する、つまり、刃に対して垂直である。表面にこれほど大量に線状痕（一部引っ掻き傷）発生の理由は、今日のところ不明であり、さらなる実験が必要である。作業仮説として、われわれは、この状況が、もしかしたら、われわれの実験の大部分が、ツンドラで、湿潤

第7章　マンモスの牙と角加工に用いられた石器に残る痕跡

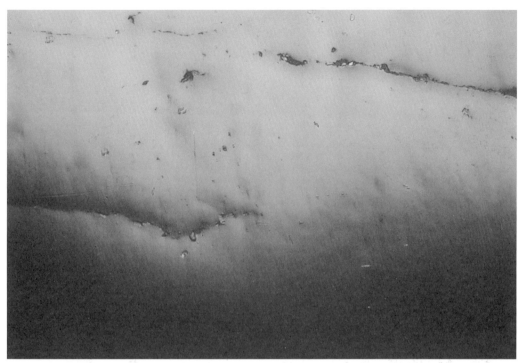

Fig.135　「新鮮な」牙の鉋かけ痕　実働8時間15分、対物レンズ通過の照明、DIC、500倍、Helicon Focus ソフト上で編集

Fig.136　「新鮮な」角の鉋かけ痕　実働2時間、対物レンズ通過の照明、DIC、50倍、Helicon Focus ソフト上で編集

第Ⅰ部　牙と角のわざのひみつ

Fig.137　「新鮮な」角の鉋かけ痕　実働2時間、対物レンズ通過の照明、DIC、100倍、Helicon Focusソフト上で編集

Fig.138　「新鮮な」角の鉋かけ痕　実働2時間、対物レンズ通過の照明、DIC、200倍、Helicon Focusソフト上で編集

Fig.139 「新鮮な」角の鉋かけ痕　実働2時間、長い線状摩耗、対物レンズ通過の照明、DIC、50倍、Helicon Focus ソフト上で編集

Fig.140 「新鮮な」角の鉋かけ痕　実働2時間、長い線状摩耗、対物レンズ通過の照明、DIC、200倍、Helicon Focus ソフト上で編集

第Ⅰ部　牙と角のわざのひみつ

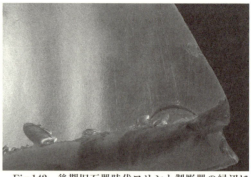

Fig.141　フリント製彫器による象牙の鉋かけ

Fig.142　後期旧石器時代フリント製彫器の縁辺にみられる鉋かけ痕

ではあるが、レス環境下で成されたことと関係しているかもしれないという憶測を捨てきれない。

　両握り手付き鉋による新鮮な角の鉋かけ痕は、このようなマンモスの牙の鉋かけによるものとほぼ同様である（Fig.136〜138）。上述の道具をマンモスの牙へ用いた時間よりも4分の1ほどのこの道具の使用時間にも関わらず、鉋にみられる摩耗の基本的特徴はきわめて明瞭であった。両者における微妙な差異は角加工用の鉋にみられる長い線状痕（線状の磨き）である（Fig.139）。この痕の由来が偶発的なものであることは、疑いない。この帯状のキズは、おそらくその縁辺部から剥がれ落ちたうろこ状の刃こぼれのせいで鉋腹面上に形成されたもので、この線状研磨が、一度の動作の結果であることも疑いない。ただしその形状からいって、この研磨が「骨製」、つまり「角」によるものであることは、多少珍しいことである（Fig.140）。

　線状痕を形成する何らかの硬い部分と道具の表面の間に角製物質（おそらく削り屑として）が

Fig.143　後期旧石器時代フリント製ビュアリンの刃面縁辺にみられる鉋かけ痕　対物レンズ通過の照明、DIC、500倍、Helicon Focus ソフト上で編集

あったのは明らかである。

　乾燥したマンモスの牙を水につけて柔らかくする場合では、新鮮な原素材に関する上述の実験でのような効果的な鉋かけを行うことができるほどの牙の軟化の段階に達することは、一度もなかった。水をすってやわらかくなっているが、一度乾燥していた角あるいはマンモスの牙の鉋かけには、より硬い刃で、直角に近い角度の刃をもつもの、つまり彫器が必要である。彫器の側面は、乾燥したマンモスの牙用の鉋として立派に機能する。たとえば、コスチョンキ博物館のためのスンギールタイプの槍の製作は、このような方法で行われた（Fig.141）。

　旧石器時代における彫器刃部の類似した利用の可能性については、後方バイカル出土の彫器上

Fig.144　実験用フリント製彫器の刃面縁辺にみられる鉋かけ痕　実働2時間、対物レンズ通過の照明、DIC、100倍、Helicon Focus ソフト上で編集

Fig.145　実験用フリント製彫器の刃面縁辺にみられる鉋かけ痕　実働2時間、対物レンズ通過の照明、DIC、200倍、Helicon Focus ソフト上で編集

第Ⅰ部　牙と角のわざのひみつ

Fig.146 フリント製掻器による牙削り

Fig.147 フリント製掻器による牙削り

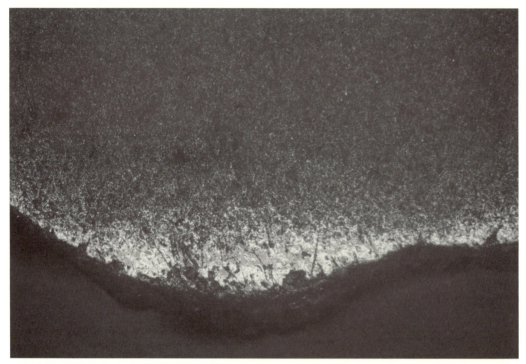

Fig.148　実験用フリント製掻器の刃縁に残された使用痕　実働10時間、対物レンズ通過の照明、DIC、100倍、Helicon Focus ソフト上で編集

に残されていた痕跡がよく示している（Fig.142, 143）が、その石器は、われわれの分析の為にI.I. ラズジリディーエヴァと P.V. モローズのご厚意で、提供いただいた。われわれの実験でマンモスの牙の鉋かけの実験用に製作された彫器に残される痕（Fig.144, 145）は、先史時代、つまり後方バイカル出土の彫器の痕と完全には似ていない。まずもって、当然のことではあるが、石材の違いがある。それらは、異なる種類のフリントで作られている。このことは、縁辺摩滅の程度の差異、縁辺部分の研磨の特徴の違いが石材の違いを示唆している。後方バイカル出土の彫器と実験用彫器のより基本的な差異は、実験用彫器に線状痕が欠如していることである。この点では新鮮なマンモスの牙に使用された両握り手付き鉋にみられる痕と、後方バイカル出土の彫器に

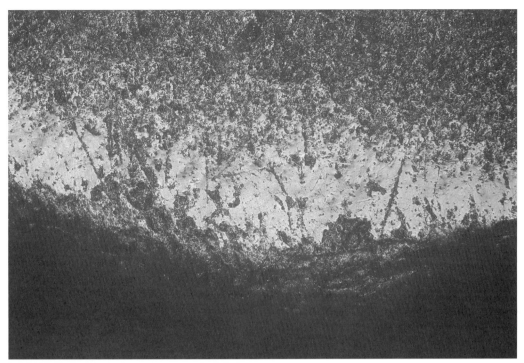

Fig.149 実験用フリント製掻器刃縁に残された使用痕 実働10時間、対物レンズ通過の照明、DIC、200倍、Helicon Focusソフト上で編集

Fig.150 実験用フリント製掻器刃縁に残された使用痕 実働10時間、対物レンズ通過の照明、DIC、500倍、Helicon Focusソフト上で編集

みられる痕が、まさに大量のはっきりした長い線状（溝）痕や研磨痕がみられることからとても近い関係にあることが理解される。

　極北環境で、新鮮なマンモスの牙に実施された作業の次は、削りであった。たった一つの実験道具を使えたに過ぎないにもかかわらず、この実験中になされた観察は、極めて注目に値するものだった。

　道具は、搔器（エンドスクレーパー）で、ドネツク産フリント製、トナカイの角製柄に埋め込まれている。作業は、「エスキモー風」、すなわち手の平で、搔器の背を支えて、「自分から遠ざける」動きによってなされた（Fig.146）。このような手による搔器保持のやり方は、一方で、手の平ではなくて、腕の動きによって最大の力を添えることを可能にするが、他方で、搔器の必要角度をより厳しく固定する。

　新鮮なマンモスの牙への鉋かけの場合のように、搔器による作業はきわめて効果的であった。特別な力なしで、搔器は長さ20cmかそれ以上の薄い削りくずを剝いだ（Fig.147）。鉋による作業の際と同様に、補足的調整なしで、どれほど長く搔器の同じ刃を使う事ができるかまでは見極められなかった。なぜなら（腹面から背面への）刃こぼれが最初の彫刀面に出現後、作業を中断したからである。これは実働きっかり10時間後に起り、その時、マンモスの牙はほとんど半分の厚さまで削り取られていた。

　新鮮なマンモスの牙を対象にした搔器の使用痕（Fig.148～150）は、極めて注目に値するものである。すなわち、幅1mm以内の薄さで、搔器の刃縁に向かって滑らかに狭まった帯状の部分は、道具腹面に多数の線状痕を伴うはっきりした研磨がみられ、背面に向かって細かい刃こぼれ、それに丸みを帯びた刃縁辺がみられる。

　道具の刃の全体に沿う研磨帯は、40分の作業後ほぼすぐに現れた。さらに使用を続けても、その部分が広がることはなかった。

　刃の線は平面で起伏があり、ミクロ研磨の結果である凹凸を伴っている。まさに縁辺部分での研磨は、起伏のある「ずたずた」になった縁を形成しながらも、くっきりとしている（Fig.149）。縁辺部の断面は「しわがよって」いて、ミクロ研磨によってかすかに丸みを帯びて、平らにされている（Fig.150）

　刃部から離れると、研磨は、比較的平らだが明瞭さを欠き、次第に「消失」し、その及ぶ範囲もかなり狭い（Fig.148）。どのような痕跡でも、研磨の方向を辿れない。

　研磨面をおおうミクロな起伏面は、デコボコしているが、なだらかな丘状をなす。その全面は、溝と擦痕が散在し、様々な角度のものがみられるが、多くは刃部に直角をなしている。線状痕の他に、その表面には、不定形で大きさの様々なへこみがみられる（Fig.150）。線状痕とへこみの位置は、研磨が最も進んだ箇所に一致している、

　石器による新鮮な牙整形の実験モデル化のために、ドネツク産フリント製磨製石斧が準備された。斧刃部の磨きは、将来の使用痕分析の際の比較を考慮し、使用痕とは容易に区別されるように、わざわざ道具の長軸を横切って施された。また、道具製作の大変な労働量を考え、またその使用期間を最大限に保証するために、この道具はのみのように使った。つまりこれをL字状あるい

第 7 章　マンモスの牙と角加工に用いられた石器に残る痕跡

Fig.151 「新鮮な」牙への石製のみによる作業

Fig.152 「新鮮な」牙への石製のみによる作業

Fig.153 「新鮮な」牙への石製のみによる作業

Fig.154　マンモスの牙の表面にみられる調整痕

Fig.155　表面調整痕のある遺物　ジョホフスカヤ中石器時代遺跡

第 I 部　牙と角のわざのひみつ

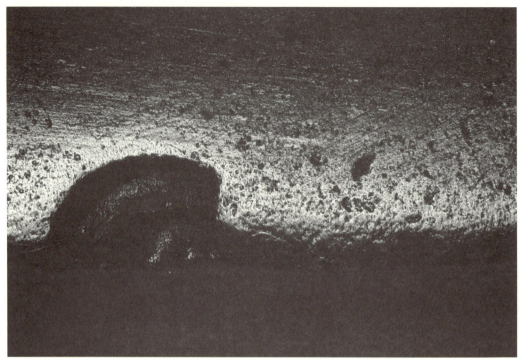

Fig.156　「新鮮な」牙に使われたフリント製丸のみにみられる摩耗痕　実働10時間、対物レンズ通過の照明、DIC、50倍、Helicon Focus ソフト上で編集

Fig.157　「新鮮な」牙に使われたフリント製丸のみにみられる摩耗痕　実働10時間、対物レンズ通過の照明、DIC、100倍、Helicon Focus ソフト上で編集

第 7 章　マンモスの牙と角加工に用いられた石器に残る痕跡

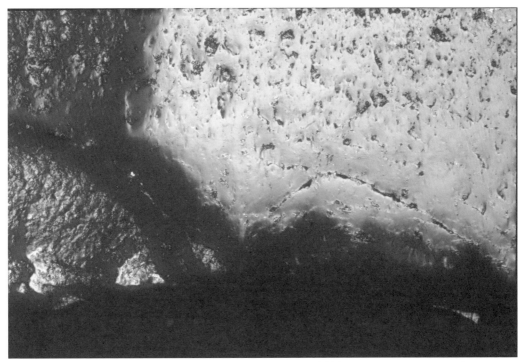

Fig.158　「新鮮な」牙に使われたフリント製丸のみにみられる摩耗痕　実働 10 時間、対物レンズ通過の照明、DIC、200 倍、Helicon Focus ソフト上で編集

は T 字状の柄に装着しなかった。トナカイの角製の真っすぐな柄に着けられ、手で支え、木槌によって加撃された（Fig.151）。

　得られた道具はきわめて機能的であることがわかった。これによって、長く幅の広い象牙の屑が、金属製道具によって木を削った時のように、うまくとれた（Fig.152, 153）。実験中にこの道具が象牙に残した痕（Fig.154）は、考古遺物にみられる、削り痕にほぼ一致する（Fig.155）。

　道具は、10 時間使用され続けたが、使用に従って、作業効率にどのような影響を与えるかについても観察したが、顕著な変化はなかった。摩耗痕が、まず、細かい両面うろこ状刃こぼれによって数少ないファッシトに現れた。断面で、刃の縁辺部分が軽く丸みを帯びた形状になると

Fig.159　「新鮮な」トナカイの角の溝切り

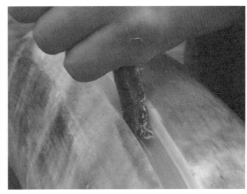

Fig.160　「新鮮な」牙の溝切り

103

ともに、刃縁辺部に研磨が発生し、量的に多くはないが研磨面上に細く小さい線状痕が現れた（Fig.156～158）。

　研磨帯の幅は 11.5mm である。研磨は刃縁辺部の刃こぼれ、ファシット内にも入り込んでいる（Fig.158）。研磨の表面には起伏がある。道具の長軸に沿うはっきりした方向性のある細かなへこみ、として特徴づけられるであろう。その刃の周囲には、ひびがよく読み取れる。線状痕はかなり短く、研磨部分を越えない。

　新鮮な状態のマンモスの牙と角加工のモデル化に少なからぬ努力をつぎ込んだもう一つのタイプが、縦の分割、あるいは別のいい方をすれば、牙や角に溝を刻むという加工である（Fig.159）。

　本書の第5章ですでにわれわれが指摘したように、スンギールタイプの槍の実験モデル作成過程で、牙本体から棒状素材を分離するために必要であった溝の部分は、刃部への特殊な調整なしで、フリント製石刃を利用して切り取られた（Fig.160）。

　石刃の大部分が、1時間以内の作業は効率的に行えたし、ある例では、3時間半の集中的使用後であってすらも、なお完全に作業に適する状態にあった。石刃の機能部位（溝の壁と接触する部分）は、特別な加工が施されていないのでその形によって自ずと役割が決まるが、すべての場合で尖端部とそれに隣接する縁辺付近、あるいはそのいずれか、そして必ず背面の稜の一部が機能する。

　石刃縁辺の摩耗痕の様相は、両握り手付き鉋にみられる摩耗に、細部にいたるまでほぼ類似

Fig.161　「新鮮な」牙の溝切りに使われたフリント製石刃縁辺の使用痕　実働1時間、対物レンズ通過の照明、DIC、100倍、Helicon Focus ソフト上で編集

第 7 章　マンモスの牙と角加工に用いられた石器に残る痕跡

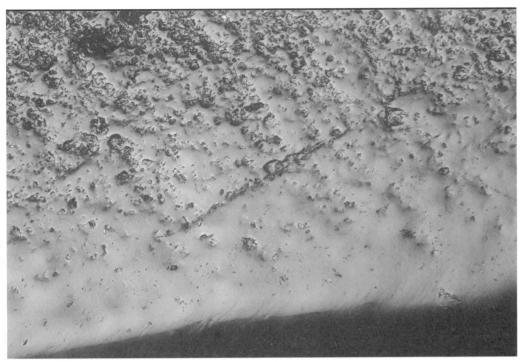

Fig.162　「新鮮な」牙の溝切りに使われたフリント製石刃側縁の使用痕　実働 1 時間、対物レンズ通過の照明、DIC、200 倍、Helicon Focus ソフト上で編集

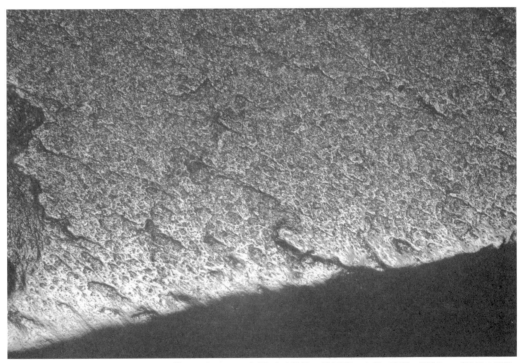

Fig.163　「新鮮な」牙の溝切りに使われたフリント製石刃側縁の使用痕　実働 3 時間、対物レンズ通過の照明、DIC、100 倍、Helicon Focus ソフト上で編集

第Ⅰ部　牙と角のわざのひみつ

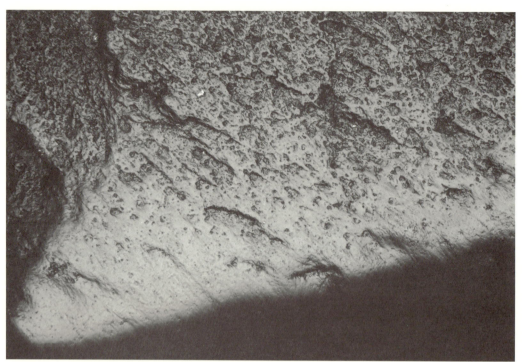

Fig.164　「新鮮な」牙の溝切りに使われたフリント製石刃側縁の使用痕　実働3時間、対物レンズ通過の照明、DIC、200倍、Helicon Focus ソフト上で編集

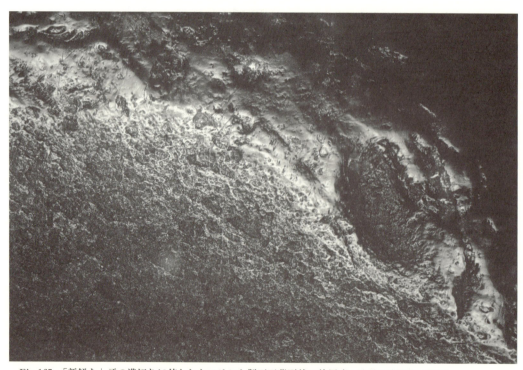

Fig.165　「新鮮な」牙の溝切りに使われたフリント製石刃背面稜の使用痕　実働1時間半、100倍

第7章　マンモスの牙と角加工に用いられた石器に残る痕跡

Fig.166　「新鮮な」牙の溝切りに使われたフリント製石刃背面稜の使用痕　実働1時間半、200倍

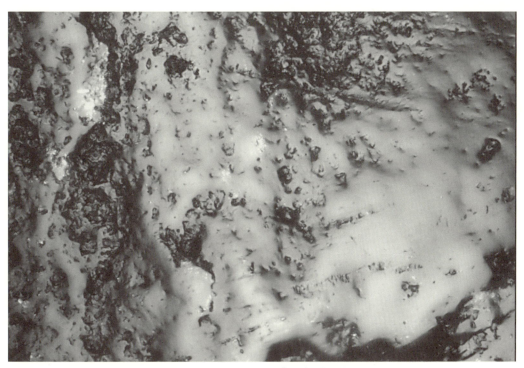
Fig.167　「新鮮な」牙の溝切りに使われたフリント製石刃背面稜の使用痕　実働1時間半、500倍

第Ⅰ部　牙と角のわざのひみつ

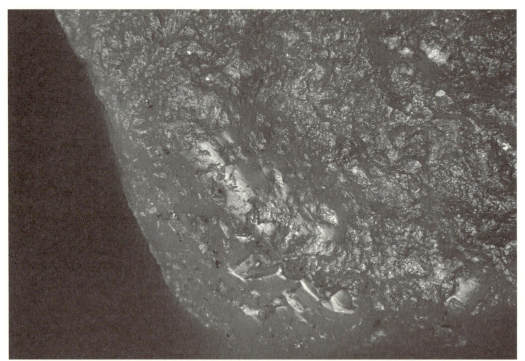

Fig.168　トナカイの角、牙、それに骨に溝を切る為の特別な道具の刃部にみられる使用痕　ジョホフスカヤ中石器時代遺跡、対物レンズ通過の照明、DIC、200倍、Helicon Focus ソフト上で編集

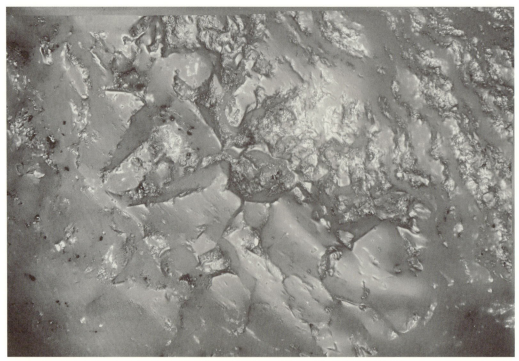

Fig.169　トナカイの角、牙、それに骨の溝切り用道具の刃部の一部に見られる使用痕　ジョホフスカヤ中石器時代遺跡、500倍

第 7 章　マンモスの牙と角加工に用いられた石器に残る痕跡

Fig.170　フリント製石刃にみられるトナカイの角にたいする鋸挽き痕　実働 1 時間、対物レンズ通過の照明、DIC、50 倍、Helicon Focus ソフト上で編集

Fig.171　フリント製石刃にみられるトナカイの角にたいする鋸挽き痕　実働 1 時間、対物レンズ通過の照明、DIC、100 倍、Helicon Focus ソフト上で編集

Fig.172 フリント製石刃に残されたトナカイの角にたいする鋸挽き痕　実働1時間、対物レンズ通過の照明、DIC、200倍、Helicon Focus ソフト上で編集

している。摩耗の方向や線状痕を除いて、この場合縁辺に対して鋭角をなしている（Fig.161～164）。側縁のうろこ状表面の特徴もまた、やや異なっている。たいていの場合、羽状の末端部を備える、かなり大きく平らなファシット（刻面）である。

牙との接触部分の石刃の背面稜にみられる痕は、極めて発達した全面を覆う摩耗で示され、その表面は溝や擦痕が散在していた（Fig.165～167）。これらの線状痕は、石刃の長軸を横切って様々な角度に傾いており、時には、互いに交差していることもある。

刃部にみられる斑紋状の全面的研磨、このような摩耗痕の類似例として、ジョホフ島の中石器時代遺跡出土の遺物群の溝切り用の特殊な彫器にみられる摩耗が挙げられるであろう（Fig.168, 169）。

この章の結論として、さらにもう一つの特異な摩耗、すなわち、極北ツンドラ環境で行われた新鮮な角の鋸挽き痕をあげる（Fig.170～172）。上述の多くの例と同様に、この摩耗は、全面の磨きが驚くほど発達していることと、大量の線状痕が特徴的である。

結　論

　マンモスの牙とトナカイの角の加工上の特性を変化させる技の研究は、石器時代の骨加工の技術が、現代の職人の可能性をもしのぐ、多様な仕組みからなっていた実態をつまびらかにした。われわれは、二つの方法を考察したが、それらによってさえ、牙や角の素材の特性への理解は抜本的に変化した。自然に水分を含む牙、あるいは角の凍結は、これらの素材を壊れ易くし、それによって、石器群に伝統的な剝離技法を応用することを可能にした。牙や角を湿らせて柔らかくすることと軟化は、反対に、これらの素材製品に、追加的な靭性を与え、自由に、まっすぐにしたり、あるいはまげたりできるようにした。

　考古学と実験データに基づいて、牙や角製の長尺な棒状素材（半加工品）の獲得に関する技法的復原は、このような製品を真っすぐに伸ばす方法を提示し、また「スンギールの槍の謎」の長い歴史の「ヴェール」を剝ぐ、「形状記憶」の効果について明らかにしてきた。

　考古資料の分析、加撃による牙と角の分割についての多数の実験は、効果的なこのような加工が、牙や角の素材としての必要な等方性ともろさを見いだす、マイナスの環境、－25℃以下の気温の環境でのみ可能であることを示した。実験の過程で、遠い過去の技術の数多くの秘密の一つを明らかにするのは単純な事ではなかったが、科学的分析のために（技術的文脈で）、牙や角素材加工のあらゆる製品がいかに重要であるかが示された。牙が、－25℃の気温で分割され始め、もっと低い温度（－30℃～40℃）では、加撃法による加工がよりいっそう効果的なものとなり、大形の牙剝片の剝離すらも可能であるという事実は、おそらく、石器時代の季節的移住を定義するための、重要な考古学的指標を研究者に初めて提供できたと言えよう。牙あるいは角の製作址で、遺物中に、形態学的に、石の剝片と同じような第一段階の大形剝片がある場合、そこが寒冷時（冬季）に機能した証拠となる。

　実験のおかげで、新鮮な牙には一連の実験による痕が得られ、考古学でのその適用は顕著に広がり、石器時代における先史人の行動を復原するためにより客観的な基準をつくることができよう。

　もちろん、ここに記載された加工のための素材の準備方法はおそらく、石器時代の類似技法のリストをすべて網羅したものではないであろう。骨加工職人の古い歴史の少なからぬ頁をわれわれは更に読み解いていかなければなるまい。

文　献

Bader, O.N.1978;

Вадер, О.Н., *Сунгирь – верхнепалеолитическая стоянка*. 271с., Москва.

Borodovskij, A.P. 1997;

Бородовский, А.П., *Древнее косторезное дело Юга Западной Сибири (вторая половина II тыс. до н.э. – первая половина II тыс.н.э.)*. Изд. Института археологии и этнографии., восибирск., 223с.

Efimenko, P.P. 1953;

Ефименко, П.П., *Первобытное общество*. 663с., Ленинград.

Filippov, A.K. 1978;

Филиппов, А.К., Технология изготовления костяных наконечников в верхнем палеолите // *Советская археология*. №2. С. 23-32.

Filippov, A.K. 1983;

Филиппов, А.К., Проблемы технического формообразования орудий труда в палеолите // *Технология производства в эпоху палеолита*. С. 9-72. Ленинград.

Garutt, V.E. 1960;

Гарутт, В.Е., Мамонт в изображении человека верхнего палеолита // *Материалы и исследования по археологии СССР*, №79, Изд. АН СССР, С.150-163. Москва-Ленинград.

Gerasimov, M.M. 1941;

Герасимов, М.М., Обработка кости на палеолитической стоянке Мальта // *Материалы и исследования по археологии СССР*, №2, Изд. АН СССР, С.65-85. Москва-Ленинград.

Girja, E.Yu. 2002;

Гиря, Е.Ю., О возможностях выпрямления стержней из бивня мамонта // *Верхний палеолит– верхний плейстоцен: динамика природных событий и периодизация археолгических культур*. С. 87-88, Санкт-Петербург.

Girja, Pituljko 2003;

Гиря, Е.Ю., Питулько В.В., Предварительные результаты и перспективы новых исследований стоянки на о.Жохова: технолого-трасологический аспект // *Естественная история Российской Восточной Арктики в плейстоцене и голоцене*. Изд. Геос., С. 74-84. Москва.

Girja, Khlopachev 2006;

Гиря, Е.Ю., Хлопачев Г.А., Копья из двойного погребения подростков Сунгирьской стоянки (технологический анализ) // *In situ к 85-летию профессора А.Д. Столяра*. С. 69-87 Санкт-Петербург.

Gvozdover, M.D. 1953;

Гвоздовер, М.Д., Обработка кости и костяные изделия Авдеевской стоянки // *МИА*. No.39., С.192–226. Москва.

Khlopachev, G.A. 1997;

Хлопачев, Г.А., Бивень мамонта и развитие костяной индустрии верхнепалеолитических стоянок Русской Равнины // *Развитие культуры в каменном веке*. Краткое содержание докладов на Международной конференции, посвященной 100-летию Отдела археологии МАЭ. С.87–89, Санкт-Петербург.

Khlopachev, G.A. 2002;

Хлопачев, Г.А., Технология расщепления и ее место в процессе обработки бивня на стоянках верхнего палеолита Русской равнины (25 - 13 тыс. л. н.) // *Stratum plus,* №1. 2001–2002., С. 252–266, Кишинев.

Khlopachev, G.A. 2003;

Хлопачев, Г.А., Истоки традиции обработки бивня мамонта на Жоховской стоянке // *Естественная история российской Восточной Арктики в плейстоцене и голоцене*, С. 71–73. Москва.

Khlopachev, G.A. 2006;

Хлопачев, Г.А., *Бивневые индустрии верхнего палеолита Восточной Европы*. 261с., Наука, Санкт-Петербург.

Korago, A.A. 1992;

Кораго, А.Л., *Введение в биоминералогию*. Недра, Санкт-Петербург.

Matjushin, G.N. 1972;

Матюшин, Г.Н., *У колыбели истории*. Москва.

Pituljko, V.V. 1998;

Питулько, В.В., *Жоховская стоянка*. Изд. Дмитрий Буланин, 186 с., Санкт-Петербург.

Semenov, S.A. 1957;

Семенов, С.А., *Первобытная техника. Материалы и исследования по археологии СССР*, №54, Изд. АН СССР, 240 с. Москва-Ленинград.

Shovkopljas, I.G. 1965;

Шовкопляс, И.Г., *Мезинская стоянка*. Киев.

Smirnov, A.N. 2003;

Смирнов, А.Н., *Ископаемая мамонтовая кость* 172 с, ВНИИ Океангеология, Санкт-Петербург.

Vereshchagin, N.K. 1977;

Верещагин, Н.К., Берелехское «кладбище» мамонтов // *Мамонтовая фауна Русской равнины и Восточной Сибири*. Труды Зоологического института. Т. 72,, С. 5–50, Ленинград.

Vereshchagin, Tikhonov 1986;

Верещагин, Н.К. и Тихонов, А.Н., Исследования бивней мамонтов // *Тр. ЗИН. Млекопитающие четвертичной фауны СССР*, Т. 149., С. 3–14, Ленинград.

Zalenckij, V. 1903;

Заленский, В., Остеологические и одонтографические исследования над мамонтами (*Elephas primigenius* Blum.) и слонами (*El. indicus* L. и *El. africanus* Blum). *Научные результаты экспедиции, снаряженной Императорской академией наук для раскопки мамонта, найденного на реке Березовке в 1901 году.* Т. 1. С. 1-124.

その他、外語関係

Digby, B., 1926;

The Mammoth and Mammoth Hunting in North-East Siberia, F.R.G.S London: H.F. & G. Witherby.

Khlopatchev, G.A., 2002;

Les techniques de débitage de l'ivoire dans les sites de la Plaine Russe au Paléolithique supérieur (25000 – 13000 av. J.-C.) // *Préhistoire Européenne*, Vol.16-17 / 2000-2002, p. 215-230, Liege.

MacGregor, A., 1985;

Bone, Antler, Ivory and Horn: the Technology of Skeletal Materials Since the Roman Period. Groon Helm, London.

Osipowicz, G., 2005;

Metody rozmiękczania kości I poroża w epoce kamienia w świetle doświadczeń archeologicznych oraz analiz traseologicznych. Wydawnictwo Adam Marszalek/ Toruń.

Pitulko, V. V., Nikolsky, P. A., Girya, E. Yu., Basilyan, A. E., Tumskoy, V. E., Koulakov, S.A., Astakhov, S. N., Pavlova, E. Yu., Anisimov, M. A., 2004;

The Yana RHS Site: Humans in the Arctic before the Last Glacial Maximum. // *SCIENCE*, VOL 303, pp. 52-56.

Pohlig, H., 1888-1891;

Dentition und Kranologie des Elephas antiquus Falc. Mit Beiträgen über Elephas primigenius Blum. und Elephas meridionalis Nesti. Verhandlungen der Kaiserlichen Leopoldnisch-Carolinischen Deutschen Akademie der Naturforscher. Bd. LIII., LVII, 200 p.

Schmid, E., 1989;

Die altsteinzeitliche elfenbeinstatuette aus der hohle Stadel im Hohlensteim bei asselfingen. p.33-118, Alb-Donau-Kreis.

Steguweit, L., 2005;

Gebrauchsmuster an "Elfenbein-Zylindern" aus jungpaläolithischen Fundstellen in Niederösterreich und Mähren // *Mitt. Komm. Quartärforsch. Österr. Akad. Wiss.*, 14: p.177-193, Wien.

補論1　旧石器のヴィーナスたち

G・フロパーチェフ 著 / 木村英明 訳

「旧石器のヴィーナスたち」という呼称で広く知られる女性像は、ロシア平原中央部に繰り広げられた東部グラヴェット文化（2万5000〜2万1000年前）を特色づける、有力な物質文化の一つである。ホトィレヴォ2遺跡やコスチョンキ1遺跡、アヴジェーエヴォ遺跡第1層（第1・第2コンプレックス）、ガガーリノ遺跡、ザライスク遺跡などで発見されている（第II部147頁図8参照）。通常、複数を組み合わせとするが、これまでのところ38点の像が発見されており、そのうちの29点はマンモスの牙製である。

「旧石器のヴィーナスたち」の芸術的独創性、その製作に示されるはっきりとした写実的な手法、またテーマの反復性も、ソ連及びロシアの旧石器研究者たちによるこれらの像の研究への高い関心の理由となった。なかでも、女性像研究により大きな貢献をしたのが、P.P. エフィメンコ（Efimenko 1931, 1938, 1958）、S.N. ザミャートニン（Zamjatnin 1935）、Z.A. アブラーモヴァ（Abramova 1962, 2010）、M.D. グヴォズドヴェル（Gvozdover 1985, 1987, 1992, 19959）である。

アブラーモヴァとグヴォズドヴェルは、旧ソ連圏に含まれるグラヴェット文化のすべての女性像を調査・観察する機会を得て、女性の体つきが解剖学的に正確で、十分に写実的に表現されており、像が単なるコピー作品ではなかった、と同様の結論に至っている（Abramova 1962, Gvozdover 1985）。

アブラーモヴァは、女性像が、体型と推定年齢に対応する三つのグループからなることを予想した（Abramova 1962）。またグヴォズドヴェルは、コスチョンキ・アヴジェーエヴォ文化に属する遺跡から発見されたグラヴェット文化の女性像を、コ

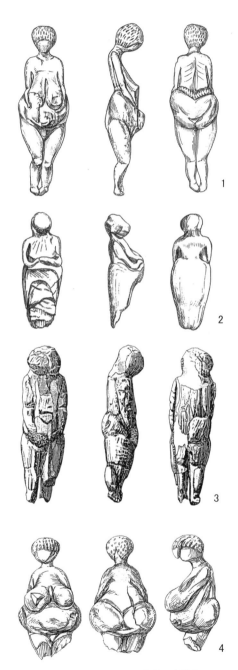

Fig.1 グラヴェット文化の女性像
1. コスチョンキ型（コスチョンキ1遺跡）
2. アヴジェーエヴォ型（コスチョンキ1遺跡）
3. オボフシチェンコ型（アヴジェーエヴォ遺跡）
4. ガガーリノ型（ガガーリノ遺跡）

第Ⅰ部　牙と角のわざとひみつ

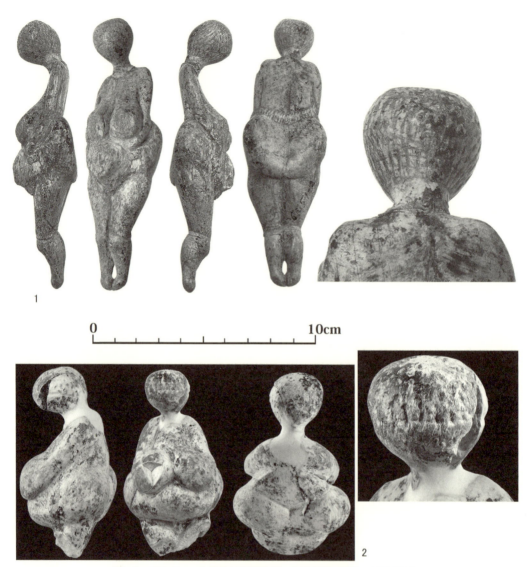

Fig.2　グラヴェット文化の女性像(1)（拡大部分の写真のみ縮尺不同）
1.コスチョンキ1遺跡、2.ガガーリノ遺跡

スチョンキ、ガガーリノ、オボフシチェン、アヴジェーエヴォの四つのタイプに分けた（Fig.1）
(Gvozdover 1985)。姿勢、胸の形、腹、臀部に関する明瞭な決まりごとに基づき作られている
(Fig.3-2)。とりわけ、コスチョンキとガガーリノタイプの像は、存在感が強く、同質のシリー
ズを形成し、製作上、表現上、一定の基準を指摘することが可能である、という。

　コスチョンキタイプの女性像（Fig.1-1, Fig.2-1, Fig.5-3 ～ 5, Fig.6-1）の大多数は、コスチョ
ンキ地域に位置する遺跡の発掘の過程で発見されたもので、グヴォズドヴェルが考えるように、
もっとも「高い芸術性」を持っている（Gvozdover 1985）。

　これらの像は、成熟した女性の裸の全身像として表現されている。その背中はウエストで湾曲
し、足は膝で少し曲げられ、太ももはぴったりと合わされ、脛は離されている。頭は少し前に傾
けられ、その胴体は長く、また大きく下に垂れ下がって、違う方向を向く胸は水滴形あるいは梨

形をしている。腹は丸いか突き出た形で、下の部分がより膨らんだ形になっていることが多い。女性像の臀部は、独特に表現されている。仙骨部は簡素化されているが、大きくない尻はずいぶん低い位置に表現されている。それほど高くはない起伏で表現された腕は、肘より上でしっかりと体につけられ、肘から下と手は腹の上に置かれる。原則の中でもいくつかのバリエーションが、顔部分の表現と、手の位置、足に現れている。像の姿勢を決めるよりはっきりした点は、脛を後ろに離し、膝で曲げられた足の状態にあると言って良いだろう。

ガガーリノタイプの女性像（Fig.1-2, Fig.2-2）も、成熟した裸の女性が膝で足を曲げた状態で表現されているが、太ももと脛は前に出ている。背中は三角形状の輪郭で、同じく前方に傾いている。このタイプの像はまるで「小さな塊に丸めた」ようで、その胴体の太さと幅はその長さに近い。腹は、「対称的な小山形」が浮輪のように周囲をめぐり、脇がはっきりと見えない（Gvozdover 1985）。尻は大きくて広く、二つの半球形が臀部全体を覆っている。腕は、肩の部分だけで表現され、腹のところで合流する。

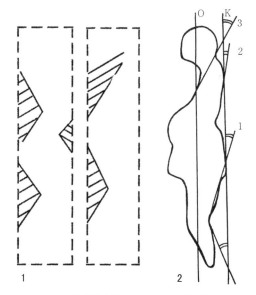

Fig.3　女性像製作に際しての設計図(1)

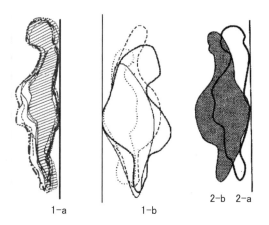

Fig.4　女性像製作に際しての設計図(2)

両タイプの女性像の共通点は、芸術性溢れた腹部と胸部で、構成上の中心をなす。重要な相違点は、女性の姿勢である。コスチョンキタイプの像は「立っている」様子を、ガガーリノタイプの像は「半分座った」様子を表現していると考えられているが、後者については、上体を前に倒し、体全体が「く」の字形になるものの、お辞儀しているのではないという（Gvozdover 1985）。ただし、この見解におおよそ賛同しながらも、コスチョンキタイプの像のポーズの解釈については議論を要する。すなわち、立っている像ではなく、「仰向けに寝ている」女性を表現した像という理解がより正確だろう。膝で曲げた足のつま先が外側を向いていること、脇にぶら下がっている胸、ウエスト部分の深い湾曲もそのことを証明している。

グヴォズドヴェルが定めた女性像のタイプと姿勢が示す性格との間の相互関係は、我々の研究から導き出された像を作る為の「設計図」・基準・規格（Fig.3, 4）や、像に使用するための半加

工材（素材）のタイプ、東方グラヴェット文化期の遺跡における硬い有機物材の第一次加工の戦略とも完全に一致している（Khlopachev 1998, 2006; 120-130）。

　コスチョンキタイプの像を作る為の「設計図」・基準・規格（Fig.4-1a）は、半加工材と未来の女性像の上下が垂直軸に合わせて位置する。幅広の半加工材の両面の主要箇所に、双方向から出会うように一定の角度をもって彫り凹められた部位が位置する。すなわち、上からと下から斜めに角度をもって加工し、三角部分を取り除くことで作られる。像の背面では、二つの連続的切り込みでV字形の切込みが施され、水平軸に対して像の上部と下部が対称的に位置する。よって背面に、曲げられた足と後ろにそらされた背を表現することが可能となっている。正面側ではこの背面側の二つの切り込みの間に、同じような形の切込みがもう一つ施されている。これは胸と腹の範囲を分ける役目をしている。総じて、一面では胴と胸と腹、他面では骨盤と足に分ける為に行なわれている。

　ガガーリノタイプの像を作る為の「設計図」（Fig.4-1b）は、厚みあるボリュームをもつ半加工材が必要とされ、同時に平行及び垂直の軸の対称が考慮されていた。像のポーズでより多くの意味を持ったのが平行軸で、腹、胸、骨盤の範囲が表現され、像の中核をなす。「半分座った」ポーズの像を表現する為に特別な意味をもったのが、半加工材の先端部の加工で、円錐状の形をなしている。この段階で背面は平行軸に対して鋭角に位置し、尻と太ももの間に角度がつけられている。背側から円錐形の表面に広いV字形の切込みが施される一方で、正面での特徴的な点は、胸と腹の間にはっきりとしたV字形の切り込みがないことである。

　Fig.4 は、背中側を基準に大きさ、輪郭を揃えた側面図であるが、半加工材からの製作は、それぞれの「設計図」での背中側を基準に像のポーズを作り出したらしく、主要な角度が一致しており興味深い。

　女性像を作る為の技術的な「設計図」と半加工材のタイプとのつながりは、疑いなく存在していたが、もちろん唯一無二の関係ではなかった。ガガーリノタイプの像を作る「設計図」は、円筒形の短い棒状の半加工材だけが想定されていた。より多様性があるコスチョンキタイプの像は、この「設計図」こそが、平べったい形状の半加工材から像を作ることを可能にした。扁平な半加工材を想定して作られていた、と仮定することができる。像の半加工材はもちろん、コスチョンキタイプの像の製作過程を示す良好な資料が、コスチョンキ1遺跡の第1文化層の第一住居コンプレックス中でまとまって発見されている。

　グヴォズドヴェルが「典型的」なタイプの女性像とした Fig.5-1 については、その完成度をめぐり、最も議論が残る問題点の一つである。多くの研究者たちはそれらを「エボーシュ（仏語で粗加工）」、つまり何らかの理由によって、その製作が最後まで行なわれなかった像とみなしている。それらの際立った特徴は、細部の加工がされていないことである。この場合、主要な体の部分が大雑把に作られているだけである。肩の上に直接置かれた大きな頭、胸と腹の区別のない大柄の胴体が表現されている。像の下半身、骨盤の上部分から下に向かって円錐形にすぼまる。太ももは大きく、少しだけ加工されている。背中側からウエスト部分には、小さな湾曲がある。こ

補論1 旧石器のヴィーナスたち

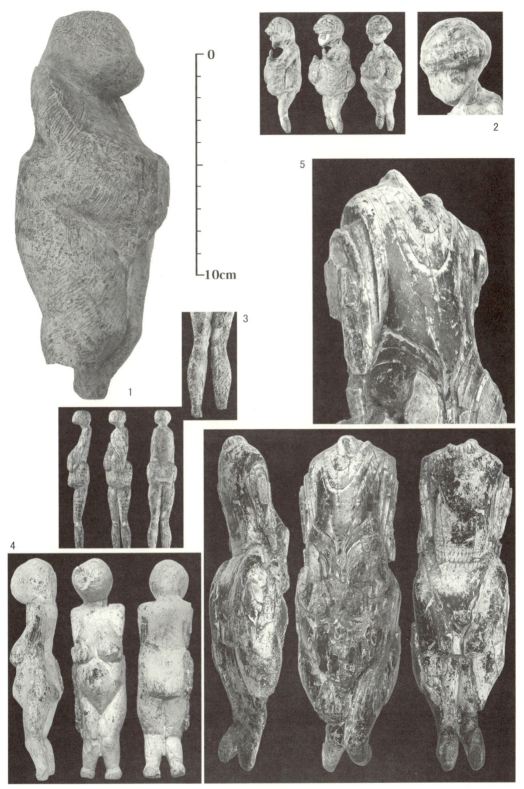

Fig.5 グラヴェット文化の女性像(2)（拡大部分の写真のみ縮尺不同）
1・4・5. コスチョンキ1遺跡、2・3. アヴジェーエヴォ遺跡

れらのポーズは「引き伸ばされた、はっきりしない」ものとされている。像の身体比に関する特徴からは、我々が理解するタイプを作り上げるのは不可能であるか、大幅な製作のやり直しを必要とする程度のもので、グヴォズドヴェルがこれらを独立したタイプとして分離したことは、十分に根拠があることだと考えられる。

　既に指摘したように、先史時代の芸術家が写実的に作った像の構成上の中心は胸部と腹部である。この意識的な強調と像のポーズは、より重要な意味があると考えられている。「胸、腹、臀部、足の外側の輪郭の形」に関し、明瞭な規格が存在すると認められる（Gvozdover 1985）。同時に像の体の他の部分（手、足、頭、顔部分）の表現には、大きな芸術的自由、バリエーションも許容されている。像の手は腹の上に置かれたり（Fig.2-1, Fig.6-1・3）、胸の下に隠され、結ばれたり（Fig.2, Fig.5-5）、胸の上部に置かれたり（Fig.2, Fig.5-3）している。ガガーリノ遺跡から発見されたユニークな女性像が存在しており、その腕は、肘上が、胴体から引き離され、顔の方へ持ち上げられている（Fig.5-2）。しかしながら、手の表現についても、どうやら一定の決まりが存在していたようだ。胴体に対する位置に拘わらず、手は普通それぞれ対称に表現されていた。上腕部はいつもボリュームがあり、肘から先はまったく表現されないこともあり、その場合は胸部に緩やかに同化するか、低い起伏によって表現された。手先は低い起伏によって、または引っかいて描かれた線刻によって表現された。手の表現について主要な二つの技術的方法が存在した。一つは、上腕部が脇にぴったりつけて表現され、同じ縦方向で二つがそれぞれ向かい合うように、像の脇面の端に沿って刻まれている。続いてそれらは、緩やかに、たいてい肘をはっきりと表現せず、肘下部に移行し、必ず像の突き出た腹面に低い起伏として表現された。このような手の表現手法は、完全に写実的と呼ぶことは出来ないが、腕が体の上のどこに位置しているかという情報を見る者に与えているのは間違いない。もう一つの技術的方法は、腕をより写実的に表現することを可能にしている。上腕部背中側から高い起伏で表現され、前方、顔面方向に突き出している。これは腹の上の広い部分を平らにすることで表現され、像の肩から骨盤部分にかけて徐々に起伏は低くなっている。また、胸側では腕は低い起伏で、肘の曲がりは浅い切り込みをもって表現されている。

　グラヴェット文化の女性像の中で、手先の表現にいくつかのバリエーションがある。かなり大まかに表現されている場合もあれば、とても細かく加工されている場合もある。

　足先の表現については、やや異なる様相が認められる。足先は様々に表現されるが、大抵はとても整然としており、どれにも脚の下の部分に何らかのふくらみが認められる（Fig.2, Fig.4, Fig.5-4）。解剖学的に特徴付けられた足の細部を表す描写は、確認されていない。像の製作に際し、製作者たちが、女性たちの足に履く靴を表現しようとしていたことに関係する、というのが我々の見解である。このような理解に導いたのは、モカシン型の靴を写実的に良く表現した例が見つかっているからである（Fig.6-2）。コスチョンキ1遺跡の第2住居コンプレックスで発見されたマンモスの象牙製の大きな像の足の一部である。

補論1　旧石器のヴィーナスたち

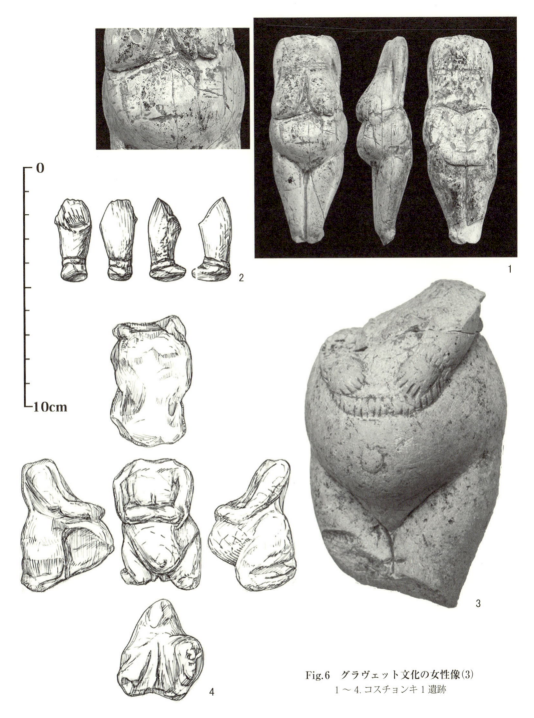

Fig.6　グラヴェット文化の女性像(3)
1〜4.コスチョンキ1遺跡

　多くの場合、女性像の頭は、被り物「帽子」と解釈することが出来るもので飾られている（Fig.2-1・2）。いくつかの特別な場合ではあるが、明らかに複雑な髪形にまとめあげたとみられる例が含まれる（Gvozdover 1985, 1995）。この「帽子」を作り出すために、楔形の刻み目が最もよく用いられる。この刻み目は列になってつけられるか、球形あるいはスパイラル形の線、横に平行に引かれた線で構成された網目模様が残されている。

女性像に、目鼻立ちが表現されることはめったにない。しかし、アヴジェーエヴォ遺跡で一つ、ガガーリノ遺跡で一つ、ホトィレヴォ遺跡で二つ、ボルシェヴォ2遺跡出土のいくつかの像で、明らかに頬骨と鼻、または頬骨か鼻のどちらかを表現した例がみられる（Fig.5-2）。

装飾品を身に付けている像が、かなり頻繁に目にすることができる。例えば、動物の歯製のネックレスで、胸の上に何連かかかっているもの（Fig.5-5）や、手首につけたブレスレット（Fig.5-5、左の写真で、胸の下、向かって右側の腹の上で指を示す刻みがあり、その手首の部分にブレスレットが見える）、額を覆い、頭の上に独特な盛り上がりを形成した環飾り（Fig.5-2）などがある。いずれも、遺跡での発掘により発見されたユニークで豊富な女性像と直接関係する一連の飾りである。像の上での装飾品の表現は、先史時代の人々にとって、それを身に付けることがかなり厳密に規定されていた、装飾品への意味的重要性を物語る有力な証拠ということが出来よう。

女性像に表現された一連の装飾品の中で、特別な位置にあるのが「リボン」または「負い紐」と呼ばれるものである（Fig.2, Fig.5-5, Fig.6-1）。斜めに平行に入れた刻み目、向かい合う楔形の刻み目、ジグザグ模様の起伏を作り出す刻み目、隙間を開けて向かい合う楔形の刻み目などで飾られている。この「リボン」は像の体を完全には覆っていないことが多い。背中側か正面側か、一つの側面にこの「リボン」が表現されているものがいくつかある。模様がつけられた「リボン」の場所は様々である。ウエストの位置にあるもの、背中側で脇の下の位置にあるもの、胸や腹の上にあるものが知られている。

グラヴェットの女性像の製作の際、一族の繁栄や出産は重要なテーマとなっている。多くの像は、瘤状に盛り上がった特徴的な腹をもって表現されており（Fig.2, Fig.5-3）、単に豊満なだけではなく、妊娠している女性を想像させるよう意図したものであろう。脇腹の特徴的な脂肪のしわ、大きく、膨らんだへそ（Fig.6-3）（Khlopachev 2016, pp.108-111）、こぶ状の腹の形の大きな多様性などの解剖学的特徴もこのことを支持している。アヴジェーエヴォ遺跡とコスチョンキ13遺跡において、膝をついて太ももを離して出産する女性を表現した、二つの写実的に作られた像が発見されている（Fig.6-4）（Praslov et Rogachev 1982, p.144; Gvozdover 1992）。コスチョンキ13遺跡の像は特に重要なもので、コスチョンキ1遺跡の上層から数多く発見されている環状の製作物について、その性格を理解するうえで鍵となる貴重な資料である。デュピュイの研究によれば、この像は、膝を突いて出産する女性を表現したもので、様々な段階を反映した製作物の、長い「進化の道のり」での到達点にあると見なされている（Dyupyuj 2014）。

遺跡からは像の一部のみの例がたくさん発見されており、それらは、大抵は胸の位置で分離した頭部か、太ももの中ぐらいの位置で足が取られた胴体、または頭や胸、足などのより小さな一部分である。おそらくそれらは、かつてたまたま壊れた偶然の産物ではないであろう。像の意図的な破壊を物語る、いくつかの証拠がある。エフィメンコが発見したコスチョンキ1遺跡の「典型的」タイプの大きな像（Fig.6-3）は壊されており、しかも「背中側から頭の付け根部分への、

はっきりした目的意識のある強打によって」壊されていた（Efimenko 1958; p.351）。別の例はガガーリノ遺跡のマンモスの象牙製像（Fig.2-2）で、像への重要な儀礼的対応の証拠となっている。1927年、ザミャートニンの発掘時に、住居の端の、小さな穴から発見されたものである。像の壊れた状態の意味は、復元の過程で明らかにされた（Khlopachev 2016; p.59）。像は、いくつかの大きな部分と、一連のより小さな部分とを張り合わせて復原されたが、それらの破砕面、剥離面の表面の色が黄土色に色づいた例と灰・黒色に色づいた例との違いがあり、意図的な破砕と自然的な剥離の様子を物語るものであり、少なからず既に像が断片になった状態で、意図的に埋葬されたことを立証することを可能にした。おそらくは、小さな穴を掘り、そこに像の断片を置き、それら上に黄土をふりかけ、その後で埋めたのだろう。

　女性像の断片は、グラヴェット文化の住人たちの生活において、特別で独立的な役割を果たしていた。痕跡研究的分析のデータによれば、それらの多くは、ユニークな像であり、単に体の一部を表現したのではなく、壊れた像の身体の一部であったことを示している（Dyupyuj 2014）。

　以上、ヨーロッパ後期旧石器の芸術分野における主要テーマに関する問題は、細かく特定の芸術の範囲の中で、またその地理的、編年的、文化的背景を考慮しつつ解決されなくてはならないということを本研究は証明している。ロシア平原中央部の後期旧石器の小さな様式の芸術について言えば、これは単に女性像の芸術だ、あるいは既に西ヨーロッパの芸術とは異なっている、と説くだけではなく、東部グラヴェット文化においては擬人モチーフが動物の物より多いという、質的にまったく異なる内容が提起されていることに気づかされる。小さな様式の芸術は、ここでは女性の姿から、広大なロシア平原を開拓していた人々にとって、一族の存続、繁栄の必要性と関係した、挑戦への深刻さがおそらく反映されているのであろう。

文献

Abramova 1962；Абрамова, З.А., Палеолитическое искусство на территории СССР. // Свод археологических источников. Вып. А4-03. М.; Л.

Abramova 2005；Абрамова, З.А., Животное и человек в палеолитическом искусстве Европы. СПб.

Abramova 2010；Абрамова, З.А., Древнейший образ человека. Каталог по материалам палеолитического искусства Европы. СПб.

Amirkhanov, Kh.A. 2009；Амирханов, Х.А.(отв. ред.): Исследования палеолита в Зарайске 1999–2005.

Dyupyuj, 2014；Дюпюи, Д., Скульптурные изображения из известняка восточнограветтийской стоянки Костенки 1: тематика и функциональное назначение // Свод археологических источников Кунсткамеры. Вып. 4: История археологического собрания МАЭ. Верхний палеолит. С. 118–288.

Efimenko 1931；Ефименко, П.П., Значение женщины в ориньякскую эпоху // Известия ГАИМК. Т. XI. Вып. 3–4. М.

Efimenko 1938 ; Ефименко, П.П., Первобытное общество. Очерки по истории палеолитического времени. Л.

Efimenko 1958 ; Ефименко, П.П., Костенки I. Л.

Fradkin 1975 ; Фрадкин, Э.Е., Памятники палеолитического искусства Костенок I. Дис. …канд. ист. наук. АН СССР. ЛО ИЭ. Л.

Gvozdover 1985 ; Гвоздовер, М.Д., Типология женских статуэток костенковской палеолитической культуры // Вопросы антропологии. Вып. 75. С. 27-66.

Gvozdover 1987 ; Гвоздовер, М.Д., Археологический контекст женских статуэток костенковской верхнепалеолитической культуры // Проблемы интерпретации археологических источников. Орджоникидзе. С. 18-33.

Gvozdover 1992 ; Гвоздовер, М.Д., Обработанная кость из нового жилого объекта Авдеевской палеолитической стоянки(раскопки 1982-1988 гг.)// Вопросы антропологии. Вып. 172. С. 25-59.

Khlopachev 1998 ; Хлопачев, Г.А., Два подхода к построению фигуры женских статуэток на восточно-граветтийских стоянках Русской равнины // Восточный граветт. М., С. 226-233.

Khlopachev 2006 ; Хлопачев, Г.А., Бивневые индустрии верхнего палеолита Восточной Европы. СПб.

Khlopachev 2016 ; Хлопачев, Г.А.(отв. редактор), Верхний палеолит: образы, символы, знаки. Каталог предметов искусства малых форм и уникальных находок верхнего палеолита из археологического собрания МАЭ РАН. СПб.

Praslov et Rogachev 1982 ; Праслов, Н.Д., Рогачев, А.Н.(ред.), Палеолит Костенковско-Борщевского района на Дону. 1879-1979 гг. Некоторые итоги полевых исследований. Л.

Rogachev 1955 ; Рогачев, А.Н., Александровское поселение древнекаменного века у села Костенки на Дону // Материалы и исследования по археологии СССР. № 45. М.; Л.

Rogachev 1962 ; Рогачев, А.Н., Схематичные скульптуры животных из Костенок(Аносовка II). Свод археологических источников А-43. М.; Л., С. 78-80.

Stolyar 1985 ; Столяр, А.Д. Происхождение изобразительного искусства. М.

Zamyatnin 1935 ; Замятнин, С. Н., Раскопки у села Гагарина (Верховья Дона, ЦЧО)// Палеолит СССР:Материалы по истории дородового общества. Известия ГАИМК.. Вып. 118. М.; Л., С. 26-77.

Breuil, H. 1952 ; Quatre cents siècles d'art pariétal. Montignnac (Dordogne)

Gvozdover, M.D. 1995 ; Art of the mammoth hunter: the finds of Avdeevo. Oxford,.

Leroi-Gourhan 1965 ; ,A. Préhistoire de l'Art Occidental. Paris.

補論2　角の剥離技法による旧石器時代の遺物

E. ギリヤ 著 / 木村英明 訳

　2012年、ロシア・クラスノヤルスク州のキィズィル～クルギノ間の鉄道線建設中に、イルバ2遺跡が発見された。鉄器時代の文化層の下に更新世に属する文化層が重複する多層遺跡である。下層の文化層からは、バイソンやトナカイ、アカシカ、オオツノジカ、ウマ、クマの獣骨とともに、石器、そして角を加工した遺物が発見された。これらのコンプレックスは、旧石器時代末期の上部エニセイ川水域に展開していたアフォントヴァ文化に属し、放射性炭素法による年代測定で、更新世後期、およそ1万2500から1万1300年前と示されている（Poljakov *et al.* 2014）。

　後期旧石器の層から出土した遺物の中で特に興味を引くのは、オオツノジカ *Megaloceros giganteus* の二つの角片で、その表面に残された剥離痕により、人工物とみなすことができる。角片は、両方ともそれぞれ異なる種類の剥離痕を残す人工的製作物である。形態上、一つは角核（角製のコアー）で、もう一つは押圧剥離痕を残した角片である（Fig.1, 2）。

　角という素材は、普通の条件では脆さという性質がなく、それへの加撃によって剥片を剥離することはおよそ不可能であることが知られている。プラスの気温で、通常の条件下では、角はとても粘着性があり、強靭で、弾力性があり、十分に高密度な材料と言えよう。しかし、別の条件下では、すなわち低い気温（摂氏 –30 ～ 40℃）では、この材料の力学的性質はまったく変化する。角はより硬くなり、脆さという特徴を手に入れる。そして、システム化された方法でそれを割り、剥離することが可能となり、前もって決めた形の削片を得ることができる（Khlopachev and Girja 2010, p.50）。

　角素材の剥離の形跡は、ユーラシアにおける後期旧石器および続旧石器（эпипалеолитический）の多くの遺跡で確認されているにもかかわらず、角インダストリーに関するこのタイプの具体的な技術研究は十分に注意が向けられているとは言えない。骨器とともに角器のごく一端が紹介される例はある（小野 2001 他）。最近の貴重な例として、フランスの考古学者たちによる研究を挙げることができる。その中で、トナカイの角の管理された剥離による槍先の製作技術は、特別なバデグリン文化伝統の存在を支持する主要な根拠の一つとして使われている（Petillon and Ducasse 2012）。ロシア考古学においても、角の剥離について検討、あるいは言及している論文は、非常に稀である（Khlopachev 2000, p.73）。

　つまり、先史時代における人類の行動パターンに関わって極めて重要な情報源の一つ、打製の角器剥離技法の研究は、ややないがしろにされてきた感は否めない。そのような中、数はわずか2点に過ぎないが、イルバ2遺跡の文化層から出土したこの種の素材に打製の剥離痕を残す資料は、本遺跡の研究のためだけではなく、ユーラシア全体、少なくともシベリアの後期旧石器時代

第Ⅰ部　牙と角のわざのひみつ

Fig.1　剥離痕を残すオオツノジカの枝角

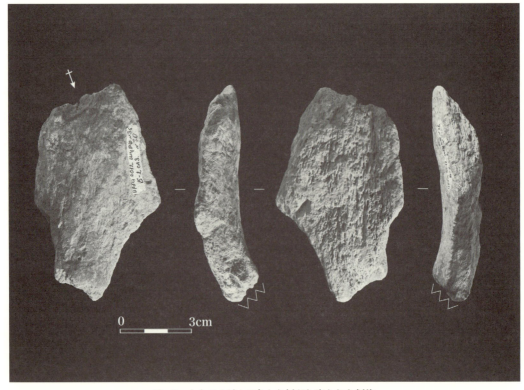

Fig.2　オオツノジカの角から剥がし取られた剥片

の技術を特徴づける上で意義ある資料と言えよう。

　Fig.1 は、長さ 8.7 cm、それほど大きくはないが、人為的な剥離痕、調整痕を留めた枝角製のコア一片である。詳しくは、枝角の角座、すなわち角の根元（クラウン）で、頭部に接する部分であるが、落ち角で、自然に取れた枝角の根元の下面がよく残されている。遺物の側面も同様に、近年の損傷を伴う一部を除き、十分に満足できる保存状態である。ただし、角の他の断片がなく、その剥離製作物の全体的な技術的コンテクストは不詳で、いかなる種類の製作物か、具体的には残片なのか、完成品なのか、断定できないのも実情である。しかし、いずれの場合でも、少なくとも 4〜5 枚の剥片を取ったことを示す剥離痕を残し、剥離技法を窺うことのできる貴重な製作物であることは明らかである。すべての剥片剥離は、基部に向かって縦方向に行われている。剥離の角度は、最後の剥離に限り観察可能で、約 65 度、十分に鋭角である。剥片剥離するために打面が特別に用意され、明らかに何度か調整されている。剥離は、枝角の周囲をめぐるように行なわれており、長さは 65 mm 以上、幅は 50 mm、厚さ 10 mm である。高密度の角の外皮部から、ややスポンジ状の軟組織におよんで剥離されている。角座の隆起部付近にまで達し、ヒンジフラクチャー（蝶番剥離）を生じたかのようにループ状に折れているが、なかには角座の盛り上がりの一部をカットした例もある。剥離が途中で終わった例が含まれることからすると、角の硬度において脆さを保有する条件下で剥離が行なわれた可能性も考慮される。

　もうひとつの剥片は、角の外皮に近い硬質部分の剥片である（Fig.2）。軽く曲がっていて、剥片の幅が基部と末端部で大きく違う形状からすると、これは主要な枝角が「角冠」または「箆」へと移る部分が割り取られたものである。上端は尖っていて、垂直に近く剥がし取られた左右両辺へと連なる。剥片であることは明らかであるが、打面や打瘤、リングなど確かな痕跡は無い。本来は、残されるべきものであるが、角という素材の不均等性によって、明瞭には示されない。低温で脆くなりながらも、湿気を残した高密度で弾力ある繊維質という性質を一部になお持ち続けているためであり、表面の形状は、かなり強く変形する。一見まったく異なる素材に見える象牙、木、骨、角も、実際にはその不均等性という性質においては非常によく似ている。これらが平らな剥離面を見せるのは縦接線方向の場合だけである。横方向への剥離は、「尖った稜の」「ざらざらした」表面を形成するという特徴を有する（Khlopachev and Girja 2010, pp. 37-38）。

　本例は、剥片の打面は残されていない。打撃は枝角にそって基部から末端部に向かっている。打撃が付加された場所の背面（Fig.2 の矢印）には、細かな剥離面が残されている。剥片の主剥離面側は不規則なスポンジ状の多孔質のため、明瞭な打撃波、すなわちリングが残されることはおよそ期待できない。それにもかかわらず、打点付近の細かな剥離痕が、主剥離面で観察することができる。打点部とは反対側には、剥片の末端部がある。図 2 に、破線で示した下端部に緻密な硬い層と、横方向の剥離を示す「鋭い稜の波」の表面がはっきり残されている。

　このようにして、イルバ 2 遺跡出土の二つの遺物の観察を得て、角の核（コアー）から主に縦長剥離（末梢部から基部への）という管理された剥離の証拠を提示できた。

今後の発掘調査の過程で、角素材の剝離に関する追加事実が明らかになれば、それらは遺跡が、少なくとも冬の間、機能していたことの確かな証拠とすることが出来るだろう。暖かい条件（切断跡）と寒い条件（剝離跡）両方での角加工痕の発見は同様に興味深い。

文献

Poljakov *et al*. 2014; Поляков, А.В., Амзараков, П.Б., Ковалева, О.В., Васильев, С.А., Ямских, Г.Ю., Барышников, Г.Ф., Гиря, Е.Ю., Бурова, Н.Д., Зубков, В.С., 2014.Ирба-2: новый палеолитический памятник в предгорьях Саян // Труды IV(XX)Всероссийского археологического съезда в Казани. Том I. С. 120-123.

Khlopachev 2003; Хлопачев, Г. А., 2003. Истоки традиционной обработки бивня мамонта на Жоховской стоянке // Естественная история российской восточной Арктики в плейстоцене и голоцене .«Геос» - М., С. 71-73 .

Khlopachev et Girja 2010; Хлопачев, Г.А., Гиря, Е.Ю., 2010. «Секреты древних косторезов Восточной Европы и Сибири: приёмы обработки бивня мамонта и рога северного оленя в каменном веке (по археологическим и экспериментальным данным). СПб.: Наука,. 144 с.

Petillon, J.-M., Ducasse, S., 2012. From flakes to grooves: A technical shift in antler working during the Last Glacial Maximum in southwest France. // Journal of Human Evolution 62 : 435-465.

小野　昭　2001『打製骨器論―旧石器時代の探求―』、290頁、東京大学出版会

第Ⅱ部

酷寒に挑む旧石器時代の人びとと技
―北方ユーラシアにおけるホモ・サピエンスとマンモスハンターの起源―

木村英明 著

*　　*　　*

補論3　人類による極北進出をめぐる研究の新たな展開

木村英明 著

1. 酷寒の地に足を踏み入れたのは誰か？

　今から700万年ほど前に、アフリカで誕生したといわれる人類は、その後どのような進化の道を辿ったのか。そして、ユーラシアに進出した人類が、いつ、どのような理由から極北（図1）を目指すこととなったのか。その厳しい酷寒の環境に人類はどのように立ち向かい、どのように適応を果たしたのか。

　アフリカで誕生した猿人（アウストラロピテクス）が、原人（ホモ・エレクトゥス）の段階に至ってユーラシアへ進出するとともに、それぞれの地域で旧人（ネアンデルタール）、新人（ホモ・サピエンス、現生人類）へと段階的な進化を遂げた、というかつての「多地域進化説」は今や影を潜め、遺伝子研究の急速な進展に支えられながら、新人の出現をめぐる新たな仮説が通説としての地歩を固めつつある。すなわち、およそ20万年前、アフリカで誕生した新人が再びユーラシアへと足を踏み出し、「先住民」であるネアンデルタールを滅ぼしながら世界に拡散した、という現代人の遺伝子、ミトコンドリアDNAの解析から導き出された新しいシナリオで、「アフリカ単一起源（出アフリカ）説」、あるいは「ミトコンドリア・イヴ仮説」と呼ばれている。特にその研究の当初、ユーラシアにおいてネアンデルタールと現生人類との遺伝的交配がいっさい

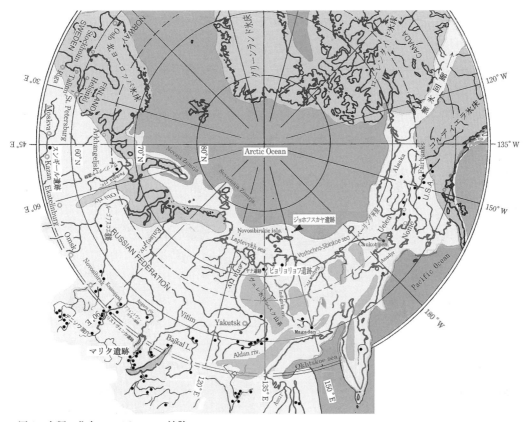

図1　人類の北方ユーラシアへの拡散
●印、主に後期旧石器時代の遺跡（ジョホフスカヤ遺跡は中石器時代相当）

第Ⅱ部　酷寒に挑む旧石器時代の人びとと技

表1　北方ユーラシアの遺跡から発見された人類化石（旧ソ連領）
（Gerasimova *et al.* 2007 より作成）

遺跡	所在	人類化石（部位他）	出土状況	年令	性別	時代
ホモエレクトス						
アズイヒ洞窟	アゼルバイジャン	下顎片、臼歯が残る	3層	20-35	女性	アシュール
ドゥマニシ	グルジア東部	下顎 D211	V層下部			更新世前期
		頭骨 D2280	V層	成人	男性	
		頭骨 D2282	V層	15-16才	女性	
		下顎 D2600	Ⅵ層			
		頭骨 D2700	V層	未成年		
		下顎 D2735	V層	未成年		
クダロ1洞窟	南オセチア	門歯破片2、小臼歯	5b層中			アシュール 250,000-300,000 年以上前
セリ - ウングル洞窟	キリギス	上の門歯2点	Ⅲ文化層	35-40才	男性	アシュール 126,000 ± 5,000（Lu936）
		上の門歯	Ⅲ文化層	40才	女性	
		下の門歯	Ⅲ文化層	45-50才	男性	
ホモネアンデルターレンシス						
キイクコーバ洞窟	ウクライナ	歯、左右の手首、右脛3点、両足、左足指	墓	成人		ムスティエ
		左上腕骨、肩甲骨	墓	5～7カ月		
ブリマ1洞窟	ウクライナ	頭骨、下顎片、上腕骨	洞窟前庭部包含層中		女性	¹⁴C 46,600 ± 450BP
				幼児		
リェカ サマラ	ウクライナ	左上腕骨の骨端	不明		男性	ムスティエ
スタロセリエ洞窟	クリミア	骨格水平に横たわる	墓 浅いピット	1.5～2才		上部ムスティエ
		下顎の前の部分、歯はない	ひさし崩落層の上	中年	女性	
		撓骨片	ひさし崩落層の上			
		上腕骨片	ひさし崩落層の上			
ザスカリナヤ V	ウクライナ 東クリミア	後頭部片	遺跡層下部	25-26才	女性	ムスティエ
		頭蓋脳弓片	動物層中	5-6才		
		掌骨片	動物層中			
ザスカリナヤ Ⅵ	ウクライナ 東クリミア	下顎片　歯を伴う	Ⅲ層　墓の可能性	10-12才		ムスティエ　Ⅱ層炭化木の年代 45,000
		指の骨3点	Ⅲ層　墓の可能性	14-15才		
		ほぼ完全な右手首	Ⅲ層　墓の可能性	5-6才 (1-2才)		
		胸椎の椎弓	Ⅲ層　墓の可能性	1才		
		腰椎3点と XII 胸椎の椎体と溶着していない椎弓	Ⅲ層　墓の可能性	3才		
		胸椎の椎弓	Ⅲ層　墓の可能性	5才		
		足の指	Ⅲ層　墓の可能性	1才		
		足の指	Ⅲ層　墓の可能性	2-3才		
		2点の第一中足骨、Li-V 中足骨片、距骨片、踝	Ⅲ層　墓の可能性	5-6才		
		手首、掌骨	Ⅲ層　墓の可能性	5-6才		
		左肋骨、骨盤片3点	Ⅲ層　墓の可能性	1才		
		右上腕骨	Ⅲ層　墓の可能性	1才		
		鎖骨	Ⅲ層　墓の可能性	2-3才		
		左大腿骨、右大腿骨末端部片	Ⅲ層　墓の可能性	2-3才		
		下顎右半分、臼歯、小臼歯を伴う	Ⅲ層　墓の可能性	12-14才		
		上腕骨片	Ⅲ層　墓の可能性	5-6才		
		右の腓骨	Ⅲ層　墓の可能性	2-3才		
ロマンコヴォ	ウクライナ	大腿骨	包含層			ムスティエ
バラカエフスカヤ洞窟	ロシア クラスノダルスク州	顎	2層下部	2-3才		ムスティエ
		歯	ムスティエ層			
プロンゾヴァヤ洞窟	グルジア西部	上左第一臼歯	Ⅱムスティエ層 18層	12-13才		ムスティエ
ジュルチュラ洞窟	グルジア西部	上第一臼歯	下部ムスティエ層 炉付近	成人		ムスティエ
オルトバラ洞窟	グルジア西部	歯	3a層			ムスティエ
サカジア洞窟	グルジア西部	上顎　犬歯、二つの小臼歯、第一臼歯を伴う	回廊開口部ムスティエ層 3b 層			ムスティエ
		遊離した下の第二臼歯、頭骨片	3d層			
ブロロム2洞窟	グルジア東部	指の骨	第一層			第一層 ¹⁴C 23,500BP
		足の指の破片	第二層			第二層 ¹⁴C 28,000BP
メズマイスカヤ洞窟	グルジア カフカス北西部	頭骨片とそれ以外の骨	墓不鮮明　中期旧石器時代層	幼児		27,000～50,000 年前
ポドクモク	グルジア カフカス	頭骨片、下顎片、歯		55-65才	女性	
アズイヒ洞窟	アゼルバイジャン	下顎片、臼歯が残る	3層	20-35才	女性	アシュール
オビラフマート洞窟	ウズベキスタン	遊離した歯と頭骨片	16層中	9-12才		
テシュク・タシュ洞窟	ウズベキスタン	頭骨、左上腕骨、右大腿骨、左脛骨、腓骨等	Ⅰ文化層　墓	9才	少年	
オクラドニコフ洞窟	ロシア ゴルノアルタイ	M6区　第二臼歯	7層			更新世中期後半 - 更新世後期
		M6区　小臼歯	被覆層下			
		B2区　下の第三臼歯	2層			

1. 酷寒の地に足を踏み入れたのは誰か？

遺跡	所在	人類化石（部位他）	出土状況	年令	性別	時代
ホモサピエンス						
ドウルイトルイ洞窟	モルドヴァ	下顎片	2層			マドレーヌ後期
コルマニ IV	ウクライナ	右の上腕骨の骨幹下部	下層		女性	後期旧石器時代
ミラ	ウクライナ	第一臼歯か第二臼歯	I 文化層 B23 住居内			^{14}C 27,300BP
ブランカヤ III 多層洞窟	ウクライナ 東クリミア	頭骨片と遊離した歯との関係は不明	オーリナシアン 6-4 層			オーリナシアン、エピグラヴェット
			オーリナシアン 6-1 層			
			エピグラヴェット 5-2 層			
スユレニ I 洞窟	ウクライナ クリミア	歯 1 点	IIV 区 下層			28,000-30,000
メジン	ウクライナ	下右第一臼歯の冠				ウルム後期 マドレーヌ
ノヴゴロド-セヴェルスク	ウクライナ	右上腕骨骨幹片	文化層	10-12 才		マドレーヌ早期
ブシュカリ I	ウクライナ	乳歯	第二次発掘の文化層	幼児		^{14}C 16,775 ± 605 (OS899)
						19,010 ± 220 (AA1389)
チュラトヴォ I	ウクライナ	頭骨片	I 発掘区 焚火跡付近	35-45 才	女性	14,700 ± 250 (OxA715)
ユジノヴォ	ロシア	臼歯	炉付近			
		右上腕骨	文化層			
エリセヴィッチ I	ロシア	鎖骨、仙骨、大腿骨	発掘区南側、灰の中	子ども		後期旧石器時代 ^{14}C 14,000-14,500
ロジョク	ロシア ロストフ州	上左第二臼歯	Z4 区 IV 層	25 才以下		ムスティエ
アヒシュトゥルスク洞窟	ロシア クラスノダルスク州	臼歯	3 層			ムスティエ
		中足骨	3a-3 層			
		別の足の骨	3 層			
グブスク岩陰 No7 サタナイ	ロシア クラスノダルスク州	上腕骨片、頭骨、下顎、脛の骨、指の骨、肋骨片、骨片	墓	成人		更新世末
デヴィス-ヒヴァレリ洞窟	グルジア	右下顎 臼歯を伴う	第 3 層	60-65 才		後期旧石器時代後半
サマルカンド	ウズベキスタン	顎 1 歯を伴う			女性	後期旧石器時代
		顎 2			男性	
		大腿骨、歯 2 点、子ども複数個体の頭骨				
ツングス	ロシア サマルカンド州	踵骨	偶然の発見			後期旧石器時代
ヒヴァリンスク	ロシア サラトフ州	頭蓋	偶然の発見			第四紀
メロフスキー縞	ロシア サラトフ州	後頭骨片	偶然の発見			
マヤク遺跡	ロシア サマルスキー州	マヤク 1 骨格下部	墓	22-24 才	男性	11,550BP
		マヤク 2 頭骨、大腿骨片、上腕骨骨端、胸椎編、肋骨	墓	5-6 (6-8) 才		
		マヤク 3 子どもを伴う	墓	22-26 才	女性	
ジャジコヴァ	ロシア リャザン州	脳頭蓋	動物化石と偶然に発見			12,750 ± 660BP(GIN9504)
コスチョンキ 1	ロシア ボロネージュ州	2 点の膝蓋骨、骨盤片、歯	III 層 墓			25,000-26,000 年前
コスチョンキ 2	ロシア ボロネージュ州	足の骨、腰の骨、肋骨、骨格の上部は、住居内で獣骨と混在	3 層 マンモスの骨製の墓室	成人		16,000-17,000 年前
コスチョンキ 8	ロシア ボロネージュ州	骨片と複数のこれと異なる人の骨	2 層			27,700 ± 750 (GrN10509)
コスチョンキ 12	ロシア ボロネージュ州	側頭骨中耳の鼓室の骨、前頭骨、頬骨片、右大腿骨、	上部文化層 (1 層) 墓	生後 10 日		27,680 ± 2,360 (UIC619)
		右脛骨、右上腕骨、右尺骨、右撓骨片、右鎖骨、				
		両肩甲骨、左の腸骨、肋骨細片、二つの中足骨				
コスチョンキ 14	ロシア ボロネージュ州	頭骨、下顎、椎骨、仙骨、肋骨、胸骨、鎖骨 2 点	III 層 墓	成人		後期旧石器時代前期
		肩甲骨、上腕骨、肘、撓骨、脛骨、腓骨、膝蓋骨並に 2 点				III 層 30,080 ± 590／550 (GrN21802)
		左右の手首、足首の骨など				31,760 ± 430／410 (GrN13288)
コスチョンキ 15	ロシア ボロネージュ州	頭骨、椎骨下部、腰の骨など	包含層 墓	5-6 (6-7) 才		21,720 ± 570 (LE1430)
						25,700 ± 250 (GIN8020)
コスチョンキ 17	ロシア ボロネージュ州	上第三臼歯	II 層			II 層 32,000 ± 2000 (GrN10512)
コスチョンキ 18	ロシア ボロネージュ州	頭骨、手足の骨ほか	墓	6-7 才		17,900 ± 30 (GrN8028) 墓坑出土の骨
						19,300 ± 200 (GIN8576)
						20,600 ± 140 (GIN8032)
						21,020 ± 180 (OxA7128) 遺体椎骨
シュクルラト III	ロシア ボロネージュ州	右肩甲骨	第四紀大形哺乳類とともに発見			ヴァルダイ中期
スンギール	ロシア	スンギール 1 号 全身骨格	墓 1	55-65 才	男性	後期旧石器時代前期
		スンギール 2 号 全身骨格	墓 2 と墓 3	11-13 (12-14) 才	少年	
		スンギール 3 号 全身骨格	墓 2 と墓 3	9-11 才	少女	
		スンギール 4 号 大腿骨	墓 2 の内側に配置			
		スンギール 5 号 頭骨	墓 1 の表面に配置		女性	
		スンギール 6 号 下顎	墓 2 と墓 3 の上に配置		女性	
スホドニャ	ロシア モスクワ州	脳頭蓋				後期旧石器時代 マドレーヌ期
セヴェルカ	ロシア モスクワ州	脳頭蓋				後期旧石器時代
アフォントヴァ ガラ II	ロシア クラスノヤルスク州	上腕骨片、撓骨片	C3 層			後期旧石器時代
		小臼歯	C3 層			
		鼻の骨を伴う頬の骨		11-15 才		
				子ども		
リストヴェンカ	ロシア クラスノヤルスク州	下顎 歯を伴う	12G 層			12G 層 13,470 ± 280 (SOAN3733)
		乳歯一そろい		幼児		
マルイログ II	ロシア クラスノヤルスク州	顎 鼻骨部分の残る鼻弓部分				カルギンスキー間氷期
ノヴォセロヴォ VI	ロシア クラスノヤルスク州			30 を越えない	女性	^{14}C 11,600 ± 500 (GIN403)
ソロヴィナヤルカ	ロシア アルタイ州	下顎左半分 歯を伴う	礫の上で採集	5 才		後期旧石器時代
デニソワ洞窟	ロシア アルタイ州	歯 2 点	22-1 層	7-8 才		ムスティエ 224,000BP(RTL)
		上中央門歯	12 層	中年？		37,235 年前以前
マリタ	ロシア イルクーツク州	頭骨片、下顎片、三つの骨幹、左の上腕骨、胸椎	墓	10 〜 14 カ月		19,880 ± 160 (OxA7129) 〜 21,700BP
		遊離した歯		3-4 才		

起こらなかったとみなされたこともあり、ネアンデルタールによる中期旧石器文化は衰退・絶滅する一方、芸術や宗教などの象徴的行為と学習に長じた後期旧石器文化が出アフリカのホモ・サピエンスによって導かれ、その後の劇的・爆発的な展開をもたらした、という考古学的理解に結びついている。

しかしながら、「出アフリカ」説の展開に貢献したとされるH. ハーペンティングとG. コクランによる近著『1万年の進化爆発——文明が進化を加速した』（ハーペティング・コクラン 2010）から学ぶのは、主題のひとつが「アシュケナージ系ユダヤ人」遺伝子の優位性を説くことにあると思われるが、「隣接する集団」間での遺伝子流動、あるいは遺伝的ボトルネックの有無・評価などはるか先史の時代にかかわる遺伝子研究が多くの課題を抱えているらしいこと、ヨーロッパでのネアンデルタールとホモ・サピエンス両者の遺伝的交流を示す化石例が増加しつつあること、時に文化や技術の進展が遺伝子選択や人類進化をも左右するらしいこと、そして何よりも考古学的資料を含めたよりいっそうの類例の増加が求められていることなどである。

表1は、北方ユーラシアの東西に大きく広がるロシアとその周辺地域（旧ソ連邦域）で発見された人類化石リストであるが、人類学者のM. ゲラシモヴァと考古学者のN. アスターホフ、地質学者のA. ヴェリチコが作成したカタログをもとに整理、要約し、一覧にしたものである（Gerasimova et al. 2007）。

ホモ・エレクトゥスに相当する確かな人類化石として、中央アジア・グルジアのドゥマニシ遺跡と南オセチアのクダロⅠ洞穴（5b層）出土の例が挙げられている。

1991年、中世の城郭の下から最初の下顎骨が発見され、一躍注目されることになったドゥマニシ遺跡については、継続的に行われたその後の調査で、さらに2つの下顎骨、3つの頭骨、遊離した歯が検出され、直下の玄武岩のカリウム・アルゴン（K-Ar）法による年代、熱ルミネセンス（RTL）法による年代、古地磁気法による年代、古相な動物化石（サーベルタイガー、エトルリアオオカミ、エトルリアクマ、ナキウサギなど）から、第三紀の鮮新世末〜第四紀初頭のオールドヴァイ・イベントの時期に編年された（ウォン・K 2005; Gerasimova et al. 2007）。少なくとも、上下に位置する4枚の遺物の層が識別されたことにより、周期的な居住が行われていたとみなされているが、古いもので、185万年前から177万年前に相当し、人類化石の形質学的特徴ともよく符合するとされた。仮に、150万年を超える年代が正しいとすると、ユーラシア最古の例となり、斧のように加工した粗製の礫器や剥片製石器などを製作するようになって初めて、ユーラシアに乗り出してきた人類とみなすことができよう。

なお、ドゥマニシ遺跡については、最初の調査後、発掘に参加した杉野森によって遺跡と成果の概要が紹介されている（杉野森 1994）。

クダロⅠ洞穴（5b層）では、後続のアシューリアン（旧石器研究の先進国・フランスのサント・アシュール遺跡から発見された石器群を標式とする）を特色づける代表的な石器、ハンドアックス（図2、両面におよぶ入念な調整剥離で斧状に作られた握槌）などの石器とともに検出された歯が、ホモ・エレクトゥス（原人）のものとされた。その年代も、RTL測定法により35万年ほど前と示されている。ちなみに、クダロⅠ洞穴では、発掘された動物遺存体942点のうち820点

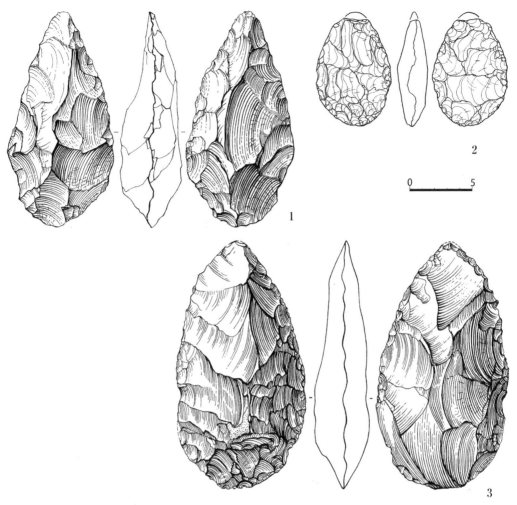

図2 アシュール期のハンドアックス（1・2.Ljubin1984より，3.筆者実測）
1.クダロⅠ遺跡，2.ジュラベル遺跡，3.サタニ・ダール遺跡（3のみエルミタージュ蔵）

までがホラアナグマの骨で占められていたとされ、特定の動物種を優先する傾向が指摘されている（Ljubin1960, p.27）が、A.オクラドニコフは、その傾向をいっそう強める次の時代のネアンデルタールも含めて、前期・中期旧石器時代の「狩猟民は、決まった2・3の動物をもっぱら好んで捕獲していたらしい事実が観察される」との記載を残している（Okladnikov1955, p.43）。骨片など動物遺存体のすべてを回収する今日の発掘レベルと比較するのは難しいが、大量の動物骨が集められた遺跡での傾向差に関しては、大きな異同はないものと予想される。

　この他、M.ゲラシモヴァらのカタログには、同じアシューリアン、ホモ・エレクトゥス～先ネアンデルタール段階とみなされたアゼルバイジャンのアズィフ洞穴（Ⅲ層）出土の臼歯を残す下顎骨片、あるいはホモ・エレクトゥスとみなされたさらに東に位置するキルギス、セリ・ウンゲル洞穴出土の遊離歯が記載されている。しかし、特に年代が12万年ほど前と示された後者は、石器組成の特徴が中期旧石器時代のムステリアン相（ムスティエ文化期、やはりフランスのル・ムスティエ岩陰で発見された石器群を標式とする）を示すもので、早期ネアンデルタールに比定

される可能性も捨てがたい。

　人類化石こそ検出されてはいないが、中央アジアへの進出、さらなる居住域の拡大を裏付ける前期旧石器時代の石器群が点在している（木村 1997; 2010）。ドゥマニシに似た礫器を特徴とする石器群は、ロシア平原、コーカサス、カザフスタン、シベリア南西部のゴルノ・アルタイ、シベリア中部のアンガラ河流域でも注意されており、北方ユーラシアに点在するこれらが、温暖期の恵まれた環境下に残された旧石器時代の初期を飾るとみられている。ちなみに、シベリア東部のヤクーツク、最北の北緯65度に所在するディリング・ユリャフ遺跡においても礫器を特徴とする石器群が発見されているが、発見者の考古学者 Ju. モチャーノフは、シベリア最古の石器群とし、ヤクーツクを人類誕生の地のひとつと仮定した。人類発生の地とするには無理としても、その位置づけはなお充分に確定していない。

　クダロⅠ洞穴と同様のハンドアックスを指標とするアシューリアン相当の石器群も、似たような広がりを示しているが、ウクライナのホトィレヴォ遺跡やアンヴロシーエフカ遺跡、カルパチアのコロリェーヴォ遺跡、南オセチアのツォーナ洞穴、アルメニアのジュラーベル遺跡、黒曜石主体のサタニ・ダール遺跡、イメレーチヤのヂコエチ遺跡など、黒海とカスピ海に挟まれたコーカサスの山岳地帯、黒海の北部、ロシア平原南部にいくらか集中する傾向が認められる（木村 1997; 2010）。また、断片的ながら、シベリアのゴルノ・アルタイでの発見も報告されている。

　続く中期旧石器時代、ネアンデルタール相当の人類化石は、ウクライナのキィク・コーバ洞穴、ザスカーリナヤ5遺跡、同6遺跡、プリマ1洞穴、プロロム2洞穴、リェカー・サマラ遺跡、スタロセーリエ洞穴、アゼルバイジャンのアズィフ洞穴、グルジアのブロンゾヴァヤ洞穴、メズマイスカヤ洞穴、ジュルチュラ洞穴、オルトバラ洞穴、ポドクモク遺跡、サカジヤ洞穴（3b層）、ウズベキスタンのオビ・ラフマート洞穴、テシク・タシュ洞穴（図3）、シベリアのゴルノ・アルタイのオクラドニコフ洞穴など、19遺跡で出土が報じられている。その他、1910年、V. グロモフの発見によって、シベリアの旧石器研究史のはじまりを飾るエニセイのアフォントヴァ・ガラー遺跡においてもネアンデルタールの存在が指摘されたことがある。1923・24年に検出された断片的な資料からであるが、その後、1937年の国際地質学会の折に下層中から検出された頭骨片の形質学的特徴、そして石器文化との関連から後期旧石器初頭のホモ・サピエンスとみなすのが妥当とされた。人類化石は、旧ソ連領でのおよそ北緯50度から55度の範囲、ウクライナの後方カルパチアからロシア平原南部、黒海北岸、中央アジアのコーカサス、グルジア、そしてカザフスタン、シベリア南部のゴルノ・アルタイで発見されており、その広がりはおよそ前期旧石器時代を踏襲しているとも言えるが、彼らが担っていたムステリアン相当の石器群（中期旧石器）の分布でみると、さ

図3　テシク・タシュ少年の頭骨（1935年発掘）**と復原像**
（テシュク・タシュ洞穴、人類学博物館蔵　筆者撮影）

1. 酷寒の地に足を踏み入れたのは誰か？

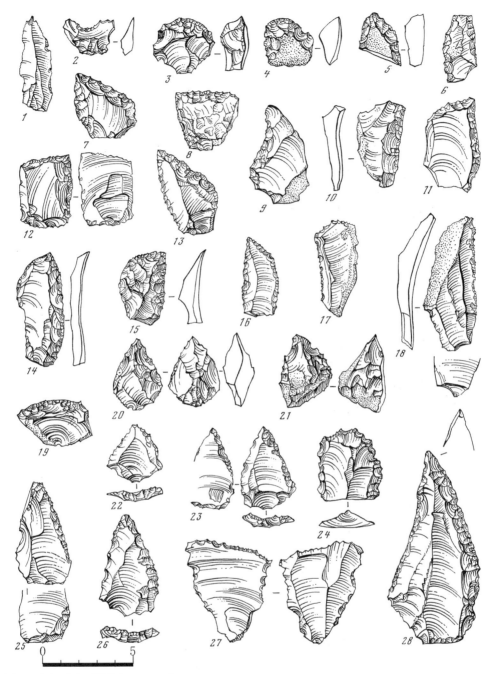

図4 グブスカヤ石器群（Ljubin 1984）
1・17・18・24・27 鋸歯縁石器, 3～6・10・11・14～16・19 スクレブロ（削器）, 7・8・13・22・23・26・28 尖頭器, 2・9 抉入石器, 12 端部裁断の石器, 20・21 両面加工器

らにシベリア中部、後方バイカル、あるいは極東への広がりも指摘されている。極東への広がりはともかく、生活圏の拡大、いっそうの濃密な分布を示す点が注目されよう。

上記にあげた人類化石発見地以外では、ウクライナのホトィレヴォ遺跡、ロシア平原南部のコロリェーヴォ遺跡、モロドヴァ1遺跡（Ⅳ層）、モロドヴァ5遺跡、カフカス・クバニ川流域の

第Ⅱ部　酷寒に挑む旧石器時代の人びとと技

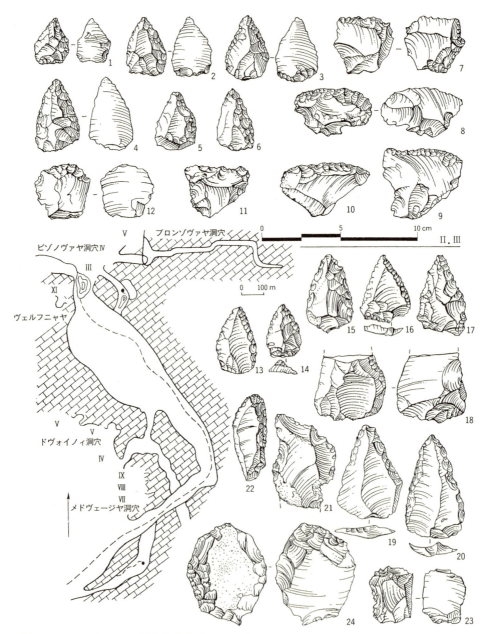

図5　ツウツフヴァッキー洞穴群平面図とブロンゾヴァヤ洞穴出土の石器（Ljubin 1989）
1〜6・13〜20. 尖頭器, 7〜10・22. スクレブロ（削器）, 11・21. 抉入石器, 12. 掻器, 23. 端部裁断された石器, 24. 円盤形石器

　グブスカヤ遺跡、イリスカヤ1・2遺跡、バラカエフスカヤ洞穴、モナシェフスカヤ洞穴、グルジア・黒海沿岸のビゾンヴァヤ洞穴、オルトヴァル・クルジェ洞穴、マツズカ洞穴、南オセチアのツヒンヴァリ遺跡、カラクスタカウ遺跡、タマラシェニ遺跡、アルメニアのエレバン洞穴、アフシュトィルスカヤ洞穴、シベリアのゴルノ・アルタイのウスチ・カン洞穴、カラ・ボム遺跡をはじめ、数多くの遺跡で、ムステリアン相当のまとまった石器群が検出されている（木村 1997; 2010）。

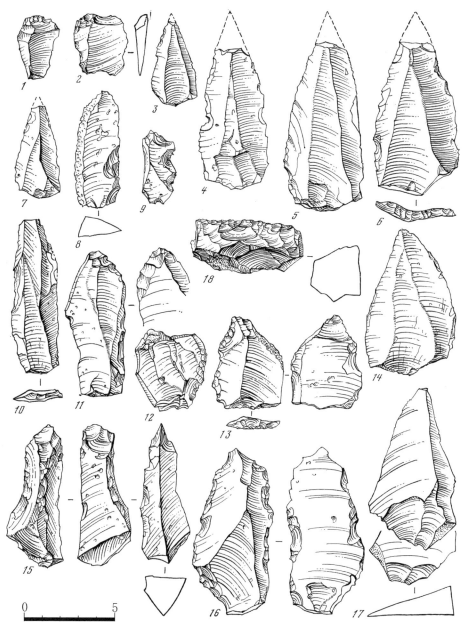

図6 ツヒンヴァリ石器群 (Ljubin 1977)
1・2・11・12・18 スクレブロ（削器），3〜7・10・13〜15・17 尖頭器，8・9 抉入石器，15・16 鋸歯縁石器

しかも、幅広三角形の小型ハンドアックスや月桂樹葉形尖頭器などアシューリアンの要素と、刃先が斜めに作られた削器やナイフなどムステリアンの要素をあわせもつ東部ミコキアンの地方種、あるいはシャラントムステリアンの東端を示すとされる石器群（Golovanova and Domonichev 2003）、ルヴァロワ尖頭器、ムステリアン尖頭器、各種の削器、抉入石器、鋸歯縁石器を特徴とする同じくミコキアンの地方変種とみなされるグブスカヤ石器群（図4、Ljubin 1984）、小型で、それほど定形的とはいえない剝片の周囲に細かな二次加工を施して作られた尖

139

頭器、削器、鋸歯縁石器、抉入石器など、非ルヴァロワ、非調整の典型的ムステリアン石器群、調整された尖頭器、単刃および斜刃、交差型刃部の削器、鋸歯縁石器、抉入石器にルヴァロワ尖頭器、縦長のルヴァロワ石刃やルヴァロワ剝片を含む典型的ムステリアンとされるツッツフヴァツキータイプの石器群（図5、Ljubin 1984）、似たような石器群ではあるが、調整打面を残すルヴァロワ剝片や石刃がより多用され、幅広のルヴァロワ尖頭器、幅広のルヴァロワ石刃製の削器や鋸歯縁石器、掻器などが含まれ、レバントムステリアンのタブーンBに類似するとも指摘されているツヒンヴァリ石器群（図6、Ljubin1984; Golovanova and Domonichev. 2003）、ルヴァロワ石核が半数以上を占めるものの、鋸歯縁石器が少なく、剝片の裏面基部に打瘤部を截ち切るような調整を施した小型三角形の尖頭器（「エレヴァン」タイプ）や削器などを特徴とするザグロスムステリアンの一翼を担うとされるエレヴァンタイプの石器群（図7、Beliaeva and Ljubin 1998）など、地域性の強い、あるいは時代的変遷を予想させる多様な中期旧石器時代の石器群が知られている（木村1997; 2010）。

　ところで最近、この時期にかかわる重要な調査結果が話題を呼んでいる。これまで、ネアンデルタールが北緯55度を超えて極北に立ち入ることはなかった、とみられていた。しかし、北緯65度、北方ユーラシアを東西に分けるウラル山脈の北西部、ペチョラ川下流域右岸に位置するヴィゾヴァーヤ遺跡（図1参照）でネアンデルタールのものと思われるムステリアンタイプの石器群が、マンモスやトナカイの骨などとともに発見されたという（Slimak and Pavlov 2011）。今から3万年ほど前のものとされるが、仮にムステリアンタイプの石器群に間違いないとすると、すでにネアンデルタールが、迫りくる北ヨーロッパ氷床の眼前、北極圏にまで到達していたことを物語る新たな証拠となる。

　当遺跡では、早くから後期旧石器時代の石器群の存在が知られており（Bader 1978）、今回、石刃製の石器がまったく見られなかったことが決め手となったものと思われる。即断はできないが、石器群の様相、示された年代からすると、おそらくは中期旧石器から後期旧石器への過渡的段階の石器群、すなわち北方ユーラシアでマンモスハンターの営みが本格化する以前の石器群とみなすのが妥当と推察される。注目すべきは、遺跡を残した人びとが、早くも酷寒への充分な環境適応力と高い技術力を持ち合わせていたらしいことである。石器群の様相のみでははかれない技術力を探る貴重な情報であり、中期旧石器から後期旧石器への技術継承の過程を解き明かす糸口としても、いっそうの解明が期待される。

　最後に登場するわれわれの直接の祖先、ホモ・サピエンス相当の人類化石については、あわせて40遺跡での出土が知られている（表1）。ヨーロッパ地域でのコスチョンキ遺跡群（1・2・8・12・14・15・17・18各遺跡）、プシュカリ1遺跡、エリセーェヴィッチ1遺跡、ユージノヴォ遺跡、ブリャンスキー遺跡、ブランカヤ3遺跡、スンギール遺跡などの好例に加えて、マリタ遺跡、リストヴェンカ遺跡、マールィ・ログ遺跡、デニソワ洞穴、ノヴォセロヴォⅥ遺跡などシベリア地域での増加傾向を窺うことができよう。およそ全身骨格が良好に保存されていた例となると、スンギール遺跡3体、コスチョンキ14遺跡1体とごく限られるが、それぞれの形質的特徴に加えて、文化層の時期や放射性炭素の年代などからいずれも後期旧石器時代のホモ・サピエンスであ

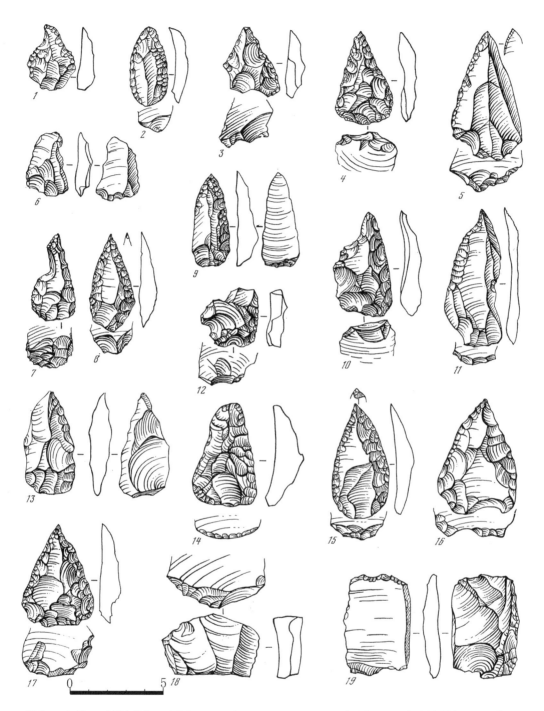

図7　エレヴァンⅠ洞穴出土の石器（Ljubin 1989）1〜5・7〜11・13〜18. 尖頭器, 6・12. 尖頭器欠損品, 19. のみ状石器

ることが調べられている。なお、スンギール遺跡から発掘された成人男性（1号）の墓の年代は2万年以上前と示されているが、およそ同時期のものと想定される少年・少女の同時埋葬例について、例えば、頭蓋骨の形態に残る特徴が、ネアンデルタールの遺存とみなされている（Trofimova 1984, p.147）。スンギール遺跡については、あらためて後述する。

示された年代について詳しくみると、古いもので、コスチョンキ14遺跡のように3万年前を さらに遡る例、コスチョンキ8・12遺跡、ミラ遺跡やスユレニ1遺跡のように2.7～2.5万年前 頃のもの、プシュカリ1遺跡やコスチョンキ15・18遺跡、マリタ遺跡のように2万年前頃、ジ ャジコヴァ遺跡やリストヴェンカ遺跡のように1.5～1.3万年前のものなど、3～1万年前頃ま でかなりの年代幅を有しており、形態・形質にかかわる歴史的な変遷過程や地域的様相を解明す るための貴重な手掛かりが含まれているに違いない。

図1と図8に、北方ユーラシアに広がる後期旧石器時代の主要な遺跡を示した（ただし、ジョ ホフスカヤ遺跡は中石器時代早期）。もちろん、これまでに確認されている遺跡の数はこれらを はるかに上回るし、シベリアでの研究は、未だ踏査可能な一部地域に限られており、当時の広が りを正確に反映しているとは言い難い。としても、北方ユーラシアでの濃密な分布、分布域の拡 大は動かし難い事実である。

ヨーロッパ地域を代表する遺跡の一つがコスチョンキ1遺跡である（口絵5、図9～12）が、 図10-1～25は、その上層の石器群である。石刃技法や細石刃技法によって作られた尖頭器、掻器、 彫器、削器、石錐、細石刃などが伴う。またそれらには、骨角牙製の槍や針、笵、指揮棒、装身 具、女性像、その他貝製品など、中期旧石器時代にはみられなかった特色ある遺物が伴うことも よく知られている（図11・12-下）。ウラルでは、洞穴の壁に描かれた彩色画も発見されている。 近年、こうした遺物を作り出す後期旧石器文化の技術基盤こそが、思考力、創造力、学習力など 知的能力を急速に高めたホモ・サピエンスに特有なもので、出アフリカの人びとによってもたら されたもの、という考古学的理解が進んでいることについては先述したとおりである。言い換え ると、ネアンデルタールからホモ・サピエンスへの担い手の交代によってもたらされた、それま での中期旧石器時代の文化や技術とは系統を異にする石器群、文化と結論されよう。

しかし残念ながら、旧ソ連邦域で発見された人類化石が、他地域に比べて特別に少ない数と は言えない中で、ミトコンドリアDNAにかかわっては、わずか3例の解析が試みられたに過ぎ ない（木村 2010・2011）。しかも、近年の通説に調和的な結果が得られた事例（コーカサスのメ ズマイスカヤ洞穴、シベリア南部アルタイのオクラドニコフ洞穴）と、それに符合しない事例 （同じくアルタイのデニソワ洞穴）とがあって、評価は大きく分かれている（Krauze *et al.* 2010; Reich *et al.* 2010）。むしろ、デニソワ洞穴の例では、不十分な「ミトコンドリアDNA」解析結 果を補うものとして「核DNA」解析の重要性が強調されているだけに、結果がこれまでの通説 を追認するものとなっていない点こそ注目される。しかも、そもそもの化石発見者で、考古学者 のA.デレヴァンコらは、「多地域進化説」が依然として有効であることを認めている（Derevyanko 2009; Reich *et al.* 2010; 木村 2011）。

人類学者たちは、人類史の最終局面、どのようなシナリオを描き続けるのであろうか。

2. 旧石器時代における環境と文化の変遷史

表2は、ロシアのコスチョンキ・ボルシェヴォ地域を中心とした東ヨーロッパの東部から中部

2. 旧石器時代における環境と文化の変遷史

表2 ロシア平原、中部ヨーロッパ地域の後期旧石器文化の編年と気候変動

氷期区分 (ka BP/千年前)	コスチョンキ・ボルシェヴォ地域	ロシア平原南西部	ドニエプル・デスナー地域	ロシア平原北部 (カプリチ・クリピェツ川)	ドナウ河流域 (モラヴィア・オーストリア)
氷期後期 (17-10 ka BP)	ⅢC				
最盛期 (LGM) (20-18 ka BP)	ⅢB	コスチョンキ2・3・11a・19・21(Ⅰ-Ⅲ層) ボルシェヴォ1	モロドヴァ5(Ⅰ-Ⅳ層) カーメンナヤ・バルカ2 ゾロトフカ	ドブラニチェフカ チモノフカ1・2 スポネヴォ ユーディノヴォ メジリチ ゴンツイ	ヴェルヌ・バーヴロヴィッツエ
温暖期 (22-21 ka BP)	ⅢA	コスチョンキ1(Ⅰ層)・4・9・21(Ⅲ)・11(Ⅱ層)・13・14(Ⅰ層)・18 コスチョンキ6(〜31,200)	モロドヴァ5(Ⅴ・Ⅵ層) ムラロフカ アネトフカ クリマウツィ2(Ⅰ層)	キリーロフスカヤ メジン		ストランスカヤ・スカラⅣ
後期ヴァルダイスキー開始期 (24–23 ka BP)	ⅡB	コスチョンキ1(Ⅱ層)・8(Ⅰ層)・11(Ⅲ層)	モロドヴァ2(Ⅱ層) アンブロシェーフカ ラドメイン モロドヴァ5(Ⅶ層)	ブシュカリⅠ(?) ベルディジ アヴデーヴォ ホトィレヴォ2		ドルニー・ヴェストニッツェⅠ(DV35) ミロヴィッツェ ヴェレンドルフ(24-20 ka BP)
		ラドムイシ?			
ドナエフスキー亜間氷期 (プリャンスキー) (32-25 ka BP)	ⅡB	コスチョンキ1(Ⅲ層)・16・17(Ⅰ層) コスチョンキ8(Ⅱ層)・11(Ⅴ層)・12(Ⅰ層)・14(Ⅱ層)・15	モロドヴァ5(Ⅸ-Ⅶ層) ブルニゼニイ(Ⅲ層) クリマウツィ2(Ⅲ層) ジョルノフ(Ⅰ-Ⅴ層) イリンカ(?)		スンギール後期 (23 – 19 ka BP) ゲナチ	後期パヴロフ (27-24 ka BP) ドルニー・ヴェストニッツェ1 (中層) ブッシュFモラヴニ1 b・2 ドルニー・ヴェストニッツェ1 (下層) ヴィレンドルフ2 (5層) 早期パヴロフ (30-27 ka BP)
	ⅡA	コスチョンキ1(Ⅴ層)・11(Ⅳ層)・12(Ⅰa層)・14(Ⅰ層)・Ⅲ-Ⅳ層)	モロドヴァ5(Ⅹ層)		スンギール (29-26 ka BP) 活動期 ミラ ヴィシェンヴァヤ	ストランスカヤ・スカラ3(5層) ヴィレンドルフ2(3層) ヴェドロヴィッツェ5 ボニーグヴァ・ケイリー(4a層) ストランスカヤ・スカラ3a
カシンーグラジュダンスキー亜間氷期 (50-34 ka BP)	Ⅰ	コスチョンキ12(Ⅱ-Ⅴ層) コスチョンキ14(Ⅳa・b層)・17(Ⅱ層) (43-46 ka BP)	モロドヴァ1(Ⅺ層) モロドヴァⅡ(Ⅳ層)			ボーニッツェ・プリックヤード(4a層)

にかけての後期旧石器文化の編年表である。主にロシア平原南部を扱ったアニコーヴィッチ編年（Anikovich 2005, p.83）を基礎に、ロシア平原北部、クリャズィマ川流域のスンギール遺跡の一連の調査結果（Bader et al. 1998 他）、さらにチェコ・モラヴィア地域の研究成果（Svoboda et al. 1996, pp.1～307; Svoboda et al. 2002, p.143）を取り込み、整理したものである。

　似たような地域、すなわちデスナー河、ドン河、そして（旧）チェコスロバキアにおける旧石器時代の遺跡・文化層について、地質学・土壌学、あるいは層序学での成果を基礎に、広域的な編年を試みた A.ベリチコの業績はよく知られている（Verichko1961, pp.50-61）。遺跡の所在する段丘の位置、そこに挟在する古土壌、火山灰、氷性堆積物、凍結擾乱作用（クリオタヴェーション）などを鍵に編年を目指す研究の意義は、研究の進んだ今日においても失われていない。そこでの中心をなすコスチョンキ遺跡群についてみると、風成堆積物としてのレスを大きく3分する2枚の腐植土壌、それら腐植土壌の中位に位置する火山灰、そしてそれらの直下に積もる古土壌を鍵層にして、複数の文化層の存在が解き明かされている。その後、コスチョンキ1遺跡や同12遺跡、同14遺跡など多くの遺跡でより詳細な、かつ具体的な層序の記載が行われるに及び、また、200をはるかに超す放射性炭素年代が集められたことによって、これまでにも増してきめ細かな対比が可能となった、とされる。アニコーヴィッチの編年は、それらの最新の層位学的所見と放射性炭素測定年代を軸に編まれたものである。

　表中の記号Ⅰ～Ⅲは、そのアニコーヴィッチが考える石器群の大別を示しているが、その細分も含めておよそ土壌層（口絵5）に対応しており、Ⅰは埋没土壌（下部腐植土壌）、ⅡAは上部腐植土壌（基部）、ⅡBは上部腐植土壌（上～中部）、ⅢAは褐色ローム、ⅢBはグメリアン土壌、ⅢCは褐色ロームである。東ヨーロッパでは、更新世後期の最終氷期に相当するヴァルダイスキー氷期は、二つの亜氷期とその間に挟まる亜間氷期（温暖期）に区分され、一般にヴァルダイスキー前期（シベリアではズィリヤンスキー氷期）、同中期（同じくカルギンスキー間氷期）、同後期（同じくサルタンスキー氷期）と呼ばれているが、アニコーヴィッチの表は、およそ同中期、同後期に相当する。また、それぞれはさらに細分が進み、そのヴァルダイスキー中期も、短い寒冷期をもって前後に二分され、前期をグラジュダンスキー（カシン）間氷期（温暖期）と後期をドゥナエフスキー間氷期（ベリチコの言うブリャンスキー土壌期）と呼ばれる。また、ヴァルダイスキー後期についても、間に腐植土壌が発達する温暖期を境に前半部と後半部に分けられるが、温暖期直後、激しい凍結擾乱作用などの痕跡が残される寒冷で氷床がもっとも発達した極相期（LGM）が出現し、その極相期には、氷河南限がスモレンスク市の北、およそ北緯54～55°に達する一方、その南のロシア平原は強い周氷河気候下に置かれていたとされる。

　長い間、東ヨーロッパの後期旧石器時代前期は、ヴァルダイスキー中期、ドゥナエフスキー温暖期（ブリャンスキー土壌期）のみが関係すると考えられていたが、その始まりがヴァルダイスキーの開始期にまで及ぶことが、層位学的にも、放射性炭素測定年代からも確かめられている（Sinitsyn et al. 1997、Anikovich 2005）。後期旧石器時代前期に位置する石器群の問題は、後にあらためて触れる。

　なお表には、参考までに、過去1～5万年前のグリーンランド氷床コアにおける酸素同位体組

成と北大西洋海底コアにおける浮遊性有孔虫の量比変化から導き出された気温変動のグラフを併記した。本地域の古環境を推理するのにもっとも重要と考えられるからであるが、藤井理行論文「最終氷期における気温変動」から借用したものである（藤井 1998）。ただし、旧石器編年表にあわせて一部改編した。

　グリーンランド氷床コアにおける酸素同位体の解析の結果、過去25万年間に24の急激な温暖化と急速な寒冷化のサイクルを含むことが、W.ダンスガードによって示されたことはよく知られている。しかも、その温暖化の引き金が氷山群の流出にあったらしいことが、北大西洋の海底堆積物の解析を通して明かされ、それぞれ発見者の名に因んで「ダンスガード−エシュガー・サイクル（Dansgaard-Oeschger cycle）」、「ハインリッヒイベント（Heinrich event）」と呼ばれている。表中のHL1〜HL5、それぞれの年代は、後の研究で、HL1が1.45万年前、HL2が2.05万年前、HL3が2.34万年前、HL4が3.18万年前、HL5が4.195万年前と示されている。その変動サイクルや年代判定については、表中にもある浮遊性有孔虫の量比変動との比較や、南極氷床をはじめとした他地域でのボーリング試料との相関性の解析など、いくつもの検証が積み重ねられ、これまでにも増して精度が高まっていると見られている。

　ちなみに、氷期区分での名称に代わって深海底堆積物中の有孔虫化石の酸素同位体比による大別されたステージ（MIS）が呼称として用いられることが多いが、アニコーヴィッチのⅠがMIS 3、ⅡがMIS 2、ⅢがMIS 1にほぼ相当するであろう。

　一方、大気中の二酸化炭素（CO_2）に含まれる^{14}Cは、中性子が大気中の窒素（^{14}N）の原子核と核反応を起こして生成され、安定同位体の^{12}C、^{13}Cとともに植物をはじめとした生命体に取り込まれるが、死後、不安定な放射性の^{14}Cのみ半減期5730年の速度をもって自然崩壊することから、放射線炭素（^{14}C）法による年代決定は、その特性を利用し、遺跡から発掘された炭や貝殻などをもとに^{14}Cの残量を測定し、経過年数、すなわち遺跡や遺物の年代が算定される、という仕組みである。これまでは、外界の影響を被ることなく、放射性炭素の崩壊は常に一定の割合で規則的に進行するとされ、AMS法など試料の微量での測定能力も飛躍的に高められ、絶対年代を知りうる極めて信頼性の高い年代決定法として広く用いられてきた。しかし、近年の研究で、太陽活動や地磁気の強度などに関係して中性子の入射頻度が一定しておらず、時代や地域によって大きな変動があることも明らかにされ、新たな課題に直面している。測定された放射性炭素年代と較正暦年代（cal. BP）とには、古いところで3,000〜5,000年ほどの大きなずれが知られており、暦年にあわせて補正する手立てや国際基準なども設けられている。

　日本でも、新たな較正暦年代をもって統一すべきとの考えが強まっているが、なお少なからずの課題を残していることも知られる（尾嵜 2012）。両者の混用こそは避けなければならないが、アニコーヴィッチの氷期区分、およびそこに示された年代は、較正された値ではない。追加した他地域の編年表での位置づけ、年代も同様である。較正暦年代が有する問題点もさることながら、ロシアの考古学では、較正年代の使用がなお一般化していないという事情もあり、ここではそれに従った。

　表で明らかなように、アニコーヴィッチ、藤井論文ともに、過去1〜5万年の期間を扱ってい

る点で共通しており、年代値をおおよそ照応させたが、詳細には一致していない。もちろん、アニコーヴィッチの年代区分では、例えば、後氷期直前にあらわれたとされる寒冷な「ヤンガードリアス（YD）期」の区分にまでは至っていないし、氷床コアの解析などから明らかにされている1000年ほどを単位として進行するらしい急速な温暖化と緩やかな寒冷化のサイクルを充分に示すものではなく、従来の大きな氷期区分がそのまま踏襲されている。また、始まりと終わりをおよそ近づけたが、その間の年代値は微妙にずれている。言い換えれば、氷床コアから解析された気温の変化曲線については、詳細な年縞の累積から算出された、まさに較正暦年代を示し、遺跡・文化層にかかわる年代は未較正の放射性炭素年代値がそのまま示されている、とみなすこともできよう。ちなみに、考古学で用いる較正暦年代（cal. BP）が西暦1950年を起算とするが、氷床コアのそれでは西暦2000年であり、微少の違いも含む。

　これまで、人類史と気候変動とのかかわりで、重要な変換点のひとつと考えられてきたのが、最終氷期におけるもっとも厳しい寒冷気候下におかれた「最盛期（極相期、LGM）」の取り扱いであるが、アニコーヴィッチ編年では1万8000〜2万年前と明記されているのに対し、気温変動グラフから読み取れるのは2万1000年前〜と、年代的なずれが認められよう。先述したとおり、ずれをそのまま残したが、人類が、最終氷期の時代に、めまぐるしく移り変わる気候環境に立ち向かいながら、やがて極寒地域に足を踏み入れ、それまでの歴史に例のないユニークな社会と文化を築き上げた事実に、変わることはない。近年の考古学的成果は、「LGM」の前に「マンモスハンターの文化」を成立させ、「LGM」を通して発展させ、しかも生活圏を飛躍的に拡大させていたという展開を物語っている。

3. 寒さを味方にした人びと——マンモスハンターの文化の成立と展開

　図8は、かつてはその大半がソ連邦域に属していた東ヨーロッパ東部、黒海に流れ注ぐドン河、ドニエプル・デスナー河の流域、黒海北岸に分布する後期旧石器時代の遺跡群を示したものである。大規模な遺跡が集まる世界的な遺跡密集地のひとつであるが、ドン河がアゾフ海の北西岸に流れこむ下流域に近いアンヴロシーエフカ遺跡（1）、中・下流域に位置するコスチョンキ1〜21遺跡（5）、ガガーリノ遺跡（6）、ドニエプル河本流とそれに流れ込むデスナー川などの支流域に点在するアヴジェーエヴォ遺跡（9）、ゴンツィ遺跡（10）、メジリチ遺跡（12）、ドブラニチェフカ遺跡（13）、キリーロフスカヤ遺跡（22）、メジン遺跡（14）、プシュカリ1遺跡（16）、ホトィレヴォ遺跡（19）、ユージノヴォ遺跡（20）、エリセーエヴィッチ1・2遺跡（21）、そしてロシア平原南部・南西部平原に位置するモロドヴァ遺跡群（27）、ロシア平原北東部に位置するスンギール遺跡（8）、ザライスク遺跡（2）などがとりわけよく知られていよう。また、ここでは図示できなかったが、スンギール遺跡の東部、ウラル山脈の西麓に洞窟絵画で知られるカポヴァヤ洞穴などもある。

　関連して図には、同じ時代のチェコを代表するドナウ河流域のパブロフ遺跡（31）やドルニ・ヴェストニッツェ1・2遺跡（32）、ストランスカ・スカラー1〜3・3a遺跡（33）、プッシェド

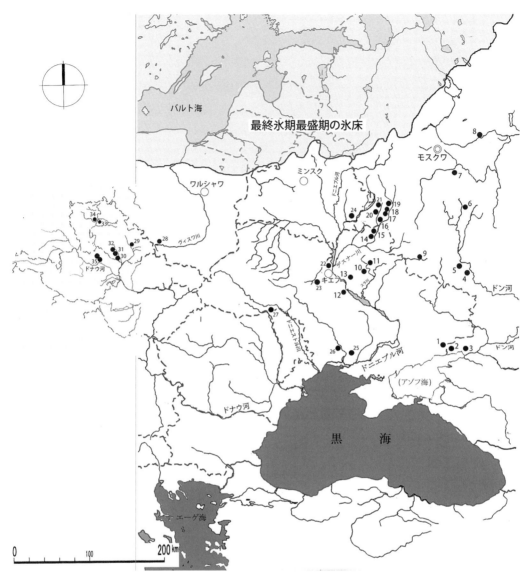

図8 ドン河，ドニエプル河本流・デスナー川支流域，ドニエストル川，ドナウ河流域に広がる後期旧石器時代の主な遺跡図

モスチ遺跡（29）。ペカルナ洞穴（33）、オーストリアのヴィッレンドルフ1・2遺跡（35）、ポーランドのクラコウ・スパジスタ遺跡（28）などもあわせ表記した。

およそ2万年前の最終氷期が最盛期（LGM）を迎える頃、大陸氷床（北ユーラシア氷床）が、スカンジナヴィア半島全域を覆い、バルト海を越えて南下、拡大していたこと、さらにはウラル山脈を迂回するように極北を東進し、西シベリアにまで達し、エニセイ河口を塞いでいたらしいことも知られている（Praslov 1984a）。その広がりの一部を図示したが、注目すべきは、後期旧石器時代早々に、氷床の迫りくる北の大地に人びとが進出していた事実である。

北緯65度のヴィゾヴァーヤ遺跡進出への橋頭保であったのであろうか、北緯55度にスンギー

ル遺跡がある。集落にも匹敵する規模の大きな遺跡には、人びとの盛んな狩猟活動など生活の痕跡とともに、あの世の世界を語る類い稀な墓が残されていた。

また、紙数の都合で多くの解説をすることはできないが、極限の寒さの故か、はたまた降雪をも吹き飛ばす強力な風のためか、ついに大陸氷床が発達することを許さなかった、まさに酷寒の大地、シベリアの極北地域にまで人びとが進出し、足跡を残している。ビョリョリョフ遺跡、そしてヤナRHS遺跡である（図1参照）。

ところで、この時代の集落が特徴的な分布を示す南のロシア平原の遺跡からは、他を圧倒するほどの豊富な遺構や遺物が得られており、しかも極めてよく似た文化的様相を呈している。高度な物質文化と技術を保有していたことはもちろんであるが、豊かな精神文化を開花させていたことも読み解くことができよう。

とりわけ、大量のコスチ（骨）があちこちの場所から顔を出すことからその村名（コスチョンキ）にまでなった、またロシア建国の祖・ピョートル大帝がその由来を解明するために調査を命じたことなどでも知られるコスチョンキ遺跡群が、長い研究の歴史を経て、この地の後期旧石器文化研究の基準を提供している。それ故、「コスチョンキ・ボルシェヴォ文化」、「コスチョンキ・アヴジェーエヴォ文化」、「コスチョンキ・ストレリェーツク（コスチョンキ6）文化」、「コスチョンキ・スンギール文化」、時に、中部ヨーロッパのチェコの同様の石器文化をも一括した「コスチョンキ・パヴロフ文化」など、コスチョンキの名を冠して様々に呼称されている。「東グラヴェット文化」と総称されることもある。

マンモス、そしてマンモスハンターの文化

およそ5～1万年前のわれわれの遠い祖先たちが、マンモス自身やその棲息の様子、クセなどを十分に熟知していたことは間違いない。マンモスを捕獲し、その骨や牙もよく利用し、しばしばマンモスの絵や像を表現していたからである。しかしその後は、人々の記憶から忘れ去られる。極北の人々の間で、地下に棲み、時折、悪さをする巨大なモグラという幻想的な伝説上の動物として生き続けたことを除いてである。

ピョートル大帝時代の1730年、V.タチーシチェフが、伝説の誤りを指摘し、シベリア北部に毛のはえた象が棲息していたことを初めて主張した。1902年には、E.フイッツェンマイヤーらがベリョゾフカ川流域で成獣の冷凍マンモスほぼ1頭分の回収に成功し、その後の相次ぐ冷凍マンモスの発見と科学的研究のおかげで、絶滅動物にもかかわらず現生する動物と同じくらい、風貌、骨格の特徴、生態などが詳しく調べられている。近年では、遺伝子研究の分野でも急速な進展を遂げている。

成獣で、背丈がおよそ3.5m、重さ6tほどになる。毛むくじゃらの巨体が印象的で、肩甲骨や脇、太もも、腹部に1m以上のスカート、不揃いの黄色がかった褐色の長毛が垂れ下がる。長毛の下には緩くカールした長さ1cmほどの短い柔毛が覆い、断熱効果をあげていた。毛で覆われた鼻、上や内側に曲がった牙、濃い毛で覆われた大きくない耳をもつ巨大な頭は、短い首の上にのる。柱状の足は、成獣で太さ35～50cmにもなる。門歯にあたる牙は、新生時で3～4cm、成獣の

オスで長さ4〜4.5m、付け根の直径20cmほど、重さ100〜120kgにまで成長する。一生に6個の臼歯が水平交換を繰り返す。新旧の歯がうまく交替せず、そのために絶命したものもいる。マンモスの骨格は、頸椎7個、胸椎20個、仙椎5個、尾椎18〜21個、広い肋骨19〜20対など250個の骨から成る。

マンモスは、毎年300〜400kgのやわらかいエサが必要で、夏季に豊富な草が茂るツンドラステップ地域へ進出し、冬季には南の谷間、おそらくはヘラジカが棲む冠水草地で通行困難な森林のある場所へと後退したとみられている。ケサイやトナカイ、バイソン、ウマ、ホラアナライオン、ホッキョクギツネ、クズリなどと共棲し、広くヨーロッパ、コーカサス、クリミア、ウラル、シベリア、極東、アラスカ、さらに北海道の高原や広い谷間のある山間部に棲息した。

後に触れるが、人類による大量殺戮によって絶滅したという説もあるが、シベリアの考古学による限り、自然環境の大きな変化、すなわち氷河時代の終末に関係しているとみるのが妥当であろう。1〜1.3万年前のことである。

中期旧石器時代のネアンデルタール人が、マンモスの骨格を利用した例はしばしば報告されているが、狩りの主要な対象動物とみなすには証拠に乏しい。マンモスとの深いかかわりを有するようになるのは、後期旧石器時代のホモ・サピエンスの段階になってであり、東ヨーロッパやシベリアに「マンモスハンター」のユニークな世界が繰り広げられていく。

時に勇壮な狩りも行われていたのであろうか。マンモス狩りの確かな証拠も残されている。また、旧石器時代の人びとが、わな猟や追い込み猟を行っていたことは認めてよさそうである。わなの中に閉じ込められたマンモスを思わせる貴重な旧石器時代の絵が残されている。また、冷凍マンモスについて、その多くが、大きくえぐられた永久凍土の崖上や薄くなった湖・川の氷上から落下・沈下し、今日にまで冷凍保存されることとなったという説が有力であるが、そのような光景を目の当たりにした人類が、生活の知恵を働かせたとしても何ら不思議ではなかろう。

さて、世界の後期旧石器時代を代表する遺跡群のひとつ、コスチョンキ（1〜21）・ボルシェヴォ（1〜4）遺跡群は、モスクワ南方の丘陵に水源を発し、南に流れをとりながらやがてアゾフ海に注ぐドン河の中流域、その西岸に位置する（Praslov et al. 1982）。ボロネージ市の南方40km、コスチョンキ村、アレクサンドロフカ村、ボルシェヴォ村にかけてのおよそ6kmの間に主だった遺跡25箇所が集中分布する。白亜紀の基盤が時々むき出しになる複雑な地形の上に風積土のレスが厚く堆積し、いわゆるロシア平原を作り出しているが、流域に沿っては、その流れに直交し、東に口を開く深くて小さな谷（バルカ）が幾重にも連なり、遺跡群は、それらの谷間の斜面や段丘上に立地する。とりわけ、コスチョンキ村の3本の河谷に半数以上の遺跡が集中し、しかも拠点的な大規模遺跡が数多く含まれていた。

コスチョンキ村が17世紀末〜18世紀初頭にかけて人びとの注目を集め始めてはいたものの、遺跡として正式に確認され、調査が開始されるのは半世紀も経ってからのことである。その先駆けをなしたのが、コスチョンキ1（ポリャノフカ）遺跡である（口絵5参照）。1879年、I.S.ポリャコフによって発見され、A.I.ケリシェフ（1881年）、N.I.クリシュタホヴィッチ（1904年）、S.A.クルコフスキー（1915年）、S.N.ザミャーチン（1920年）、P.P.エフィメンコ（1923、1931

第Ⅱ部　酷寒に挑む旧石器時代の人びとと技

図9　コスチョンキ1遺跡の発掘区（A）と1号・2号住居コンプレックス（B）（a・1号、b・2号）
（A：E.Girja 提供，B-1号：Rogachev 1970より，B-2号：Sinitsin et al. 1997に加筆）

〜1936年）、A.N. ロガチェフ（1938、1948〜1983年）、N.D. プラスロフ（1984〜1994年）らによる調査が続き、2004年以降は、これまでの伝統を引き継ぎ、サンクト・ペテルブルグの物質文化史研究所、M.V. アニコーヴィッチが担当している。そうそうたる顔触れの研究者たちによって脈々と受け継がれてきた調査は、ロシアの後期旧石器文化の研究を牽引してきたと言っても、言い過ぎではなかろう。なお、1922年以降、1976年までのコスチョンキ遺跡群の調査・研

150

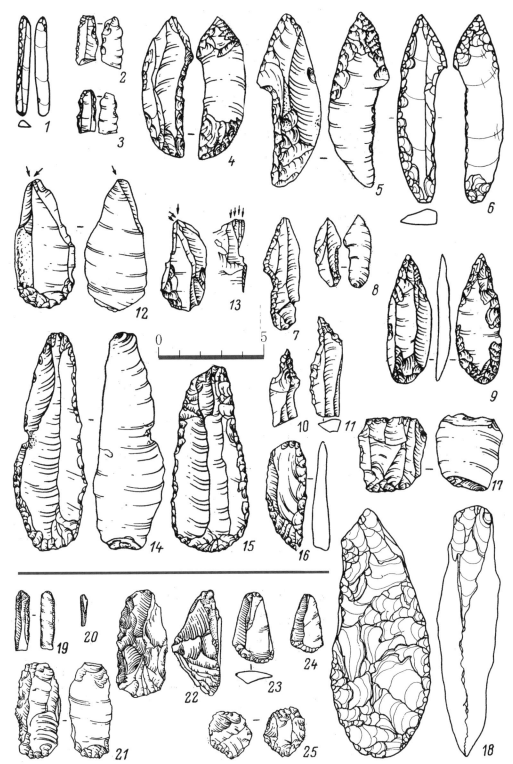

図10　コスチョンキI遺跡文化層I（1〜18）・文化層II（19〜25）（Praslov et al. 1982, 1・6・18のみ筆者実測）
1〜3・19・20. 細石刃, 4〜9. 尖頭器, 10・11. 石錐, 12・13. 彫器, 14・15・23〜25. 掻器, 16・21. 削器, 17. のみ状石器, 18. 両面加工石核ブランク（ギガンツキー）

第Ⅱ部　酷寒に挑む旧石器時代の人びとと技

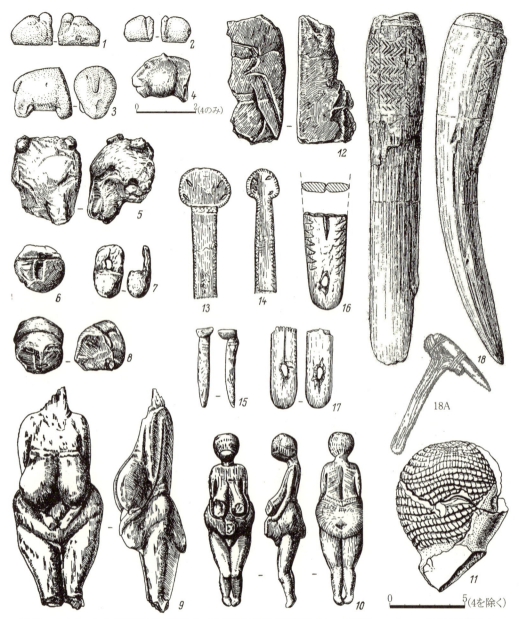

図11　コスチョンキ1遺跡文化層Ⅰ出土の象牙製女性像・動物像などの工芸品（18Aは、18の使用法推定図）（1〜6・8・11・12. 泥灰岩，他は牙製：1〜17. Rogachev et al. 1982, 18・18A. Efimenko 1953）

究史については、E. ヴェキローヴァに詳しい（Vekilova 1977）。

　これまでの研究によると、コスチョンキ1遺跡では、細かくは5つの文化層、また大きくはおよそ3つの文化層群に分かれることが示されているが、あわせて放射性炭素法による年代測定が詳細に行われ、遺跡での活動がおよそ3.3万〜2万年前という長期に及ぶもので、しかもマンモスハンターによる本格的な活動がその開始期よりもひと足遅れた2.5〜2.6万年前以降のこととみなされている（Amirkhanov et al. 1998; Anikovich 1998; Sinitsin et al.1997; Anikovich 2005）。

　図9-Bは、コスチョンキ1遺跡第1文化層から発掘された2つの住居コンプレックスであるが、

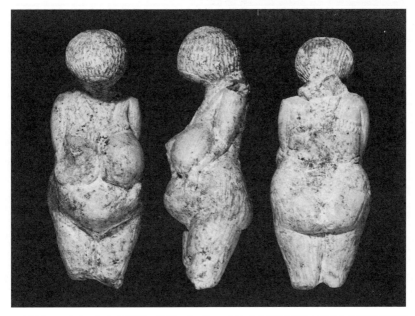

図12　コスチョンキ1遺跡・住居コンプレックス2の発掘風景と出土した石製女性像
　　　（筆者撮影）

　長径およそ35m、短径15〜16mの1号コンプレックスは、当初、巨大なロングハウスと想定されたことでよく知られている。床面をいくらか高くした敷地に半地下式の竪穴遺構が周囲を楕円形にめぐり、9つの炉がおよそ中心軸に沿って並ぶ様子から想定復原されたものであるが、瓜二つとも言える同じような構造物が隣接して存在していたことが、その後の調査で突き止められている。それぞれが、上屋でつながる2軒の住居（ロングハウス、大型共同体家屋）とみなす考えに少々無理はあるが、中央の炉、広場を中心に小さなマンモス骨格製住居、あるいは貯蔵穴などが周囲に配置される複合的施設として、およそ同じ時期に、共通の構想をもって設営、経営されていたものであることは間違いなかろう。
　図の左の2号住居コンプレックスの場合、ロシア文字のА〜Иが半地下式住居と推定されている。関連して、住居コンプレックス内の竪穴、炉、生活面から集められた炭や骨をもとに、数多くの放射性炭素による年代測定が行われ、19,500〜24,000年前の各種の年代が報告されている。

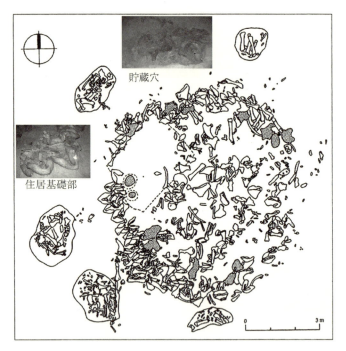

図13 コスチョンキ11遺跡出土の住居・貯穴
(Rogachev and Popov 1982：写真は筆者撮影)

試料の採集地点（平面位置）と測定年代を図中に記したが、その年代値による限り、比較的近似しているものの、全体の施設利用がかなりの長期に及んでいたことも理解される。その間、施設群の全体が出来上がった後に、長期滞留した結果であるのか、あるいは一つ一つの施設の構築、使用、増築が順次行われ、長期に及んだ結果として平面図にあるような全体構造が残されることになったのか、そのいずれかであろうが、即断できる状況にはない。後者により可能性が高いと推察するが、集団規模の大きさとともに、遺跡での空間利用に社会的合意が形成されていたことについては異論がなかろう。

　これら住居コンプレックスを残した人びとが製作・使用していた石器インダストリー（石器群）は、尖頭器（図10-4～9）、彫器（同-12・13）、掻器（同-14・15）、削器（同-16）、石錐（同-10・11）、細石刃（同-1～3）など、石刃技法、細石刃技法の著しい発達でよく知られている。この他、特徴的なのみ状石器（同-17）もみられる。なかでも、槍の先端に装着するためか、細かな二次加工によって基部の片側縁が抉られた有肩尖頭器（同-4～8）は、「コスチョンキ型」ポイントと呼ばれ、時代や文化の帰属を決める大きな指標となっている。また、しばしばギガンツキィーと呼ばれる図10-18の斧のような形をした両面加工石器は、使用痕分析の研究から、長距離移動での持ち運びに適うよう作られた石核と見られている（Girya and Bladley 1998）。さらに、コスチョンキ文化の名を世界的に高めたのは、何よりも芸術性溢れた骨（牙）器インダストリーであろう。女性像（図11-9～10、図12、口絵7-5～7）や動物の小像、柄や頭部に幾何学的模様が施されたツルハシ状骨器（図11-18）、指揮棒、篦状骨器（同-13～14、口絵7-2）、紡錘状の道具、尖頭器（口絵7-1）、針、錐など、マンモスの牙やトナカイの角で作られた多種多様な遺物が発見されている（Efimenko 1958; Praslov et al. 1982）。もちろん女性像や動物小像については、マンモス牙製の他、泥灰岩、凍石など加工しやすい石で作られた例（同-1～5、図12-下、口絵7-9・11）もあり、頭部片のみで高さ10cmを測る「巨大」な像（図11-11）も含まれている。

　1960～1965年に発掘調査が行われたコスチョンキ11（アノソフカ2）遺跡の第1a層から、径9mほどの円形の範囲にマンモスの骨や牙の集積する住居址が発見されている（図13、

Rogachev and Popov 1982)。外周を縁取るようにマンモスの下顎骨が重なりあい、その内部をマンモスの四肢骨や肩甲骨、寛骨、頭骨片、牙などが埋める。あわせて 36 個体分の下顎骨と、563 点のマンモスの牙・骨が数えられている。後世の撹乱により北西部の一部が破壊されていること、この住居址が大きなパビリオン（博物館）の中にそのまま現状保存されるに至ったことで、最終的な数量は把握されておらず、ここでの数字が最低数を示しているに過ぎない。

　下顎骨は住居の基礎部で、内部の不規則な集積は上屋構造が崩れ落ちたものと推定されている。当時の生活面からは、弱く焼成を受けた炉らしきもの、焼けた骨の灰がびっしりと詰まっていた径 30cm ほどの小さな穴、灰の集積が検出され、あわせて 6kg 以上の炭が集められている。骨が燃料として使われていたことも理解できよう。さらにここでは、5 個の小さな竪穴が住居址を取り囲むように作られていた。住居址の西側には 3 個が並び、いずれも楕円形を呈する。大きいもので、径 2.2 × 1.3m を測る。長軸方向を丘陵の先端方向に合わせ作られ、しかも多数のマンモスの牙や骨などが内部から出土している。食料や建築材、道具の素材などが保管される貯蔵穴として利用されていた、と考えられている。

　N．ヴェレシチャーギンと I．クズィミナによると、1a 層においては、あわせてマンモス 60 個体、763 点、オオカミ 1 個体、5 点、トナカイ 1 個体、2 点、ウサギ 1 個体、2 点、ホッキョクギツネ 2 点などが同定されている（Vereshchagin and Kuzjmina 1977, p.105）。遺跡には、1a 層の上に 1b 層、下位に 2・4・5 層と、重層する文化層が確認されているが、動物遺存体の出土は、ほぼ 1b 層、1a 層、2 層に限られ、しかも住居址・貯蔵穴の作られた 1a 層に集中している。

　コスチョンキ 11 遺跡 1a 層は、層位的にも、放射性炭素測定年代からも、最終氷期の最盛期（LGM）に編年されており、この厳しい環境の中で、マンモスの捕獲、マンモスの骨や牙の利用、マンモス骨格住居の建設など、マンモスとの関わりをいっそう深めていたことが、あらためて理解される。まさに、マンモスハンターの文化の開花と呼ぶにふさわしい。

　なお、文化層 Ia 層からは、あわせて 12,245 点のフリント製石器・剝片類が集められ、そのうち石核が 263 点、搔器や削器、尖頭器など道具類が 412 点、石刃が 566 点、細石刃が 744 点、剝片・砕片 9,517 点が数えられている。その他、900 点ほどのフリント石塊の出土も報告されている。石器インダストリーの特徴は、石刃技法、そして細石刃技法の発達、特に細石刃の比重の高さに示されており、コスチョンキ石器群の中でもコスチョンキ 1 遺跡第 I 文化層の石器群よりさらに進んだ段階にあることが理解され、層位学的編年ともよく符合している。

　この他、コスチョンキ 2（ザミャチナ）遺跡の第 2 号遺構のように、長さ 14m、幅 1.5 ～ 1.7m の帯状の範囲にマンモスの骨が集中して発見された例もある（Boriskovskij 1963）。わずかにケサイの歯片と野馬、ホッキョクギツネの骨それぞれ 1 点、オオカミの骨 2 点が数えられている以外は、厚さ 20 ～ 25cm におよぶ骨の集積のすべてがマンモス（少なくとも 28 個体以上）からなっていた。直線状に並ぶ炉址も確認されており、居住に関係するとみられている。同じような楕円形の範囲に見られる骨などの集積と、直線状に並ぶ炉址群という構造を有する例は、コスチョンキ 4（アレクサンドロフスカヤ）遺跡でも知られている（図 14A、Rogachev 1955）。13m 隔てた 2 つの住居址のうち、北の例は、長さ 23m、幅 5.5 m、深さ 0.3m、中央に直線状に並

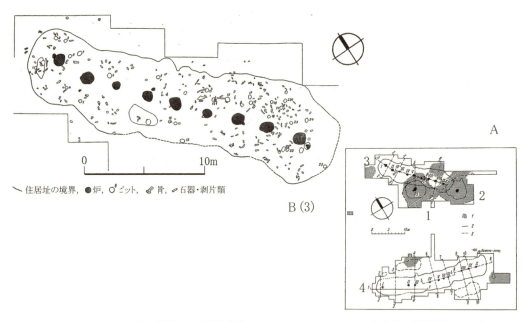

図14 コスチョンキ4遺跡で発掘された住居址群（A：上層：1・2号，下層：3・4号）と第3号住居址（B）（Rogachev 1955）

ぶ9基の炉址、貯蔵穴が確認されており、基底部には溝がめぐる、という（図14-B）。南の例は、長さ34m、幅5.6mほどで、深さ0.3〜0.4m、周囲に50〜90cm幅で高さ40〜50cmの屋根の基底部の土堤が築かれていたとされる。規則的に並ぶ炉址を考慮し、チュームタイプの円形住居（簡易式テント）が結合した「長屋式住居」とみなされているが、コスチョンキ1遺跡の「大型住居」ともども、住居の上部構造やその詳細な形成過程についてなお未解明な点も少なくない。

ちなみにこの時期、北方150〜250kmのポーランド産フリントや西方のスロヴァキアのジオライト、東方の貝化石（第三紀層）製のビーズや垂飾、その他コハク製品など外来産石材・素材が80％以上を占め、構造的な住居を設営しつつも、「長距離利用開発網」を組み込んだ季節的居住を基本としていた有力な証拠のひとつとされている（Soffer 1985a）。

4. マンモスの骨格住居とマンモスの絶滅問題

マンモスをはじめ、トナカイ、ヘラジカ、オオツノジカ、バイソン、ウマ、ヒグマ、オオカミ、ケサイ、ホッキョクギツネ、ウサギ、レミングなど広くマンモス動物群を狩猟対象としていた人びとは、しばしば「マンモスハンター」と呼ばれるが、その名にふさわしい遺跡が、コスチョンキ・ボルシェヴォ遺跡群の隣接地域にも集中して確認されている。

大量のマンモスなどの骨が出土する様相は、これまでにも増して明瞭で、マンモスが生活の資源として欠かすことのできないものであったことは疑いない。マンモスの頭骨や肩甲骨、下顎骨、牙などで基礎・骨組が作られたコスチョンキ11a遺跡の例に勝るとも劣らぬ典型的な円形・楕円形の住居址が、メジリチ遺跡やメジン遺跡、さらにはゴンツィ遺跡、ドブラニチェフカ遺跡、ユ

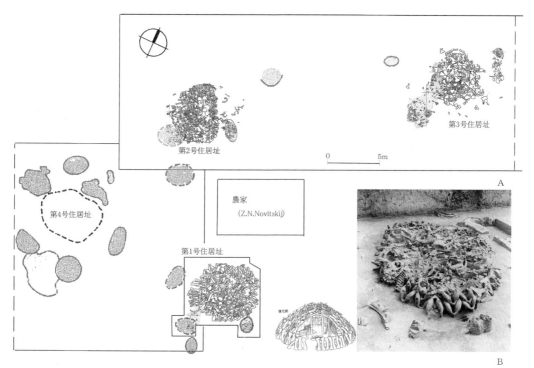

図15　メジリチ遺跡の発掘区と発掘されたマンモス骨格住居址群（A：Pidoplichiko 1976より作成）、**及び1号住居址の出土状況**（B：写真・N.コルニェッツ提供）**と復原想定図**

ージノヴォ遺跡など多くの遺跡で報告されている。マンモスの骨や牙の利用はそれほどではないが、確かな類例は、チェコのドルニ・ヴェストニッツェ遺跡、パブロフ遺跡などでも知られている。

　なかでも、屋根が崩れ落ちた程度に、極めて良く原形をとどめたマンモス骨格製住居址がメジリチ遺跡とメジン遺跡で詳細に調査された。

　メジリチ遺跡（北緯49°38′、東経31°24′）では、およそ円形に並ぶ下顎の配列などから直径6.5 mの円形・ドーム状の第1号住居址が発掘され、キエフの古生物学博物館内に復原展示されている（図15、口絵7-A）。その後同じような住居址が3基発見され、なお1基以上の存在が推定されている。床面積24㎡の1号住居址で、頭蓋骨が46個（9,200kg）、下顎骨が95個（1,729kg）、歯が10個（50kg）、牙が40個（8,000kg）など406点、総重量およそ20.6 t、同じく20㎡の2号住居址で、頭蓋骨が34個（6,800kg）、下顎骨が2個（36.4kg）、歯が13個（65kg）、牙が41個（8,400kg）など658点、総重量18.6 t、12㎡（推定）の3号住居址で、頭蓋骨が17個（3,400kg）、下顎骨が12個（218.4kg）、歯が21個（110kg）、牙が11個（2,200kg）など629点、総重量8.5 t、途中経過ながら27㎡の4号住居址で頭蓋骨40点（8,000kg）、下顎骨11点（200.2kg）、牙が35点（7,000kg）など155点、1.58 tを数えたという（Soffer 1985a）。

　放射性炭素測定年代によって18,000〜19,000年前の測定値も示されているが、集落は14,000〜15,000年前を中心に営まれていたものとみなされている。

　また、これよりひと足早く、発掘面積およそ1.200㎡（1954年300㎡、1954-56年900㎡）の範囲で、住居址、骨の貯蔵用竪穴、屋外炉址、石器製作のための作業場などおよそ集落の全体像が

第Ⅱ部　酷寒に挑む旧石器時代の人びとと技

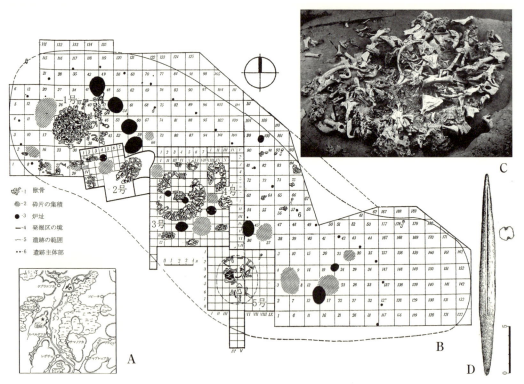

図16　メジン遺跡（A）と発掘された集落（B：Bibikov 1981）、及び1号住居址の出土状況（C：写真はキエフ考古学研究所提供）、と出土した骨製植刃尖頭器（D：Efimenko 1953）

　究明された例が、メジン遺跡（図16）である。北緯51°45′、東経33°05′に位置する。製作法で注目される、幾何学模様の施されたマンモス牙製の腕輪（口絵1-1）が発見された遺跡でもある。径6～7mほどの大きな円形の住居址が2基、後の解体に見舞われ、ほとんど旧状を失っているものの炉やフリントの作業場、貯蔵穴の様子からほぼ同規模とみられている住居址が1基、長径4m弱、幅2mの小型、楕円形の住居址が2基、あわせて5基の住居址が直線状に並ぶ。特に詳しく調べられた1号住居址では、300個以上、重量にして2.5～3tの動物骨が数えられているが、うちマンモスが273個と、大半を占めている。骨の出土位置、形状など発掘の際の入念な観察、その場で繰り返し試みられた復原実験により、東南に入り口をもつ半ドーム状住居、「ヤランガ」型住居が初めて復原された。

　住居の中からは、フリント製の石器や剥片、骨角器多数が出土しているが、彩色・文様、そして敲打痕の残るマンモスの肩甲骨などが「楽器」とみなされ、演奏され、その音色が現代に甦った話はあまりにも有名である（Bibikov 1981；ビビコフ 1985）。

　ちなみに、遺跡全体での動物骨は、マンモスが3,486点（116個体）、ケサイ17点（3個体）、ウマ659点（63個体）、ジャコウウシ188点（17個体）、バイソン19点（5個体）、オオツノジカ1点（1個体）、トナカイ443点（83個体）、褐色グマ35点（7個体）、クズリ28点（5個体）、オオカミ（家畜化された犬の存在も考慮）1,004点（59個体）、イヌ1点（1個体）、ホッキョク

ギツネ 1,826 点（112 個体）、ノウサギ 37 点（11 個体）、ステップマーモット 5 点（4 個体）、ライチョウ 14 点（7 個体）、レミング 291 点（56 個体）など 8,000 点、550 体以上の動物骨が集められている中で、ここでもマンモスが半数近くを占め、次いでホッキョクギツネ、ウマ、トナカイの多いのが注目される（Pidplichko 1969, p.82）。

マンモス成獣の 1 本の牙で 50 ～ 60kg の重さがあるというから、これらの量がいかに多いかが分かろう。

放射性炭素測定年代によると、27,500 ± 800 ～ 29,700 ± 800yB.P. の値も示されているが、居住の主体は 21,600 ± 2,200yB.P. 頃が想定されている。いずれにせよメジリチ遺跡の例よりもいくらか古い時期のものとされている。

これらの石器インダストリーは、後期旧石器文化をもっとも特色づける彫器、掻器、錐形石器、ナイフなど石刃石器群に加えて、一方の側縁に急角度の刃潰し加工を施した細石刃の占める割合が目立って高く細石刃技法の発達がここでも理解される。むしろ、基部の片側縁が抉られたコスチョンキ型有肩尖頭器の姿はなく、コスチョンキ 11 遺跡の例と同様、コスチョンキ 1 遺跡第 1 号住居コンプレックスよりもいくらか後出する文化であることは間違いないであろう。

ところで、同じ住居址とされる例についても、そもそもの形状の一部を失った例、あるいは大きく建材が運び出されたためか、詳細な痕跡をとどめていなかった例など、遺跡によって、あるいはそれぞれの遺構ごとに遺存状態は異なっているが、仮にすべての住居をまかなうのに必要な個体数の入手を狩猟によっていたとすると、大量の殺戮が繰り返されていたことを意味しよう。これらは、マンモス絶滅をめぐる「人類の大量殺戮」説の有力な手掛かりとされていたが、メジリチ遺跡でのマンモス骨の年令査定、放射性炭素法による年代測定が行われ、そうした可能性は低まっている。

1 号住居址について「建材」に用いられた骨の年齢が詳しく調べられた結果、子供と若い個体が 80 ～ 85％を占め、老獣のものはいっさい用いられていないなど、年齢構成の不自然な偏りが判明した（Soffer 1985a）。しかも、骨（含む焼骨）による放射性炭素測定年代が、住居 1 号の例で 12,900 ± 200yB.P.、19,280 ± 600yB.P.、そして住居 4 号の例で 14,300 ± 300yB.P.、17,855 ± 950yB.P. と示され、建材（骨）個々の年代が長期におよぶものであることが明らかになり、すでに死亡していた骨や牙の採集も認めざるをえない状況になっている。すなわち、大量殺戮（オーバーキル）説の有力な証拠とされてきたこれらマンモス骨格住居が、人類によるマンモス捕獲を直ちに意味するものでないこととなり、その根拠を失いつつある。

シベリアの後期旧石器時代の遺跡から出土した動物骨を仮に食料とみなし、その構成をみると、図 17 のとおりであり、群棲するトナカイなど、より小型の動物遺存体数がマンモスのそれを上回っている例も少なくなく、この時代、必ずしもマンモスハンティングが生活の主体をなしていたとまでは、言いきれない。マンモス絶滅の主たる原因は、人類の狩猟活動にあったのではなく、地球規模で急激に進行しつつあった温暖化こそが、マンモスを極地へと追いやり、やがて絶滅をもたらした、というのが筆者の辿りついた結論である（木村 2007 他）。

もちろん、発見例こそ少ないが、コスチョンキ 1 遺跡、そして西シベリアのルーゴフスコエ遺

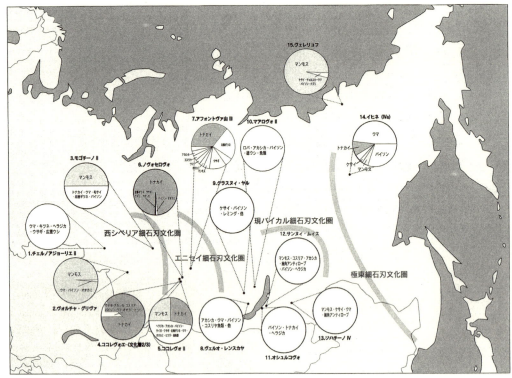

図17　シベリアの細石刃文化の遺跡から出土した動物遺存体

跡において、槍先の一部がマンモスの椎骨などに突き刺さったまま発見された確かな例もあり、後期旧石器時代の人びとがマンモスハンティングを行っていたのは動かし難い事実である。前者はコスチョンキタイプの有肩尖頭器、後者は側縁に細石刃が埋め込まれた組み合わせ道具であるが、特にルーゴフスコエ遺跡例（口絵6）については、後にあらためて紹介する。

　住居址の周辺、時に集落から離れた狩り場の近く？で、骨や牙、歯などが集積する施設、「貯蔵穴」が多数発見されている。食用のための肉塊や様々な道具の素材、あるいは燃料を保存していたものとみなされているが、マンモスが、食料源として、また住居用建材としての貢献ばかりではなく、槍や針などの日常道具、装身具、呪具、楽器などの素材として、さらには燃料をも提供する資源として欠かすことのできないものであったことは、疑いない。

　表3は、マンモスの住居址が集中して発見されている地域のひとつ、南ロシアからウクライナのドニエプル・デスナー河流域において発掘調査された29遺跡のうち、貯蔵穴が検出されている12遺跡について、発見された住居址と「貯蔵穴（ピット）」の規格を一覧にしたものである。イリノイ大学の O. ソーファーが集成した遺構一覧（Soffer 1985a, Tab.2-4）から関係するものを抜粋し、貯蔵穴の容積など一部につき筆者が推算、加筆した。

　ソーファーによると、ドニエプル・デスナー川流域における最終氷期最盛期（LGM）以前、そしてその時代の狩猟は、主に夏期〜初秋の時期に群居性草食獣を対象に行われていた傾向を示し、少なくとも12の遺跡で獲得物を持ち帰り、径1〜2m、深さ1m以内の貯蔵穴に納めていたことが推察されるという。

4. マンモスの骨格住居とマンモスの絶滅問題

表3　ドニエプル・デスナー河流域の遺跡と遺構 (Soffer 1985a, Tab.2-4 より抜粋・加筆)

	マンモス骨格住居		貯蔵穴（住居内）			貯蔵穴(住居外)		
	大きさ m	面積 ㎡	大きさ m	容積㎡	出土遺物	大きさ m	容積 ㎡	出土遺物
Berdyzh	4.0×4.0	< 12.5				1.1×1.6×0.6	* 0.8	
	1.01×5.2	< 45.0				2.4×2.7×0.4?		
Dobranichevka	<4.0×4.0	12.5				2.0×2.0×1.2	3.8	大きな骨
						2.0×2.0×0.9	2.8	
	<4.0×4.0	12.5				2.8×2.0×0.8	3.5	大きな骨
						2.5×2.0×0.8	3.1	大きな骨
						1.6×1.2×0.8	1.2	大きな骨
						2.2×1.8×0.8	2.5	大きな骨
	<4.0×4.0	12.5				2.5×1.7×0.8	2.7	大きな骨
						2.1×1.5×0.8	2	大きな骨
						2.3×1.6×0.8	2.8	大きな骨
						2.3×1.25×0.8	1.8	大きな骨
	<4.0×4.0	12.5				2.0×2.0×0.8?	< 2.5	大きな骨
						2.0×2.0×0.8?	< 2.5	大きな骨
Eliseevichi	?	< 20.0?			加工ある骨	2.6×2.7×0.7	3.9	大きな骨
						2.05×1.3×0.5	0.8	大きな骨
						2.0×1.3×0.5	1.02	大きな骨
						?	?	大きな骨
						1.53×1.0×?	?	加工ある骨
Gontsy	5.0×5.0		0.4×0.4×0.4	0.05	炭化した骨	1.5×1.5×0.75	1.3	大きな骨
		< 20.0?	0.4×0.4×0.1	0.01	炭化した骨	1.2×1.2×?	1	大きな骨
			0.4×0.4×0.1	0.01	炭化した骨	?	?	大きな骨
						2.0×2.0×0.6	1.9	大きな骨
						2.0×2.0×0.6	1.9	大きな骨
Kirilovskya	5.0×	< 20.0						
Mezhirich	< 5.5×5.5	24						
	< 5.0×5.0	20				1.5×1.5×1.4	2.5	
	< 2.0×2.0	12				1.0×1.0×1.4	0.6	
	5.8×4.6	< 20.0						
Mezin	< 5.5×5.5	24				0.5×0.5×1.0	0.2	大きな骨
						2.0×1.5×1.0	2.4	大きな骨
						2.0×2.0×1.0	3.1	大きな骨
						2.3×1.9×1.0	3.4	大きな骨
						2.5×1.5×1.0	2.9	大きな骨
						0.9×0.9×1.0	0.6	大きな骨
	4.0×2.0	8				1.0×0.7×0.65	< 0.5	
	6.0×6.0	28						
	4.0×2.0	8						
	6.0×6.0	28						
Pushkari I	12.0×4.0	< 48.0	0.1×0.2×0.1	0.007				焼骨とフリント
	4.0×4.0	< 12.6				0.25×0.25×0.15	< 0.07	
Radmyshri	3.0×5.0	< 12.5				2.0×2.0×1.0	< 3.14	大きな骨
	3.0×5.0	< 12.5						
	4.0×3.0	< 10.0						
	4.0×3.0	< 10.0						
	4.0×3.0	< 10.0						
	4.0×4.0	< 12.5						
Suponevo	5.5×5.5?	< 23.76				1.0×1.0×0.95	0.8	
	5.0×7.0?	< 27.50						
Timonovka II						0.1×0.1×0.1	0.0007	マンモス頭骨
						2.0×2.0×0.7	2.2	
						0.6×1.0×0.6	0.3	
Yudinovo	10.0×17.0	44.0?						
	5.0×7.5	< 20.0						
	5.0×6.0	< 24.0						
	5.0×6.0	20-30						

12個と、もっとも数多くの貯蔵穴が発見されたドブラニチェフカ遺跡の場合、遺跡が、寒冷期のベースキャンプで、主に寒冷期9ヶ月の使用とみなされている。当然ながら、温暖期のベースキャンプも存在するが、年間通しての完全な定住例はなく、言わば、限定的な年間居住であるという。しかし一方、長距離の季節的離合集散は認められないともされる。

一般に、貯蔵穴は、永久凍土の夏期融氷層中に設けられ、検出されたその数は1〜12個と遺跡によって多様な様相を呈している。筆者の推算になるが、貯蔵穴の総容積はピットの多いドブラニチェフカ遺跡で75㎥を超える。また、ゴンツィ遺跡では3ピットの総容積が10㎥強、コスチョンキ11遺跡の5ピットのそれがおよそ28㎥と推定され、数のみならず、それぞれの規格、収容力に大きな差があるが、調査の進捗状況の違いに加えて、遺跡の機能差、あるいは季節的利用の差を示すものであることは、容易に推察できる。

配置についても、コスチョンキ11遺跡やメジン遺跡でみてきたような住居の周囲をめぐる例がひとつの典型をなしているが、ラドムィシュリ遺跡のように住居と住居の間にあるもの、遺跡中央に位置する例など、やはり多様である。メジン遺跡では、8個のうち6個がマンモス骨格住居の付近に位置する（図16）。

その貯蔵穴は、利用形態から二つのタイプがあるとされている。ひとつのタイプは、上下で骨の遺存状態が違っていたらしいタイプ、すなわち水平に置かれた骨とその上に大きく切り分けられたらしい肉塊が乗るもの、もうひとつのタイプは、雑然と骨が詰まったタイプ、すなわちぎっしり詰まった骨で満たされており、肉の保存と骨の保管が行われたらしいものである。

ここで詳述することはできないが、西に隣接するポーランドのクラコフースパジスタB遺跡では、発掘されたマンモスの骨が少なくとも3時期の集積からなるとみなされている（Kozlowski and Montet-White. 2001）。カズロウスキーらによると、Bトレンチ北東部の第一段階に相当する石器・剝片類の遺物密集度が内部で20／㎡、外部で50／㎡と外部にいくらか多い傾向を示すものの、石器に限ってみると遺構1で道具類10点（有肩尖頭器3点、植刃3点、彫器2点他）、また骨の接合関係から同時期とされた遺構2で道具類17点（有肩尖頭器10〜11点、植刃1点、コスチョンキ型ナイフ3点）と、遺構内での出土量は決して多くはなく、季節移住とみなす理由のひとつとされる。そこでは、顎と歯で175頭分、前足で26〜45頭分、後足で11〜31頭分が数えられており、獲物の4分の1が、近くの狩場から搬

図18　パブロフ遺跡（写真・筆者撮影）と検出された「半地下式住居」（Klima 1977）

入され保管された解体ユニットとみられており、しかも時代とともに肉置き場が拡大する方向にあったという。関連して、モラヴィアでは、ドルニ・ヴェストニッツェ1遺跡やパブロフ1遺跡を好例として同じようなマンモスの骨格による円形住居様遺構が検出されており、しばしばコスチョンキ・パブロフ文化（口絵8）と一括呼称されることについては先述したとおりであるが、恒久的な貯蔵施設の証拠はあげられていない。ただし、B.クリマが、パブロフ1遺跡発見の径2m、深さ80cmの「半地下式住居」として報告したもの（図18）については、その大きさ、そしてマンモスの5本の牙（うちひとつは太さ20cm）や3つの頭部、2つの臼歯、肋骨片、肩甲骨、尺骨、寛骨、トナカイの頭骨、ウマの肩甲骨が竪穴を塞ぐように置かれていた様子から、貯蔵穴の可能性も否定できない（Klima 1977）。ドルニ・ヴェストニッツェ1遺跡の円形住居では、集中度はそれほど高いとは言えないが、顎が48頭分、前足が20〜38頭分、後足が11〜32頭分と数えられている。

　総じて、貯蔵穴が、最終氷期最盛期（LGM）以降、空間的分布を広げ、貯蔵穴自体の容量も拡大する傾向が指摘されているが、極北狩猟民の研究を進めるI.クルプニクは、食料貯蔵を選択する際の変数として気候的制約、適切な食料入手の可能性、資源構成、栄養学的バランス、資源収穫時の時間的制約の有無、移動時の世話に対する貯蔵に含まれる活動コスト、相対的な人口圧、歴史的に纏め上げられた思想的傾向などがあげられるという（Krupnik 1993, pp.241-243）。そのいくつかが組み合わさってのことと理解されるが、いずれにせよ、当時の生産力の高さに加えて、仮に通年での遺跡利用がなかったとしても、およそ1年を通して保存条件に恵まれた周氷河地域の北方ユーラシアにおける資源獲得の諸条件と移動に伴うコストを考慮すると、これら貯蔵穴を備えた集落がほぼ拠点的な役割を果たしていたことは疑いなかろう。

5. マンモス牙製の槍に守られた少年・少女たち

(1) スンギール遺跡の後期旧石器時代の墓と人骨

　氷河時代の最中、マンモスハンターたちが酷寒の極北の地を目指したことを物語る確かな証拠が残されている。それはまた、本書第Ⅰ部の原著者たち、フロパーチェフとギリヤが後期旧石器時代の技を解明しようと思い立った興味ある遺跡と資料のひとつである。スンギール遺跡と、そこから発掘された貴重な品々である。

　スンギール遺跡は、ロシアの首都、モスクワの東方のウラジミール市郊外、ドブルイ村とボゴリュボヴ村の間に位置する（Bader 1959, p.144）。北緯56° 11′、東経40° 30′（図1・8参照）。クリャズィマ川（ロシア平原）の左岸、小さなスンギール川との合流点近くの比高60mの分水嶺にある。北方に位置する数少ない遺跡であるばかりでなく、豊かな文化内容からヨーロッパの後期旧石器時代を代表する遺跡のひとつと言えよう。

　1955年のレンガ工場（ドブルイ村）での採掘の折、マンモスの骨が発見され、郷土博物館を通して知らせを受けたモスクワの考古学研究所のO.N.バーデルは、早速、自分の学生、S.N.アスタホフと、R.N.チェルヒに現地調査を指示する。そして、彼らによって、石器が採集され、正

第Ⅱ部　酷寒に挑む旧石器時代の人びとと技

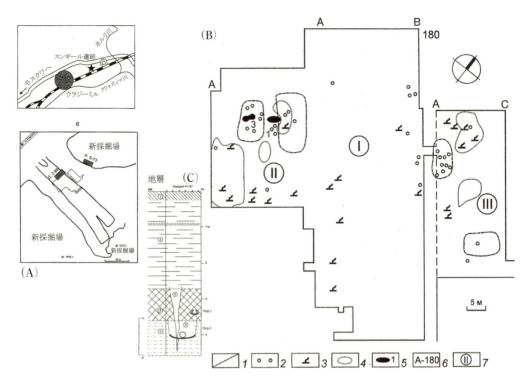

図19　スンギール遺跡の位置 (A) と発掘区・遺構 (B)、地層 (C) (Bader *et al.* 1998 ; Alekseeva *et al.* 2000)
1. 住居址（推定）, 2. 炉穴, 3. 焼け土, 4. 骨の集中, 5. 墓壙, 6. グリッド番号, 7. 調査次

式に遺跡であることが確認された。あわせて、遺跡の地形図も作成された (Bader 1959, p.147)。

発掘調査は、1957年に開始され、1977年まで定期的に行われてきた (Bader 1978, p.8)。この間、地質、古地形、古動物、古人類、地球物理の研究者の参加をえて、調査は総合的に取り組まれ、1963年には、層位と編年問題についての国際シンポジウムの参加者たちも、遺跡を訪ねている。さらに、1980年代からは、子息のN.O.バーデルの指導のもと、現在まで発掘が続けられている。

遺跡の広がりは10,000㎡と推定されているが、これまでにそのおよそ半分に相当する4,500㎡が発掘調査された（図19）。

図19中の断面図 (C) は、墓壙が発見された近く、P-157グリッドの南東－北西壁の地層断面図である。第Ⅰ層が表土 (①, 層厚およそ25cm)、第Ⅱ層が深さ0.9～1.0mの上部に化石土壌（埋没土）をともなう更新世のローム層 (②, 層厚およそ270cm)、第Ⅲ層が凍結擾乱作用の痕跡をもった灰・暗灰色土壌で遺物・遺構を含む文化層 (③, 層厚およそ1m、場所によっては1.4～1.75mを測る)、第Ⅳ層が終堆石層でもある明褐色の砂質土壌（レス, ④）、と続く (Bader1 *et al.* 1998, p.27)。なお、第Ⅲ層上面、あるいは第Ⅱ層下部から成長した氷楔痕が確認されている。また、後述する墓壙の床面は、第Ⅳ層中に及ぶが、ソリフラクション（凍結擾乱作用）などによりしばしば損傷を受けている。長期にわたる研究の結果、類似する二つの埋没土壌に対応する二つの文化層の存在が示されているが、かなりの撹乱を受けており、しかも厳密には、ソリフラクションやそれに伴う地滑り作用など自然作用による撹乱か、あるいは後期旧石器時代人の活動に

よる撹乱か判然としないケースも多い、とされている（Bader et al. 1998, p216）。

発掘では、多くの動物骨が検出されているが、これまでに小型のトナカイ、ホッキョクギツネ、マンモス、ウマ、オオカミ、そしてレミング、タビネズミが同定されている。L. アレクセーエヴァによれば、哺乳類の構成は、「ロシア平原周氷河地帯中央の動物群に特徴的である」とされる（Bader et al. 1998, p.257）。その多くが人の手で運び込まれたものであるが、大量の化石は、ウマ、次いでマンモスが占める。重要とされるのがトナカイとホッキョクギツネで、トナカイ猟は、夏〜秋に行われたことが調べられている。

ラヴルーシンとスピリドノバの花粉分析によると、トウヒ、マツ、シラカバがみられるものの、土壌コンプレックスの下層と上層の植物タイプがいくらか異なっている（Bader et al. 1998, p.218）。下層コンプレックス（強い有機質黒色土）生成時には、森がトウヒ主体で、遺跡周辺には様々な草が混ざりあう草原、スゲの群生、そして低地での湿原が広がりを見せていたが、上層の土壌生成時になると、森はあったものの、マツの森が基調をなし、岸辺にシラカバ、クルミ、そしてまれにヤナギが生えていた、という。在地の動植物群がみられる草原と湿原環境、ここでも、遺跡の二層性が示されている。

発掘調査の結果、住居址を推定させる2ヵ所の遺構・遺物のまとまり、そしてもっとも注目を集める2ヵ所の墓地、5基の埋葬墓、人の手が加えられた獣骨やフリントの集積とその外に位置する10ヵ所の炉や炉穴などが検出され、遺跡がかなり複雑な構造をなしていたことが明らかにされている（図19）（Bader 1984, p.6）。

先述したとおり、O. バーデルは、文化層の構造に従って、発掘区内に二つの居住面を識別・想定している（Bader 1978, pp.67-72, 35図）が、スンギール遺跡を、同じ狩人集団が、何回も訪れる、季節的集落、仮小屋（夏－秋）と考えた（Bader1978, pp.114-164）。しかも、遺跡に墓が設けられるとともに、長期間、儀式を行う場として機能していたこともあわせ推察する。

遺跡全面で、51,923点のフリント製品が集められた。うち道具類は、その13％に過ぎない（図20）。大きなフリントの円礫を素材とし、「プリミテイヴな打割技法」による古拙な形態の道具類が製作されていた、とされる。その特徴は、スクレブロ、尖頭器様石器、多様なノミ様道具、円盤状石核（図20-28）などに示され、あわせて石刃（同 -20〜24 他）の低い割合が特筆される。

O. バーデルの考察によると、切るタイプの道具（38％）が、フリント製品の第一位を占めている。先の尖った鋭い側縁をもつ剝片製のものが目立つが、側縁調整を施した石刃や石刃様剝片も含まれている。次いで多いのが、掻器で、多様なタイプがある（32％、同 -13〜15）。ノミ様道具（同 -25・26）と彫器（同 -10〜12）がそれぞれ16％で、彫器は、粗雑な剝片製で、「角型」タイプが主体をなす。その他、スクレブロ（削器、同 -6〜9）、刺突具（同 -18・19）、尖頭器（同 -3）があり、スクレブロは中型で、明瞭な一群をなす。また、スンギール遺跡の石器群をもっともよく特色づけるのが、平坦な調整剝離で両面が加工された基部が内彎するフリント製の尖頭器（鏃・やじり形）である（同 -1・2）。

さらにバーデルは、特に両面加工尖頭器と一連のノミ様道具の組み合わせが文化的帰属を考慮するうえでの重要な指標となるとし、スンギール遺跡のフリント製石器群をコスチョンキ・スト

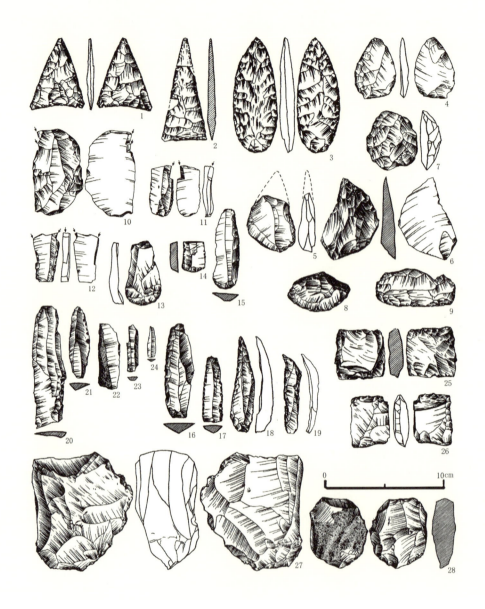

図20　スンギール遺跡出土の石器群（Bader 1978）
1〜4. 尖頭器，5〜9・16・17. 削器，12. 彫器，13〜15. 搔器，18・19. 錐形石器，20〜24. 石刃・細石刃，25・26. のみ状石器，27・28. 石核

レリェーツク文化、あるいはコスチョンキ・スンギール文化に比定した（Bader 1978, p.218）。通常、スンギール石器群に関して、ひとつのコンプレックスとみなされているが、発掘者自身が述べるように、文化層の損傷や不完全な遺物の取り上げ・記載などで、二文化層との関連が充分に解明されていないきらいもある（Bader 1984, pp.6-13）。

他方、スンギール遺跡から出土した骨角製品は、槍先、針、ナイフ様道具、トナカイの角やウマの骨製掘り具など、後期旧石器時代の遺跡の多くに特徴的なものであるが、例えば管状骨の打

割、スリットを入れる技、円形の切り込み、穿孔など様々な技術の適用が認められる。骨器の著しい発達は、墓壙内から出土した骨やマンモスの牙でできた細工品によく示されているが、マンモス牙製のウマの小像と大小各種の円盤が、スンギール遺跡での輝かしい工芸品とされる。表面に浅い点刻で縁取りされた板状の小像は、1957年に、発掘1b／147区のピット内で発見された。後ろ足に、吊るすための紐孔があけられている。また、装飾様の透かし彫りある扁平な円盤は、1966年に発見されたのであるが、中央に円形の孔を穿ち、その中央から放射状に滴状模様がめぐる。

　その他、文化層、あるいは墓壙内から大量の頁岩製垂飾、貝製品、ホッキョクギツネの歯製品、そしてマンモス牙製の紐穴のあるビーズなど、各種の装身具が集められている。

　第二次発掘調査の折に、様々な発掘面から集められたマンモスやウマ、トナカイの動物骨、人骨片、炭層の炭などを試料として、放射性炭素年代測定が行われ、28,000～23,000年前という一連の年代が得られている（Alekseeva et al. 2000; Sulerzhitskii 2004）。それらの年代値は、地層での区分同様に、およそ前期ブリャンスキー土壌期、中期～後期ブリャンスキー土壌期、後期～後ブリャンスキー土壌期にグループ分けされるものの、遺跡領域での人びとによる積極的、活動的な生産活動は、主に29,000～26,000年前の期間に行われたもので、25,000～23,000年前より新しい時期になるとやや衰退することが指摘されている。

　ここでの調査の成果をもっとも際立たせているのが、人類化石と埋葬墓の発見であろう。人類化石は、周辺のものを含めて9体の出土が数えられているが、発掘区内から出土し、埋葬施設に関連するものとして6体が詳しく調べられている。ちなみに、解剖学的所見に関しては、主にゲラシモヴァらのカタログ（Gerasimova et al. 2007）によっているが、これまでのスンギール遺跡出土の人骨に関する解剖学的研究結果をまとめた大部な報告書『Homo sungirensis』（Alekseeva et al. 2000）をあわせ参考にした。

a）スンギール1号墓壙と1号人骨（図21）

　頭を北東に向け、壙底に背を真っ直ぐに伸ばし、仰向けに横たわる伸展葬の中年男性が、1号人骨である（Bader et al. 1998; 木村 1985）。手首の骨は恥骨近くに置かれ、胸には、扁平礫に孔を穿けた装身具が添えられていた。壙底には、副葬されたフリント製ナイフ、スクレブロ、剥片、螺旋模様のついた骨柄などがあった。両手首には、マンモス牙製の薄い板とビーズとから成るブレスレットが巻かれていたが、両者は、紐孔を通して腱のような紐で結ばれていたと見られている。

　同じようなビーズ3列が頭骨を、孔の穿いたホッキョクギツネの犬歯20個が頸付近をめぐる。さらに、数多くのビーズの列が手足、

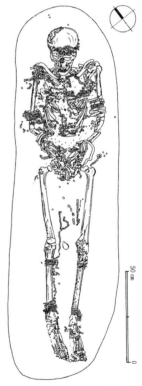

図21　スンギール遺跡出土の1号墓（1号人骨）
（N.O.Bader氏提供の写真より作成：木村 1985）

第Ⅱ部 酷寒に挑む旧石器時代の人びとと技

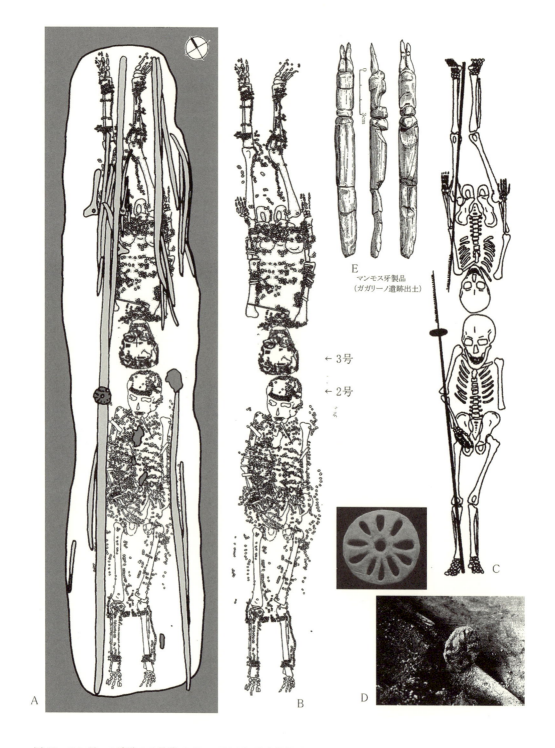

図22 スンギール遺跡の2号墓（2号・3号人骨）出土状況（A・B：Bader 1998, Tab.9・14・15・18より作成）、木製槍の復原想定図（C：Bader 1977）、マンモス牙製円盤付近の出土状況（D：Bader 1998）、E（参考品）：彼らの埋葬の姿を連想させる頭を接した2体の人物像（Tarasov 1979）

胴部を横切り、あわせて3,500点のビーズが数えられている。そもそも衣服に飾りとして縫い付けられていたもので、旧石器時代の失われた衣服の様子を具体的に推察できる極めて希有な発掘例と言えよう。皮革製か毛皮製のルバーシュカで、切れ込みのない、長いズボンと靴（モカシンタイプ）が縫い合わせられていた（Bader et al. 1998, p.102）。頭には、頭巾、体にはマントかポンチョが先の衣服の外を覆う。

　骨の遺存状態は、極めて良好で、頭骨のみならず、すべての骨格が調べられた。ただし、後頭部、頭蓋底、側頭骨が変形していたことから、頭骨はM.M.ゲラシモフによって修復された。パジオンの位置がわずかに過大評価されていることを除けば、その復原は疑いのないものと評価されている。まずもってG.デーベッツ（Debets 1967）により頭骨とその他の骨格の人類学的特徴が記載されている。それによると、化石は縫合の状態や歯の摩耗によって、男性で、55～65才とされた。その身長は180.9cm、骨の重量は71kgを測った。鎖骨の長さが極めて長い点などの例外的特徴や、鼻骨がいくらか扁平化し、顔面サイズが大きいなど頭骨での個性的特徴もみられるが、広い意味での「クロマニヨン人タイプの代表」と、G.デーベッツは位置づけた。

　さらに、V.ブナーク（Bunak 1973）によって頭骨が吟味され、脳頭蓋の骨の厚さ、容量などの計測にみられる特徴に従って、現代人の中に位置を占めるものの、頭蓋の外形は、後期旧石器時代のヴァリエーションにおいても特異な位置を物語るという（Bunak and Gerasimova 1984）。つまり、広がった前頭部をともなう歴然とした後眼窩の狭窄、屋根状脳弓、中線―矢状縫合の角張った形状においてである。

　一方、顔面骨格も、総じて古い特徴の欠如が指摘できるものの、その大きさ、高顔など、いくらかヨーロッパの後期旧石器時代の化石新人類の中でも特異性、独特な不調和を示している、という。最も近い例として、プッシェドモスチ3とともに、周口店の頭骨があげられている。

　E.フリサンフォーヴァの結論によると、やはり大腿骨や手足などに例外的なほどの独自性が目立つ、という（Khrisanfova 1980; 1984）。大腿骨は、著しい長さ、骨幹の頑丈さ、前後の扁平さに特徴があり、手足については、上腕骨が目立って長いが、足の長さに比するとむしろ極端に短い、という。なかでも、脛骨が極めて長い。手のサイズも大きく、特に手根と掌骨が大きい。掌骨には、労働肥大が特徴的であるという。足も、極めて大きく、厚い。長く、高い距骨、「高いタイプ」の掌骨、発達した中足骨、特に第一撓骨の発達が顕著であり、足根骨の「しゃがんだ状態」の時にあらわれる一連の指標による限りでは、スンギール人と旧人の関係は極めて近いとされる。

　肩甲骨は、例外的なまでに長く、他に比すべきものがない。関節窩の幅とグレノイドインデックスは、右側に高く、右ききである事を証明している。骨盤のサイズも、極めて大きい。やはり、その高さは、現代人の最大集団を越えており、クロマニヨンとネアンデルタールタイプの男性ヴァリエーションの共通指標とみられている。

　ちなみに、頭骨の特徴など、他の後期旧石器時代ヨーロッパ型の中にあっても、独自の位置を占めることから、分類学上、*Homo wurmensis neoanthropus ost-europaeus sunguiriensis*（スンギール出土の理知的な化石上部更新世東ヨーロッパ人）と命名された（Bunak and Gerasimova

1984: p.74,98)。また、放射性年代測定法により、22,900〜19,160年前の間の時期が示されている。バーデルの言うスンギール遺跡での活動期を過ぎた、いくらか後出の時期のものとなる。

スンギール5号人骨

　中年の男性（スンギール1号）の1号墓の発掘に先だって、その上面で女性頭骨が発見されている。スンギール遺跡での最初の人類化石発見であったが、表面にはっきりした顔料（オーカー）のしみがあり、かなり大形で扁平な石とともに置かれていた。頭骨は、顔を下にし、ばらばらな状態で検出され、歯と下顎が失われていた。発見の当初、O. バーデルとV. グロモフは、ソリフラクションによる撹乱で破壊された墓壙からの出土と予想したが、後に、O. バーデルは、中年男性（スンギール1号人）の墓と一体のものとみなし、頭骨は複雑な儀式にかかわるものと推察した。頭骨は、動物による噛み痕などがまったくみられず、おそらく、表皮が残る頭部ではなく頭骨の状態で表面に長くさらされていたことを物語るものであろうとした（Bader 1967）。

　保存状態はよくない。前頭骨の眉間部分、プテリオン（鼻根）が破損し、右の頭頂骨は9つの破片で、左の頭頂骨は11の破片で構成されている。後頭骨は、後頭鱗と、底の側面の欠損がみられる。顔面部は残されており、左の頬骨、歯槽、前頭突起と頬骨突起をともなう右の上顎骨と、前頭突起、二つの門歯、犬歯と小臼歯の歯槽をともなう左の上顎骨である。この頭骨の持ち主の年令は、歯の欠落や骨の保存の悪さのため確定されていないが、G. デーベッツによれば、女性のものと同定されている。頭骨の薄い壁、乳様突起のサイズが大きくないこと、額の輪郭や比率がこれを裏付けているが、頭骨の大きさ、後頭と眼窩上隆起の発達の程度、脳頭蓋のへりの形状などに男性的な特徴もみられるという。幅広で低い顔、そして長頭タイプは、スンギール1号の頭骨にも共通する特徴であるとともに、ある種の「不調和」がコスチョンキ2遺跡の頭骨との類似を物語る、という（Gerasimova 1984, p.143）。

b）スンギール2号墓壙と2号・3号人骨（図22）

　二人の少年・少女が眠る墓については、東京・上野にある国立科学博物館を見学した方であれば、あるいは、一度ならずとも目にし、後期旧石器時代の魅惑的な世界を想像したことがあるに違いない。残念ながらレプリカではあるが、顔料（オーカー）で真っ赤に彩られ、多彩な副葬品に囲まれた子供たちの墓である。また今回、訳者が紹介する本書第Ⅰ部の著者たち、G. フロパーチェフとE. ギリヤが、酷寒での長期に及ぶ困難な実験を強いられながらも、秘められた後期旧石器時代の人びとの技を探り当てようと、まさにその製作実験の機会を提供した埋葬墓と被葬者たちでもある。副葬されていた2mを超すマンモス牙製の長い槍がどのようにして作られていたか？　その答えは、第Ⅰ部中に譲るとして、以下に2号墓壙、副葬品、そして主人公の子供たちの様子をいくらか詳しく紹介してみたい。

　長さ3.05m、幅0.7mの細長い墓壙に、2体の未成年者が、互いの頭をぴったりとつけ、足を反対側に向け、仰向けの状態で埋葬されていたものである。いわゆる伸展葬である。南側に少年（2号人骨、図22-A・B・Cの下位）、北側に少女（3号人骨、同じく上位）が位置する。また、二

人の埋葬が同時に行われた合葬墓であることは、長さ 2.42m と 1.66m のマンモス牙製の長い槍が、一方からもう一方へと入り込んでいる様子からも確認できよう。手足、身体をまっすぐに伸ばし、両手を恥骨のところに置くよう納める埋葬法は、1号例とも共通しており、同じ集団による、およそ同時期の所産であることが容易に推察できる。

さらに、かつてみたことのないほどの副葬品や装身具などの豊かさにおいて、この墓の存在は際立っている。

スンギール2号人骨

墓の南側に、頭を北北東に向けた少年が埋葬されていた。2号人骨である。その口のところ、そして腹の下には、ホラアナライオンかヒョウの指骨、顎の下には大きな骨製の針、胸には穿孔された礫と後足に穿孔のある扁平な骨製のウマもしくはサイガの像が置かれていた。また、左肩の下に大きな骨製マンモス像があった。フリント製ナイフが、右手に納められるように1点、足の付近に1点置かれていた。前者の位置には骨製針もあった。その他、遺体と一緒に3点の骨製ノミ、1点の骨製ナイフが回収されている。

前頭骨には、三連のビーズがあり、それは後頭部をも廻る。頭頂には、ホッキョクギツネの犬歯と、直径のあまり大きくない平玉があった。胴体には、6つのビーズ列が横に並び、手や足にも及ぶ。さらに、手にはマンモスの牙製のブレスレット、横走するビーズの列が、めぐる。副葬品の中で興味深いひとつは、骨端の割れたヒトの大腿骨で、その空洞にびっしりとオーカーが詰められていたことである（Bader 1978; 1984）。

墓の南に位置する少年の年令は、歯列など歯組織によって 11〜13 才（Zubov 1984）と見られているが、骨格の状態からは 12〜14 才（Nikitjuk and Kharitonov 1984）、レントゲンによる骨格調査では 13〜14 才（Bukhman 1984）と、推定年齢に若干の違いがある。

その他、スンギール2号人骨について、さらに詳しい解剖学的所見が以下のとおり記されている。

頭骨は、大きく、脳頭蓋は五角形をしている。後頭は、「シニオン型」の特徴をそなえ、外後頭隆起を欠き、眉上と眉上弓、それに乳頭様突起の発達が弱い。顔の上の高さと頬骨の直径は、同年令の現代人の子どもと比較して大きく、梨状口は、狭くて高い。

眼窩は、低く四角形。少年の下顎は、サイズの大きいのが特徴で、同年令の現代の子どもの下顎より著しく勝っている。特に、下顎体の高さが著しく、下顎枝の幅も大きい。

頭骨には歯が残り、しかも臼歯が生え換わり、右上にのみ生えていた。他は、小さな孔の中にあった。2本の第二小臼歯、2本の下顎第二小臼歯、右下顎犬歯は、akkljuzivboi 線にたっしていない（Zubov 1984, p.162）。上顎の歯槽弓は、狭くて、ほとんど U 字型。下顎も狭い。上顎の犬歯と小臼歯のところにあまりはっきりしない歯隙があり、下顎では、第一小臼歯と第二小臼歯の間に同様である。スンギール2号の歯は、マクロドントタイプで、複数の歯では、「ネアンデルタール」段階の特徴の平均すら越えている。犬歯の古い形も特徴的であり、VL 直径は、例外的に大きいし、MD 直径はあまり大きくない。歯冠はきわめて高い。

体の骨格は、椎骨とその破片、両側の肋骨片、上肢帯（鎖骨と肩甲骨）、右手首の骨、骨盤片、足の骨（胴への付け根から先）と両足（踝から下）である。スンギール2号は、その巨大な鎖骨が特徴的で、その上にかなり短い前肢（肘関節から手首まで）と、長い脛が特徴的である（Nikitjuk and Kharitonov 1984）。なお、胸椎のひとつには、硬化変化が見られ、炎症作用の痕と考えられている。

T. トゥロフィーモヴァの考えに従えば、側頭骨の鱗部の直線の縁と、低い「シニオン」型の後頭、強い歯槽の上顎前突、額の前頭鱗中央部の突出、鼻骨の小さな角度での突出などに、ネアンデルタール特徴の遺存がみられる、という指摘は注目されよう（Trofimova 1984, p.147）。

スンギール3号人骨

墓の北側には、頭を南に向けた少女が埋葬されていた。3号人骨である。副葬品は、少女が埋葬されている墓の北側にいっそう豊かであった。とりわけ、狩猟具の存在が際立っている。242cmと166cmの長い槍の他に、墓の中には、右腹部近くに5本、左腹部近くに3本のあわせて8本の投げ槍・槍（長さ51～125cm）、そして先端を下に向けた2点の短剣（長さ42cm前後）が添えられていた。さらに、槍の間、左足のそばにトナカイの角製で大きな穴のあいた「笏、あるいは指揮棒」（20～25cm）が置かれていた。投げ槍・槍は、マンモスの骨製の1点を除き、いずれも牙製である。頭の位置に、孔の穿いたマンモス牙製円盤が置かれていた。さらに、胸と頭のところに数点の円盤とホラアナライオンと思われる鉤ぎ爪のある指が発見された。2号人骨例と同様、頭骨には三列のビーズ、胸と腹には、互いにぴったりとくっついた水平のビーズの列があった。両手には、ブレスレットと、足にビーズの列、手や足にそうビーズの列が認められたという。

墓2の北の被葬者、スンギール3号に関する解剖学的所見については、以下の通り記載されている。少女で、9～11才と推定された。A. ズボフにより、歯の構造で予備的に決められたが、G. レベディンスクとN. ピンツーコヴァよる骨盤の構造、T. トゥロフィーモヴァによる頭蓋骨データ、V. ハリトーノフとB. ニキチュークによる骨計測学と骨の光学分析など様々な分析のいずれからも同様の判断が示されている。

一方で、スンギール3号人骨は、スンギール2号人骨の頭骨との相違も指摘されている。頭骨は、大きな脳頭蓋と短頭で、極めてよく発達した額、頭頂や後頭隆起をともなう五角形を呈している。顔の骨は、顔の高さと頬骨直径の大きいこと、大きく高い眼窩、梨状口の指標についても、絶対的に幅が広いこと、強い水平板と飛び出た鼻骨が特徴的である。下顎は、幅広く高いそのサイズは、現代の同年令の子どもの下顎を大きく越えている。上と下の歯弓は、台形をしている。T. トゥロフィーモヴァは、頭骨構造に複数の原始的特徴が存在することについて、注意を喚起しているが、低く、幅広な脳頭蓋、「シニオン型後頭」、低い側頭骨、後頭孔の正の角度など、2号同様、複数のネアンデルタール的特徴の遺存を表すという（Trofimova 1984）。

歯にみられるおおよその特徴は、スンギール2号に一致する。上の門歯のサイズが大きく、シャベル型の欠如が特徴である。さらに、高いレベルでの上顎第二臼歯の退化、右側のY5模様と、

5突起歯冠、左（+5）下顎第一臼歯にみられる＋模様がある。A. ズボフは、古い名残りとみられる上顎の前突、上の門歯の線状構造、下臼歯の特徴的歯冠などに注目した。

いずれにせよ、スンギールの子どもの種的非均質性（雑多性）、とりわけスンギール3号（少女）に著しい骨全体の頑丈で大きい傾向、現代のこどもたちに比べると短い手と長い足などの相違点とともに、ネアンデルタールの遺存的要素も指摘されてはいるが、ホモ・サピエンスに比定することでの異論はない（Nikitjuk and Kharitonov 1984, p.197）。

c）その他、スンギール4号・6～9号人骨

4号人骨は、2号人骨の墓壙の壁側で発掘された、オーカーの詰まったヒトの大腿骨である。また、6号人骨は、一塊で発見された下顎骨で、子どもの墓によって大きく撹乱された墓に帰属すると見られている。

以上の他、事実上、人類学者たちによる詳しい研究もされずすでに失われてしまった、スンギール7号～9号の3体が知られている。スンギール7号は、女性の未成年の大腿骨破片と見られており、墓1と2の間で発見されたものである。ソリフラクションに巻き込まれ、墓2の埋葬の上を横切るようにして位置を大きくかえたものと推察されている。また、1969年に発見されたスンギール8号は、発掘区の南東方200m、新たな採掘場の深さ4mに包含されていた骨格で、表面と中間にオーカーの痕跡が確認されており、墓からの出土が予想されている。頭骨片と大腿骨は、極めて若い少女のものと判定されている（Alekseeva et al. 2000, p.67）。スンギール9号は、成人の骨格で、1972年、同じく遺跡の南東方200mで行われた土木工事の際に採掘場にて発見された。深さ3～3.5mのブリャンスキー化石土壌中からの出土とされる。

（2）失われた旧石器時代の技を甦らせる―木製槍と植刃器の復原

1969年の2号墓発掘調査の際、そして1972年、遺跡から切り離され、モスクワ科学アカデミー考古学研究所に搬入された同墓壙の精査の折に、ともに副葬されていたはずの木製品の存在が突き止められ、その形状と用途について興味ある考察が行われている（図22-C: Bader 1977, Bader et al. 1998）。

そもそものきっかけは、スンギール2号墓の存在が知られて間もなくの極めて早い段階、すなわち墓の被葬者たちの骨格の位置や遺物がようやく姿を現し始めたばかりの段階で、脆い砂質土中に細かいフリント製の剥片（1点）やウロコ状破片（細石器）の長い列が観察されたことに始まる。続いて、大きな牙製槍の上に垂直の状態で発見された彫刻のある円盤が、その重要性をさらに印象付けた。調査は慎重に進められ、結局、その発掘と清掃だけに丸二日を要したというが、果たして、円盤付近にまで延びるフリント破片列のレベルは、円盤の中央の孔に吸い込まれるかのようにぴったりと一致した（Bader 1977, p.116）。しかも、この前代未聞の発見が、さらなる類例の増加をもたらし、問題の重要性が一気に解き明かされることとなった。

人類の証しとも言える「埋葬行為」については、墓穴（墓壙）を掘り、その墓穴に遺体を安置し、死者ゆかりの品々を副葬し、時に祈り、やがて土を埋め戻して終える、という手順がまずも

って想定されるが、同じ旧石器時代とされる例でも、墓穴を掘らなかったらしい例や、土を埋め戻すことなく壙口を開けっ放しにしていたらしい例、副葬品の無い例などがあり、その様相を一言で論ずることは難しい。スンギールの例にとどまらず、発掘に際して、遺体を覆う「覆土」の状態をていねいに調べることは、埋葬行為の実態を解明する上で欠かすことのできない作業と言えよう。一般には、一気に土が埋め戻されるため、やがて遺体が腐朽し、覆土全体が沈み込むことはあるが、フリントの石器や剥片など腐朽しにくいものは長い年月を経てなお当時の状態をおよそ保ちながら残される。しかし、腐朽分解しやすい、衣服や木製の道具、骨の道具、人間の肉体・遺体など有機質の遺物は時間の経過とともにやがて自然に消え失せるので、失われたものをいかに復原できるか、考古学者の力量が問われるところでもあろう。幸いなことに、スンギール遺跡などロシア平原やシベリアの土壌はカルシウムに富んでおり、骨の道具や人類化石などについては、よく保存される。時代や地理的条件の違いが、遺物の残り方にまで影響を及ぼすために、考古学者は発掘や解釈に悪戦苦闘することとなる。

　さて、スンギール2号の少年の頭部右側、マンモス牙製の大型槍の上の土中に、列をなすフリント製ウロコ状破片とともに垂直に立つ円盤が発見された。

　墓壙の覆土中から発見されたフリントの破片が列状に規則的に並ぶということは、破片を無造作にバラまく、あるいは遺体に添えただけでは決して起こり得ない。硬いものに沿って並べられる、あるいはそもそも硬いものにしっかり装着されていたことを想起させる、特別な出土状況と言えよう。また、スンギール遺跡の特徴的な遺物、薄い円盤状の牙製道具が、土中から垂直の状態で発見されたことについても、同様である。

　土壌の融解・凍結が繰り返し起こる寒冷地で、石器などがかつてあったであろう位置を離れ、たまたま垂直の状態で発見されることは、われわれの調査地でもしばしば目撃し、決して珍しいことではないが、マンモス牙製の円盤だけが自然の営力の影響を受けたとするのも、説明が難しい。仮にあったとしても、フリントの破片が、同じレベルで列状に配置されていたことと関係づけることは、およそ不可能である。

　要するに、発掘者のバーデルが推察（Bader 1977, pp.113-116）したとおり、彫刻された円盤が、垂直の位置を保つことができたのも、木製の軸に挿入されていた場合にだけ、合理的な説明が可能となろう。墓壙内への土の埋め戻しによって、およそ埋葬当時の位置を保ち続けるが、心棒である木製の軸は、やがて腐朽分解し、姿を消したということである。

　フリントの破片の列、そして垂直に立って置かれていた円盤の裏には、こうした事情が潜んでいたというわけで、これらの出土状況が、今はなき木製の槍（軸）の存在を再び甦らせた、極めて珍しい発掘例と言えよう。

　詳しく紹介すると、円盤の中央の穴付近で始まったフリント製ウロコ状破片の列は、北へ34cm伸びている。ほぼ水平（わずかに1～1.5cm上昇）で、平面的にみると、墓にそって伸びる大きな牙製の槍の方向とは、少し右に傾いた関係を示している（図22-C）。貼り付けられたフリント製ウロコ状破片の列から考えて、木製槍の軸は、彫刻を施した円盤の中央孔を通して伸び、末端が、両足の間、右踵付近で墓壙の壁にぶつかっていた、という。

その槍の長さは、以下のように復原されている。先端からフリント製ウロコ状破片の始まりまでが1～2cm、それより34cm先にフリント製ウロコ状破片の列の下端が、フリント列の端から円盤までが5cm、円盤から墓壙の壁までが144cm、結局、全長およそ185cmと推定できる。軸は、円盤中央の孔の形状から、断面が円形で、太さ1cm強とみられている。

なお、フリント製ウロコ状剝片や円盤の周りから石灰などのまとまりが発見されており、接着剤の痕跡とみられている。またバーデルは、ウマの尾を用いたウクライナコサックのブンチュク（儀仗、馬首飾り）を例示しながら、円盤と軸とが、放射状に並ぶ円盤の滴形透かしを通して毛皮獣の尾あるいは、彩色された帯状の皮でしっかりと巻きつけられたと推定し、儀礼用としての槍の可能性も示唆する（Bader 1977, p.115、Bader *et al*. 1998, p.117）。

一方、モスクワでの2号墓壙の調査の時に、少女の墓で似たようなフリント製ウロコ状破片列が、前例同様に「宙づり」の位置でみつかった。これは、少女の左側肩部の付近から出土したものであるが、当初は大きなマンモス牙製の槍の下にあったために、それらを取り上げ、清掃した後に初めて確認されたものである。ウロコ状破片の列は、墓の底の明黄色砂質土の上1.5～2cmの高さに伸びていた。墓壙内の灰色がかった、腐植質の覆土中、少女の左肩から3cm離れて、彼女と同じレベルで、しかもそれぞれほぼ垂直に立つ状態で、わずかに彎曲しながらも密集して発見された。その数はあわせて13点、先の例と同様に、軸に装着されていたものであろう。注目すべきは、それらの列が、両側に続いていたことが確認されている点である。残念ながら、覆っていた大型槍や左肩の骨の取り出しの際に現状が失われてしまった、という。

このフリント製ウロコ状破片列も、木製の槍、もしくは短剣の先端にしっかりととりつけられていたもので、切っ先を少年の頭の方にむけ、末端部は、少女の足の間にあり、墓の北東面の壁に接していたと推定されている。木製槍の推定長は、1.1～1.2mとされる。

なお、少女の骨格の右に並ぶ骨製短剣の付近に、彫刻された円盤が添えられていた。儀礼用とみなすのにふさわしいもっとも大きな例で、大きな槍に対し垂直に位置していた（Bader *et al*. 1998, p.74, Fig.12,13,14）。

図22-Cは、少年と少女それぞれの遺体の横に添えられた木製槍と、それに装着されていた円盤、植刃を復原想定した図である（Bader 1977, p.115）。要するに、これら木製槍も、基本的には、細石刃石器群に一般的な骨角製尖頭器の片側縁、あるいは両側縁に溝を掘り、その溝中に細石刃を挿入して使う植刃尖頭器と似たような構造をもつ組み合わせ道具とみなせよう。

さらに、スンギール遺跡の植刃器は、木製槍だけではない。すなわちマンモス牙製の1つの槍と2つの短剣の清掃の際に、それらの端に同じような数多くの細かいフリント製ウロコ状破片が発見されている。1つは、フリント片が尖端直下の1～2cmに始まり、奥行き42cmほど、道具全体に伸び、当時、短剣の端につけられていたものと推察されている。さらに、大形の槍の端にも、先端から2cmに始まり、末端方向へ42cmまでの範囲にフリント製の剝片、ウロコ状破片が列状に伸びていた。これとおよそ並ぶ、大形槍のいくらか下に位置する短剣は、先端を反対側に向けていたが、まったく同じように、ウロコ状破片の列が、先端部1～39cmの範囲に伸びていた。墓壙の西側にもっとも近い位置にある短剣も、同じように先端を反対に向けるが、その先

端下 2cm からフリント製剝片、ウロコ状破片の列が始まり、34cm にわたって続く。

　以上、出土状況から復原された道具のいくつかを紹介してきた。もちろん、スンギール遺跡での木製槍、とりわけ円盤が切っ先近くに着く少年の槍が果たして実用的であったのか、儀礼用であったのか、存在そのもののさらなる検証も含めてなお多くの解明すべき課題も残されている。そうした中で、マンモス牙製の長い槍について、これまで謎とされてきたほぼ真っ直ぐに作られている理由が、フロパーチェフ・ギリヤらの今回の実験研究で解き明かされ、生きていたマンモスの捕獲による牙の利用、あるいは自然死直後のマンモス牙の利用、そして冷凍づけマンモス牙の利用など、人類の生産活動にかかわる貴重な情報がもたらされている。秘められた技にかかわる興味尽きない研究素材、と言えよう。

6. 氷河時代の"ゼムリェプラホーヂェツィ（踏破者たち）"
　　—シベリアのマンモスハンター、極北のツンドラに挑む—

　人類によるシベリアへの進出とその後は、東ヨーロッパでの中期旧石器時代以降の展開とおよそ同じような経過を辿ったことが、多くの考古学的証拠から推察できる。これまで幾度とな

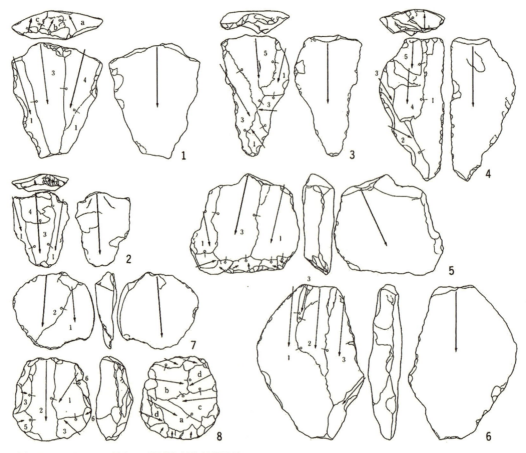

図23　ドヴグラスカ洞穴の石器群と剝片剝離関係

く言及してきたことでもあり、ここではごく概略のみに止め、主にマンモスハンターたちの狩猟活動にかかわる貴重な考古学的証拠のいくつかに注目してみたい。

近年、南西シベリア、ゴルノ・アルタイのデニソワ洞穴やウスチ・カン洞穴、カラ・ボム遺跡

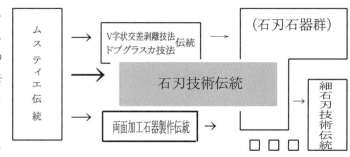

図24　中期旧石器伝統から後期旧石器伝統への変遷過程（概念図）

などの調査、とりわけカラ・ボム遺跡での調査が進展し、ムステリアンの広がりがシベリアの中緯度地帯にも及び、やがて後期旧石器文化へとおよそ段階的な変遷を辿ってきた様子が明らかになりつつある。しかもその波及は、中央シベリア、後方シベリアにまで及んでいたことは確実で、地理学協会洞穴の資料に注目すれば、その広がりが極東にまで及んでいたことも充分に想定できる。

とりわけ注目すべきは、ルヴァロワ尖頭器やルヴァロワ石刃などを剥離する中期旧石器のムステリアン的伝統が、後期旧石器の石刃石器群と共存しながら変遷する様相である。その技術的特徴を、特に「V字状交差剥離」技法、あるいは「ドブグラスカ技法」と仮称してきた（図23：木村 1997 他）が、中期〜後期旧石器における主たる技術の変遷を、図24のように理解したからである。

ただし、本格的住居を設営し、継続的、周期的に遺跡を利用する生活形態が確立するのは、石刃技法が本格的に発達する後期旧石器時代になってからのことであろう。これまでのところ、西シベリアのマラヤ・スィヤ遺跡、沿バイカルのマカロヴォⅣ遺跡、アレンボフスキー遺跡、後方バイカルのサンヌィ・ムィス遺跡などが相当する。ムステリアン的様相が消失する一方で、石刃技法が発達し、彫器や掻器、削器、石錐、そして骨角器など、後期旧石器時代を特色づける新たな道具が組成される。早くもこの段階に、細石刃技法が出現していたという見解もあるが、これまでのところ、組み合わせ道具の存在を具体的に裏付ける証拠、すなわち細石刃を挿入するための溝が刻まれた骨角製の軸（植刃器尖頭器）などはいっさい発見されていない。

残念ながら詳細が未だ報告されていないが、マラヤ・スィヤ遺跡では、シベリアでの本格的・構造的な円形住居の起源を思わせる調査結果も得られている。マラヤ・スィヤ遺跡やマカロヴォⅣ遺跡で35,000年ほど前の放射性炭素年代が示されており、短い周期での激しい寒暖の変動を伴ったらしいカルギンスキー間氷期、ヨーロッパ編年でのドナエフスキー、あるいはブリャンスキー間氷期（MIS 3）に相当する。

最終氷期のサルタンスキー氷期（MIS 2）の最中、少なくとも23〜22,000年前頃、シベリアでもよく知られたマンモスハンターの文化、マリタ・ブレチ文化が出現する。特に、マリタ遺跡では、マンモス16体、ケサイ25体、トナカイ589体、ホッキョクギツネ50体（いずれも最小個体数）などの獣骨とともに、石器や剥片類、骨角器、女性像、板石など大量の遺物が発見され

第Ⅱ部　酷寒に挑む旧石器時代の人びとと技

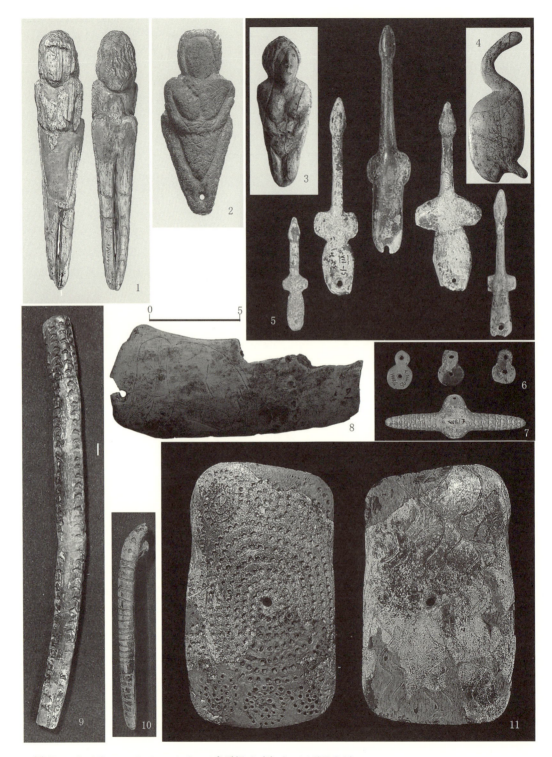

図25a　シベリア・マンモスハンターの象牙細工（1）（マリタ遺跡出土）

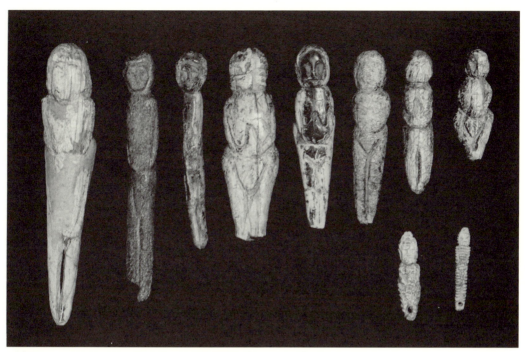

図 25 b　シベリア・マンモスハンターの象牙細工 (2)（マリタ遺跡出土）

ている（図25a・b：木村 1977 他）。石刃技法の発達が小型化をもたらしたものか、小石刃を主体とした石器群が、マリタ・ブレチの石器インダストリーを特徴づける。ここでは、板石や獣骨の集積が示す 17 基以上の半地下式住居の存在が推定されており、遺跡の夏冬通しての利用が認められ、長期に及ぶ継続的利用も予想されている（図 26-A：木村 1995）。人類による、シベリアへの本格的適応の段階とみなすことができよう。最終氷期の極相期を過ぎる頃、細石刃石器群が出現し、シベリア・沿海州、モンゴル、華北、朝鮮半島、日本列島、そして北米にまで一気に分布圏を拡大させる（図1）。出現期の様相は地域によって不確かな点もあるが、新たな技術的伝統が、南シベリアから東シベリア中央部にかけてひと足早く成立し、次第に北方や東方へと拡散、少なくとも氷期末までにはあまねく分布するに至った、とみられる。

なお、シベリアでは、主に楔形、あるいは舟形に整えられた細石刃核（図27）の一端から細長い短冊形の細石刃が連続的に剥ぎ取られ、その細石刃にさほど二次加工を施すことなく植刃器の溝に挿入され、使用されるのに対し、コスチョンキ・ボルシェヴォ文化など東ヨーロッパでは、舟形によく整えられた細石刃核（図34-8）もわずかながら認められるが、通常、フリントの扁平な小塊や角礫に事前の成形加工をさほど施すことなく、細石刃様の縦長剥片が剥がし取られており、素材の活用法に違いがある。しかも、細石刃様剥片の片側縁に、急角度の二次加工を施すことで、「細石刃」に仕上げられていることから、その使用法にも、シベリア例との相違が予想される。

実際、シベリアでは、植刃器の側縁に装着されたままの細石刃や、側縁に溝が深く彫られた骨角製の植刃器（軸）があちこちの遺跡から出土し、細石刃の使用法が比較的よく調べられている（図27）が、東ヨーロッパの旧石器時代の遺跡においてはそれに近いものがわずかにあるだけで、

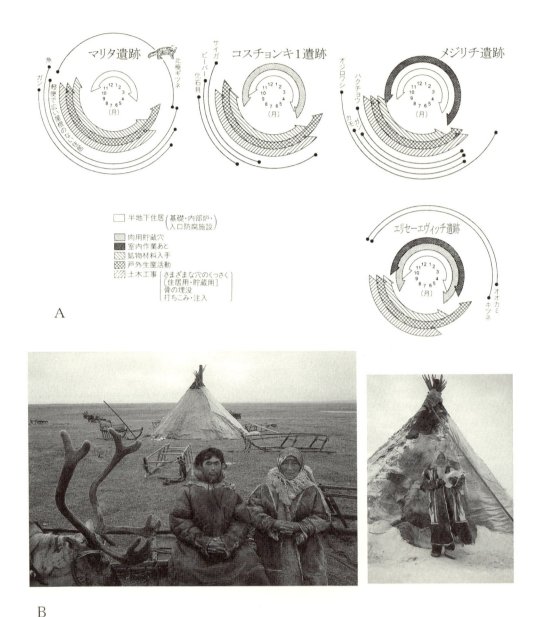

図26 シベリア・マリタ遺跡他、後期旧石器時代の集落の生活カレンダー（A）と極北ネネツのチューム
（テント式住居：B）（写真：ノルウェー トロムソ大学博物館提供）

　実際のところ、その使用法については充分に解明されていない。管見の限り、コスチョンキ1遺跡（口絵7-1）とメジン遺跡（図16-d）、アンブロシーエフカ遺跡（図31-D）で、側面の一部に溝状の凹みを有した尖頭器様骨角器の出土が報告されているものの、極めて少ない。しかもそれらの溝は、シベリアのようには深く作られておらず、概して浅い。ヨーロッパタイプの細石刃の列に軸片が残存して発見された西シベリアのタリツコーヴォ遺跡の例（図27-2）から、ヨーロッパでもシベリアと同様な使用法が想定されてきた（図31-E）が、スンギール遺跡の2号墓壙で注意された石灰が接着剤に関係するものであるとすると、溝を彫らずに接着剤のみで固定する

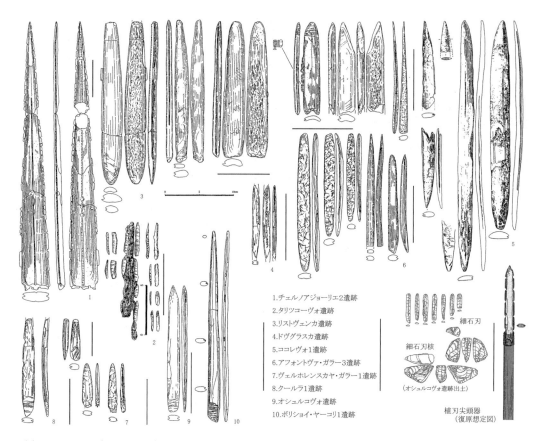

図27 シベリア各地出土の植刃尖頭器（1～13遺跡）と細石刃と細石刃核、復原想定図

植刃器の存在も考慮されるし、着装法や使用法などに微妙な違いがあったことも想像に難くない。
　なお、チェコのモラヴィアで、シベリアに一般的な楔形細石刃核が数点出土している（Svoboda 1995, p.652）。J. スヴォボダは、押圧剝離技法の展開に注目しているが、はるか西方への移入がどのようなことを意味するのか、今後の解明が期待されている（木村 2005b）。
　シベリアでのこの時代、人類が北極海付近にまで進出していたことを物語る確かな証拠があげられている。

ビョリョリョフ遺跡

　シベリアの北緯71度、エドマ（地下に発達する巨大な氷塊）とサーモカルスト湖（永久凍土の融解により地面が沈下してできた湖）、旧河床、そして森林ツンドラが広がる極北景観の真っ只中に位置するビョリョリョフ遺跡は、インディギルカ川下流の左岸に合流するビョリョリョフ川を150kmほど遡った左岸に立地する。その最初の科学的情報は、1947年、凍土学者のN. グリゴーリェフによって採集された若干のマンモスの骨・歯、そして多数の写真とともにもたらされた（Vereshchagin 2002, pp.175-193、ヴェレシチャーギン 1993）。
　1970年夏、第四紀地質学者B. ルサーノフをチーフとした（旧）ソ連科学アカデミーヤクーツ

第Ⅱ部　酷寒に挑む旧石器時代の人びとと技

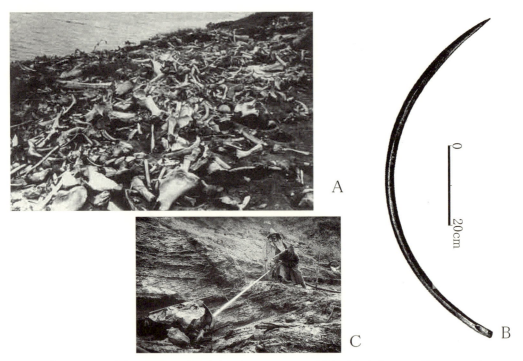

図28　ビョリョリョフ遺跡　マンモスの墓場（A）と出土したマンモス牙製槍（B）参考：エドマ層でのシャンドリスキーマンモスの発掘風景（C）（写真は、N.Vereshchagin, P.Razarev 提供）

ク支部・シベリア支部合同の北東アジアの地質学に関する研究グループと、動物学研究所のヴェレシチャーギンらの研究グループとによる採集地、アルライホフスキー地区での調査が行われた（Vereshchagin and Mochanov 1972; ヴェレシチャーギン 1993）。エドマを放水ポンプで融かしながらの発掘で、およそ8,500点、確認された個体数140体、重量にしておよそ8 t という大量のマンモスの骨・牙が回収された。わずかにケサイ、ウマ、バイソン、トナカイ、クズリ、オオカミ、ホラアナライオン、ノウサギなど数十体の他の動物骨も数えられているが、大半をマンモスが占める。死亡する特別な条件が存在したことによる集積とされ、しばしば「マンモスの墓場」と呼ばれる（図28）。

　詳しい観察で、胎児もしくは若獣のものが半数、老獣が21%を占めることが調べられた。この不自然なマンモスの年齢構成をいかに解釈するか、自然死であったのか、狩猟など人類の生産活動が関与していたのか、新たな課題が浮上する。

　しかし、翌年（1971年）に行われたヴェレシチャーギンの調査で、さらに5,000点にのぼるマンモスの骨が加えられるとともに、人類の居住を裏付ける証拠が発見される（図29）。フリント製の剝片や削器（同-3・4）、のみ状石器などの石器類、牙製削器（同-16・17）、マンモスの線刻画（同-a）を残す牙片など明らかに人間の手で加工された遺物が多数集められたのである。引き続き、考古学者 Yu.モチャーノフと S.フェドセーヴァによって、壁面近くの25㎡の範囲が発掘調査され、エドマの表面下150cmに文化層が存在すること、細石刃、細石刃核を伴う石器群であることが正式に確認された（同-1・2）。放射性炭素測定法による骨片の年代も、13,700

6. 氷河時代の"ゼムリェプラホーヂェツィ（踏破者たち）"

牙に線刻された
マンモス

図 29　ビョリョリョフ遺跡出土の石器・マンモス牙製品（Vereshchagin and Mochanov 1972；Mochanov 1977）
1. 細石刃核, 2. 細石刃, 3・4・10. 削器, 5. 彫器, 6〜9. 尖頭器, 11〜15. 石製垂飾, 16・17. 牙製削器

± 80yB.P.、12,240 ± 160yB.P.、10,600 ± 90yB.P. と示され、シベリアの細石刃石器群の年代とおよそ符合する。もはや、人類の関与を疑う余地はない。ミネラル豊富な「ヌタ場」に動物が集まり、狙い済ましたようにそれを捕獲する旧石器時代の人びと、という光景が脳裏をよぎる。

同じ年、その想像を彷彿とさせる、興味あるひとつの資料が、調査者たちによって回収されていた（Vereshchagin and Mochanov 1972）。

黒色フリント製の石器など旧石器時代の遺物が散在する付近の崖面で、地面に突き出す骨の棒をヴェレシチャーギンが発見する。多くのマンモスの牙を目にしてきた古生物学者でさえも生来のマンモスの牙と見まがうほどに、大きく弓状に屈曲していた。やがて全体が掘り出され、先端部を一部欠損した長さ94cm、直径2.5cmの見事な牙製の槍であることが、詳しく調べられた（図28-B）。

直径6.5～7.0cmの牙をフリント製ナイフで4分割し、磨き上げたもの、と実験考古学者のS.セミョーノフが槍の製作法を示唆するものの、槍でありながら形状が大きく弓状を呈する理由については詳らかにされていない。推定にとどまる、というのが実情であった。

今回、フロパーチェフとギリヤが極地に出かけてまでの壮大な実験を決意するそもそもの動機のひとつに、ビョリョリョフ遺跡発見のこの長い槍があった。そして、彼らの実験的研究によって、往時の技の全容が解き明かされている。生のマンモスの牙を水の中に長い間浸し続け、真っ直ぐに伸ばし、その後に分割、研磨を加えて作り上げた極めて巧妙な製作品であることが明らかにされている。何よりも興味深いのは、彎曲した発掘品の形状が、その牙のもつ柔軟な性質と「形状記憶」の働きによって道具としての役割から解き放たれ、自然に復した結果であるらしいことである。これまた、詳しくは本書第Ⅰ部に譲るが、人類がマンモスの恩恵を受けていたことを示す確かな資料であるとともに、自らの手でマンモスを捕獲し、間をおかずに切り取った牙を巧みに利用する、旧石器時代の隠された歴史を繙く貴重な発掘品だったのである。

「マンモスの墓場」が、人類の生活とかかわりがあったことを示す興味ある情報が西シベリアからも寄せられている（木村 2005d）。

ルーゴフスコェ遺跡（口絵6-A）

遺跡は、ハントィ・マンシースク市の西方25kmに位置する。もっとも南から流れ込む支流・イルトィシュ川がオビ河に注ぐ、その合流点近くの左岸、浸食された第1段丘の縁辺に立地する。比高5～5.5mを数える（口絵6：マーシチェンコ 2005）。

その存在は、1950年代にすでに知られていたが、1994年にA.パブロフによって調査が開始され、1998年以降、E.マーシチェンコも加わり主に古生物学的研究を対象とした調査が続けられてきた。1999年の調査の折、パブロフによって数点の剥片と一端に加工のある石刃が発見されたことから、2002年にハントィ・マンシースク自治共和国の国立「自然と人類博物館」の事業として学際的調査が実施された。

侵食された段丘のヘリに沿って、川幅5～20m、深さ1m前後の地元でマラムカ川と呼ぶ小さな流れがあり、夏の終わりから秋にかけての渇水期に河床幅は0.5～1mほどにまで干し上がる。

そして、河口から上流300m、幅30mの範囲にわたって動物遺存体の集中的な広がりを確認することができる。河成堆積物中からのものであるが、大きく侵食された第1段丘堆積物との層位的対比も果たされている。5〜10cmの芝土の下に厚さ3m弱の粘土質の砂層が堆積し、段丘の基盤をなす厚さ2m以上の灰色粘土層へと続くが、文化層は、水平、波状、しばしばブロック状の何枚かの薄層を含む粘土質砂層中にあり、河床では、主に薄い層状構造をなす第2層の砂質粘土層中に2枚以上の骨層が含まれ、主としてそこから遺物が集められた。これまでに4,500点以上の大型哺乳動物の化石が採集されており、マンモスの骨が全体の98％と、圧倒的多数を占めている。

とりわけ大量の動物遺存体が集められた2002年の調査によると、これまでに「マンモス動物群」にかかわる13種、すなわち、マンモス *Mammuthus primigenius* Blum.、ホッキョクギツネ *Alopex lagopus*、オオカミ *Canis lupus*、褐色グマ *Ursus arctos*、ホラアナライオン *Panthera spelaea*、ケサイ *Coelodonta antiquitatis* Blum、ウマ *Equus caballus*、トナカイ *Rangifer tarandus*、ヘラジカ属 *Alces* sp.、バイソン属 *Bison* sp.、ジャコウウシ *Ovibos moschatus*、ハタネズミ属 *Microtus* sp.、ノウサギ属 *Lepus* sp. が同定されている。絶対多数を占めるマンモスについては、3体分を上回る *in situ* の骨格が発見されており、うち1999年にほぼ完全な状態で発掘された1体は、メス成獣の特徴を示し、これまでの西シベリアで調査されたマンモスの中でもっとも小型のひとつであるという（Pavlov and Mashchenko 2001）。また、成長後期に属する胎児2体の化石の発見も注目されている。次いで多いのが、ケサイで、幼獣一体を含む7体が確認されている。

獣骨の再堆積過程が想定されているにもかかわらず、第2層出土の骨や歯の表面に噛み痕がなく、瞬時に埋没したことが推察できよう。しかも集中して出土する理由が、動物を引き寄せる塩分を豊富に含んだ「ヌタ場」、水分を多量に含む粘土のぬかるみ、すなわち「自然の罠」のおかげである、とみなされている。

これまでに、2層から出土したマンモスの骨による放射炭素年代が、18,250 ± 1,100yB.P.（SOAN-3838）、12,830 ± 350yB.P.（SOAN-4754）、11,840 ± 95yB.P.（SOAN-4753）、10,210 ± 135yB.P.（SOAN-4752）、ケサイが30,090 ± 800yB.P.（SOAN-4756）、10,770 ± 250yB.P.（SOAN-4757）と示されている。層上部がサルタン氷期後期（15,000〜10,000yB.P.）の所産であることを物語るとともに、同一層準から出土した18,000年前、あるいは30,000年前の年代を示す化石がサルタン氷期全体に及ぶ再堆積過程を、さらには第1層出土の骨や歯の破片が完新世にまで及んでいたことをあらためて証明している。

大量の獣骨とともに、出土遺物の中でひときわ注目されたのが、2002年の出土品で、体内に植刃尖頭器の刺突痕と2枚の細石刃を残したマンモスの胸椎である（口絵6-A）。胸椎は、推定22歳以上のメス成獣と調べられている。植刃尖頭器の先端が胸椎にまで達したことを物語る刺突痕（凹み）の形状から、植刃尖頭器の先端部が円錐状、胸椎の嵌入部でやや扁平な楕円形を呈していたことがわかる。軸部はすでに失われているが、その両側に植刃されたフリント製の細石刃が嵌入した状態で残されていた。譬えれば、カミソリの両刃のように槍の軸先に並べられた幅

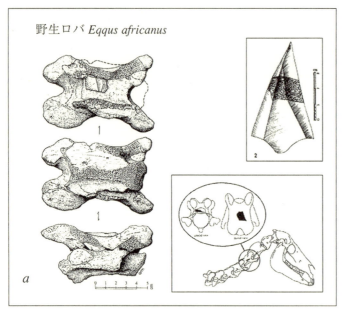

図30 ロバの脊椎に突き刺さって発見されたルヴァロワ尖頭器片
（シリア、エル・コウム遺跡出土：Boeda et al. 1999）

0.5〜1cmほどのパーツに過ぎない細石刃が、いくつか組み合わさり、マンモスを倒すほどの威力を発揮した、というわけである。

細石刃を植刃した投擲器、植刃尖頭器がマンモスハンティングに用いられたことを示す確かな資料であり、人類の狩猟活動を具体的に再現できる数少ない証拠と言えよう。

また、第2層（7×1mの範囲）の精査によって、石英、玉髄、珪岩、ジャスパー製の石器類271点、剥片・砕片類118点が集められた。掻器や削器、ドリル、彫器、のみ状石器、ノッチなどの道具類40点（遺物総数の14.8％）に加え、細石刃・石刃39点、それらを剥がし取った石核6点が含まれる。細石刃・石刃の大きさの平均が23×10×3mm、小石刃と呼ぶのがふさわしい石刃、そして二次加工の施された石刃製石器類の占める割合が高く、細石刃を伴う西シベリアの石器群の傾向ともよく一致する。狭い範囲での調査ながら、細石刃の残るマンモスの胸椎が偶然の所産ではなく、この地で、人類による積極的な活動が繰り広げられていたことを伝えている。

ちなみに、人類による狩猟活動を直接に物語る発掘資料は、世界的にみても決して多いとは思われないが、野牛の肩甲骨を射抜いた植刃器が、先端部を残して発見された同じシベリア・エニセイ河流域のココレヴォ1遺跡の例は、最初の発見例として良く知られている（口絵6-B）。またかつて、隣接する中近東、シリア中央部のパルミラに近いエル・コウム遺跡（Ⅳ 3b,1層）の例を紹介したことがある（木村 2005）が、ネアンデルタールが槍による狩猟を行っていたこと、しかも問題のルヴァロワ尖頭器を槍先として用いていたことを裏付ける貴重な資料も発掘されている。中期旧石器時代のムステリアンを特色づけるルヴァロワ三角形剥片、いわゆるルヴァロワ尖頭器が、野生のロバの第3椎骨に残されていた例である（図30）。先端部と基部を欠いた中間部破片（長さ1.4cm）であるが、調査者のE. ボエダらは、「ルヴァロワ尖頭器は、多機能、多様式、多方面の使用ができる道具で、近東ムステリアンで遍く見られるようになった理由である」と指摘する（Boeda et al. 1999）。

続いても、東ヨーロッパの話になるが、ウクライナのアンヴロシーエフカ遺跡の例では、発掘区に敷き詰められたかのように500〜1,000体以上の大量のバイソンの骨が集積し、夏〜秋の多重季節利用で、追い込み猟による大量捕獲も想定されている（図31：Boriskovskij 1953;

Krotova and Belan 1993)。図31-Dは、バイソンの骨に混じって発見された骨製の尖頭器であり、同図Eは、その使用法を想定したものである (Boriskovskij 1953)。ただし、発掘された尖頭器には細石刃を挿入するのにふさわしい溝は認められず、右側縁に浅い凹みが残るのみである。単に尖頭器、もしくは植刃尖頭器の未完成品、仮に植刃尖頭器の完成品として軸と細石刃との接着法が異なる例のいずれかであろう。なお1935年、1940年、1949年の発掘調査で、断片も含めて22点の骨製尖頭類が発見されているが、片側に凹みある例が2点 (図31-D)

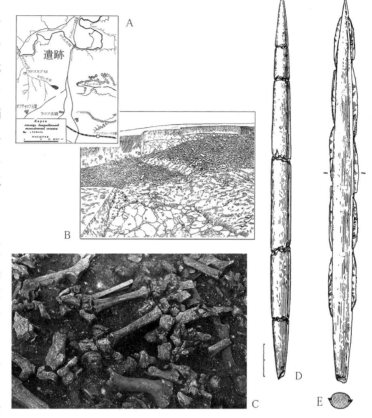

図31 アンヴロシーエフカ遺跡 (A：Eseev 1949) とバイソンの骨の集積出土状況 (B：1949年 Boriskovskij 1953)、**出土状況** (写真C：1988年発掘、A.Krotva 提供) **骨製尖頭器** (D)・**植刃尖頭器復原想定図** (E：Boriskovskij 1953)

と両側にある例が1点であった。

ともあれ、居住地・狩猟地を棲息域に寄せつつ、基本的には近場での捕獲容易な狩猟対象がおよそ1年を通して選ばれていたと理解されるが、狩猟対象の多様性を示す例と言えよう。結局は、後期旧石器時代の人びとについて、勇猛果敢な狩人というよりも、自然の仕組みを巧みに応用する「知恵者」と表現すべきかもしれない。

更新世〜完新世の移行期に、細石刃伝統を維持しつつ、新たな技術伝統を編み出した人類が、北極圏をしっかりと生活圏に組み入れている。

極地進出のフィナーレ・ジョホフスカヤ遺跡

現在は北極海に浮かぶ北緯76度のジョホフ島に、世界最北の遺跡が残されている (Pituljko 1998; 木村 1999)。最終氷期の寒冷気候による海水面低下が依然として続き、当時、なお南の大陸と陸つながりにあったこの島は、フロパーチェフとギリヤによる実験研究の主要な舞台でもある。

北極海の東シベリア海とラプテフ海の間に浮かぶノヴォシビルスク諸島に属し、もっとも北に位置するデ・ロング列島 (北緯75〜77°、東経148°50〜159°) は、ヘンリエッタ島、ジャンネットィ島、ベンネッタ島、ヴィリキツキー島、ジョホフ島の5つの小島からなるが、遺跡は、

そのうちのひとつジョホフ島にある。ジョホフ島は、南北およそ11km、東西9kmを測り、その面積はおよそ60km²である。デ・ロング列島の多くが、切り立った海岸線と高さ200～400mのテーブル状の地形を成すのに対し、ジョホフ島だけは、海岸線に沿って沖積低地、更新世後期に形成された20～40mの海岸段丘が広く発達し、やがて緩やかに中央部の連丘（標高250m）へと移行する。ジョホフスカヤ遺跡は、島の南西部、現海岸線より1kmほど内陸にあり、標高17～19mに立地する。遺跡の広がりは、およそ8,000m²の範囲に及ぶと推定されているが、遺物包含層は不連続であるとみられている。現在、ここでの6月の気温は+0.5～-1℃、1月の気温が-28～30℃であるという。

　北極地域での考古学研究は、1967年、極地ステーションの技師、I.ジドコフがジョホフ島の南西部で人工品と思われる遺物を採集したことに始まる。その多くはすでに失われているが、1970年代になって、マンモス牙製の大きな「突き棒」と「ツルハシ」の2点が旧レニングラードの物質文化史研究所に残されていることが判明し、その製作手法をめぐる研究がスタートした。さらに、採集された木片による放射性炭素測定年代が、8,000yB.P.という非常に古い年代が示され、いっそうの関心を呼ぶこととなり、1989～91年、物質文化史研究所の考古学者ピトゥリコらによって正式な発掘調査が行われた（図32）。極地ツンドラでの調査は、現地に辿りつくことさえ

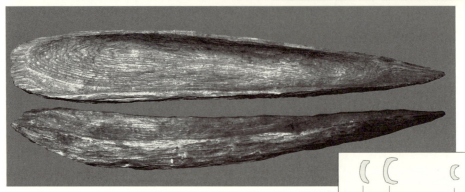

図32　ジョホフスカヤ遺跡での発掘風景（上：E.Girja 提供）
と出土した木製容器（下：図は Pituljko 1998、写真は筆者撮影）

難しく、筆者も参加を希望していたが、結局叶わずに終わった。

あわせて148㎡が発掘され、主に褐色もしくは黒色の3層（泥炭層）と淡黄色ロームの4層（50～70%が氷結）、とりわけ4層から木器、木片、骨片、フリント製剥片・石器類、炭など大量の遺物が出土することが確認された。細石刃38点、細石刃核45点、縦長剥片198点、磨製石斧6点、砥石5点などの石器類に加えて、骨角製植刃器・同尖頭器9点、マンモス牙製の削器・ナイフ2点、マンモス牙製（13点）・トナカイ角製（15点）の「ツルハシ」28点、木製のアグ付きヤス1点、木製の食器（容器、図32）3点、トナカイの角製ハンマー5点、ソリの滑走部1点などが数えられている。シベリアに特有な典型的な楔形細石刃核は含まれていないが、細石刃関連の石器が出土石器の多数を占め、実際に細石刃が挿入された植刃尖頭器も伴っている。これらを残した集団が、旧石器時代以来の細石刃文化の伝統を保持する人びとであったことは疑いない。

狭い面積での困難を極める発掘のためか、出土数が決して多いとは言えない。しかし、その構成の多様さが際立っている。これらの発掘品が、人類が最北の地に足を踏み入れたことを示す動かぬ証拠品であることはもちろんであるが、極地での内容豊かな文化と高度な技術の様子を今に伝えている。なかでも、道具の素材がはるか南方の森林地帯からもたらされたとしか考えられない木製品や、2,000kmほどのはるか東南方のアナディールからもたらされたらしい黒曜石製の細石刃が含まれており、ジョホフスカヤ遺跡の人びとの生活圏、経済的交流域が想像以上に広い範囲に及んでいたことを窺わせている。

また、ホッキョクグマの骨片397点、トナカイの骨・角片450点など大量の動物骨も集められている。マンモスの牙利用の伝統は残るものの、マンモスがすでに姿を消したためか、マンモスハンティングの確かな証拠は得られていない。しかしその伝統は、ホッキョクグマやホッキョクギツネの捕獲と酷寒での積極的な暮らしに垣間見ることができよう。中には、紐で結ばれていたかのような帯状の痕跡を残すホッキョクグマの頭骨の出土が報ぜられている。送りの儀礼が行われていたことを示すものであろうか？

「ツルハシ」の使用法の謎解きなど、世界最北の地での人びとの暮らしの様子は、フロパーチェフとギリヤの著書中に生き生きと語られている。これについても、第Ⅰ部に譲ろう。

なお、同じピトゥリコらの調査隊が、北緯71度、ヤナ河の河口付近、ヤナRHS遺跡で、石刃技法や細石刃技法を持たない石器群を発見したことが新たに伝えられている（Pitulko *et al.* 2004、木村2005c）。27,000yB.P.の年代が与えられており、事実とすれば、ウラル山脈西側のヴィゾーヴヤ遺跡と同様、人類による極北、シベリア、あるいは新大陸への拡散を一段と古く考えなければならないことを意味する。果たしてどうか。新たな課題として、今後の展開が注目されている。

7. 終章　マンモスハンターの文化の起源、再論
――ネアンデルタールの絶滅とホモ・サピエンスの起源の問題――

今から50年ほど前、イラク東北部、ザグロス山脈中のシャニダール洞穴で、ネアンデルター

ルに属する9体の人類化石が発掘された。洞穴入り口付近で、手足を折り曲げた状態で発見された4号人骨の調査にあたり、周囲の土壌が集められ、フランスの古植物学者ルロア・グーラン夫人の手で花粉分析が試みられた。分析を通して、ムスカリ類、キンポウゲ、タチアオイ、ノボリギク、アザミなど7種類の植物花粉が検出された。鮮やかな色をした花が主体であるという。アメリカ・コロンビア大学の考古学者のR. ソレツキーは、死者の埋葬に際して人びとが花を手向けていたこと、またネアンデルタールが精神的概念を有していたことを示す有力な証拠である、と結論した（ソレツキー 1971, p.235）。

　これに先立つ試掘の折、最初の人類化石でもある幼児骨が、頭を北にし、手足をきつく折曲げる屈葬位の状態で発見されている。周辺から、哺乳動物の破片、ヒウチ石、木炭の細片、石灰岩の破片などが集められ、埋葬にかかわる品々という可能性も考慮されたが、結局は、確かな証拠を得るまでには至らなかったらしい。それでも、著書の中でソレツキーは、亡き息子の名を呼び続ける母親の痛ましくも感動的なクルド族の歌を紹介している。

　　ワジル　ワジル　ワジル
　　ワジル　お前の母の息子よ
　　今日はいったいどこにいるのだ
　　ワジル
　　起きて、そして村はずれまで
　　ウシを追ってゆけ

　また、生まれながらに身体の不自由であった通称ナンディ（推定40歳、1号人骨）は、仲間の助けを借りながら、やがて関節炎を克服し社会復帰を果たした、とみられている。

　花を愛でる人びとの物語とともに、それまでの「野蛮で原始的なネアンデルタール」から「心温まる家族思いのネアンデルタール」へとイメージを大きく塗り替えるきっかけとなったシャニダールの発掘は、考古学の研究史に印象深く刻まれている。そして、人類進化史の中に、ネアンデルタールの道筋が正しく付けられたかのように思われていた。しかし、昨今のホモ・サピエンスをめぐる「出アフリカ説」の登場により、長い期間を要してようやく手に入れたその新たなイメージも、再び揺らぎ始めているかのようにみえる。

　ここで、冒頭に示したゲラシモヴァらのカタログにより、シャニダールとも隣接する北方ユーラシア（旧ソ連邦域）で発見されているネアンデルタールの埋葬例について覗いてみよう。19以上の遺跡でネアンデルタールの化石が発見されているが、墓に埋葬されたことを裏付ける記載例となると、数例にも満たない。中期旧石器時代の多くが石灰岩洞穴であるために、調査の困難さ、自然、あるいは人為的な破損・毀損率の高いことが関係している。

　墓壙の位置、およその形状が確認された例のひとつが、ウクライナのシムフェロポーリ市の東方25kmに位置するキィク・コーバ洞穴からのものである。高さ9m、幅11m、奥行き9mの洞穴は、クリミヤの石灰岩山地に深い谷を刻みながら流れるズイ川の右岸（比高およそ120m）に立地する。

1924 年に、G. ボンチ・オスモフスキーによって発見され、1925・1926 年に発掘調査が行われた（Smirnov 1991）。

Ⅰ〜Ⅶ層、複雑な堆積状況を示しながらも、うちⅢ〜Ⅵ層に文化層が確認され、おおよそ小型の鋸歯縁石器を特徴とする石器群が下層に、両面体加工石器を伴う石器群が上層に位置するという。いずれも、中期旧石器時代のムステリアンの所産とされる。

成人と幼児（推定 1 歳、もしくは 5 〜 7 ヵ月）の遺体が断片的ながら発見され、両者とも径 1 m 内外、深さ 70cm ほどの墓穴に埋葬されていたとみられている。ただし、ピットなどその後の人為的掘り返しや礫塊の自然崩落などが重なり、旧状をあまりよく残してはいない。

幼児は、解剖学的位置を保って発見され、肩甲骨や左上腕骨、両脚などが詳しく調べられているものの、激しく損傷を受けた頭骨をはじめ、概して保存状態が悪い。子供の墓から 40cm ほど離れて発見された成人の墓についても、歯、おそらく門歯、そして手首の骨などがばらばらな状態で検出され、遺体が右側を下にし、脚をわずかに折り曲げて置かれていた、と辛うじて埋葬の際の姿勢が推定されている。

不確かながら、放射性炭素測定年代により、幼児の例がいくらか新しく、およそ 32,000 年前、成人がそれよりも古いおよそ 55,000 〜 40,000 年前と示されている（Smirnov 1991, pp.137-142; Deminenko 2004, p.22）。

この他、中央アジアのネアンデルタール少年として著名なテシク・タシュ洞穴から発見された化石が、埋葬の例としてよく知られている（図 3）。発掘した A. オクラドニコフは、埋葬遺体とともに、山羊の角が遺体を囲むように置かれていたとみなしている（Okladnikov 1939）が、墓壙の輪郭など詳細は把握されていない。

遺伝子研究で話題となったメズマイスカヤ洞穴でも、頭部は北向き、右側を下にし、左手を胴部の上に置くなど、比較的詳しい埋葬の様子も伝えられてはいるが、足の位置、墓壙の輪郭など不明な点も多く、埋葬を確証するまでには至っていない（Golovanova et al. 1999）。

表 4・表 5 は、発見されているネアンデルタール、およびホモ・サピエンスの人類化石のうち、埋葬されたと考えられ、およそ年令が同定された例について、その年令構成を示したものである。

前章で、少年・少女の埋葬に対するスンギールの人びとの特別な思いを紹介してきたが、両グラフとも、幼児・10 代をあわせ、子供が半数以上を占める点で共通している。そもそも、人骨の発見例自体が少ない上に、それぞれの保存条件が異なっていることを考慮すると、単純な比較はもちろんできない

とは言え、両表を比較すると、ホモ・ネアンデルターレンシスにおいて子供の占める割合が目立って多い（81％）。成人例が少ない点は、居住区域（多くは洞穴）外での活動に多くの時間を費やす、当時の生活様式を反映したものであろうことは容易に推察できる。野外での死の折には、洞穴に遺体を持ち帰られることが少なかったからであろう。しかし、子供の割合が後期旧石器時代をはるかに上回る傾向は、子供を特別に扱う強い情想がすでに作用していた結果とみなすことも許されるに違いない。墓壙域の有無、副葬品の多寡、あるいはその多様性など埋葬を決定づける情報の不足は否めないが、さりとてネアンデルタールの風習をホモ・サピエンスのそれから隔

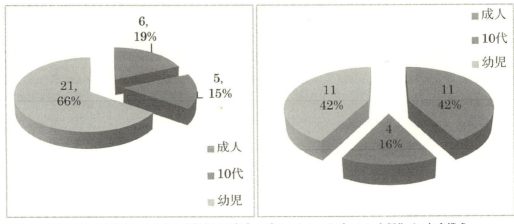

表4　ホモ・ネアンデルターレンシス人類化石の年令構成　　表5　ホモ・サピエンス人類化石の年令構成

絶するのは適当でなかろう。

　あらためて、東ヨーロッパにおけるマンモスハンターの文化、主にコスチョンキ・ボルシェヴォ文化の成立過程を考察しながら、ネアンデルタール絶滅とホモ・サピエンス出現の課題についていささか言及してみたい。

　研究が始まって長い間、個性的な「マンモスハンターの文化」は、急速に出現し、およそ1時期のものとみなされてきた。しかし、それぞれの遺跡での綿密な地層の検討が行われ、しかも多くの放射性炭素年代が示されるに至り、アニコーヴィッチらの編年案（表2）のとおり、いくつかの変遷過程と確かな発展段階を含んでいる実態が明らかになりつつある。

　アニコーヴィッチは、東ヨーロッパの後期旧石器文化にみられる石器インダストリーを、特に剥片剥離技法に着目し、大きくセレティアン系、オーリナシアン系、グラヴェティアン系の3つの技術複合（テクノコンプレックス）に整理する（Anikovitch 1998; Anikovitch 2005, p.79）。「セレティアン」は、ハンガリーのセレタ洞穴から出土した特徴的な両面加工の木葉形尖頭器とムステリアン的な削器などを有する下層の石器群を標式とするもので、セレタ文化、セレタ・インダストリーなどと称される。後者は、いずれもフランスの伝統的な旧石器研究の中から導き出された標式文化で、後期旧石器時代前期に編年されるオーリナシアン（オーリニヤック文化）はやや大型、厚手の石刃を用いた石刃石器群と骨角製尖頭器など骨角器の発達に特色づけられ、グラヴェティアン（グラヴェット文化）は急角度の二次加工が施された（背付き）細石器、彫器、有肩尖頭器、そして多様な骨角製の尖頭器や錐、ナイフなどを伴うことが特徴とされる。両者は、主にフランス西南部を中心とした広がりを示すオーリニヤックと東欧を中心とするグラヴェティアンに対比されることがある。アニコーヴィッチは、それらの技術複合が、特定の歴史的条件のもとで、ある社会集団によって培われてきた伝統的体系そのものである考古学的文化とかかわりなく、地理的制約や年代的制約の中でさまざまな姿、具体的には二つ以上の技術複合を合わせ持ちながら出現するとし、とりわけ、後期旧石器初頭、あるいは中期旧石器から後期旧石器への過渡期には、ムステリアン的要素を残しつつ複雑な変遷過程を含んでいる、とみなす（Anikovitch

2005, p.79)。

　石器群に限ってみると、セレティアン系は、見事な葉形、もしくは三角形の両面加工尖頭器、削器、のみ状石器など後期旧石器時代の特徴的な石器群を伴いながらも、ムステリアンの技術的・形態的特徴を残す石器が含まれる。彫器や細石刃は含まれないか、あったとしてもごく少ない、という。オーリナシアン系は、石刃技法が基盤をなすが、大型で厚手の、あまり整形されていない石刃に特徴があり、彫器や掻器、石刃を素材とした尖頭器などが伴う。細石刃も、やはり不整形なものが多いという。グラヴェティアン系は、高度に発達した石刃技法を基調とし、薄い石刃、整形された幅の狭い細石刃、石刃から作られた各種の石器が伴う。特に細石刃は、先述したとおり、背潰し加工とも言うべき急角度の二次加工を特徴とする。なおアニコーヴィッチは、セレティアン系技術複合に加えて、シベリアのアフォントヴァ・ガラー系の技術複合も関与していると予測する（Anikovich 2005, p.80）

　このような区分がどれほど有効であるか、なお議論を要するところではあるが、石器の形態や製作法において中期旧石器時代の石器群と相通ずる一群が、コスチョンキ・ボルシェヴォ遺跡群の中でもより古く、少なくとも後期旧石器時代の初期段階に位置づけられるであろうことは疑いない。

　大型住居コンプレックス2基が発見されたコスチョンキ1遺跡では、3.3万～2万年前の長期に及ぶ文化層が、おおきく3つの時期に識別されている。そして、マンモスハンターによる本格的な活動は、2.5～2.6万年前以降に始まるとみられており（表2参照：Anikovitch 2005; Sinitsin 2005)、それよりも古い文化層Ⅲ～Ⅴ層の存在が突きとめられている（図33・34、口絵5 地層断面写真参照）。特に、図34-17～31は、最下層の上部腐植土壌の基盤層（32,000～34,000年前）から出土した文化層Ⅴの石器群であるが、三角形の特徴的な尖頭器をはじめ、両面加工の石器が多く含まれることから、上層の石器群とは明らかに区別できる。もちろん、不整形ながら、石刃、

図33　コスチョンキ1遺跡住居コンプレックス2の発掘風景
（右下図、下層の石器群を調べる M.アニコーヴィッチ）

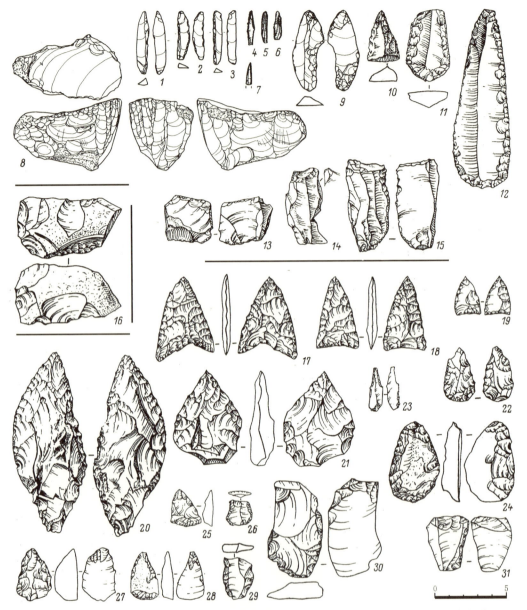

図34 コスチョンキ1遺跡文化層Ⅲ～Ⅴ出土の石器群（Plaslov *et al.* 1982, p.63 1～3・7～9のみ筆者実測）
1～7. 細石刃，8. 石核，9・10・17～22. 尖頭器，11・12・25・26. 搔器，13・30・31. のみ状石器，14・15. 彫器，16・24～29. 削器（16は石核様ブランク？），23. 錐形石器

石刃核を少々伴うことも確認されており、後期旧石器時代に属することは疑いない。コスチョンキ・ストレリェーツク文化と呼ばれる。

さらに、コスチョンキ12遺跡や同14遺跡などの最下層（下部埋没土壌）から、コスチョンキ・ボルシェヴォ遺跡群の中でもっとも古いステージ、すなわち初期段階に属する後期旧石器の一群が発見されている。石器群の技術的・形態的特徴、組成において、コスチョンキ1遺跡の下層石器群により近い様相が認められ、両者の連続性を疑う余地はない。図35は、そのコスチ

ョンキ 12 遺跡文化層Ⅲから出土した石器の一部である。石刃製の石器はほとんどみられず、剝片の周辺を簡単に加工した削器やナイフ？などともに、両面全体、あるいは両面の周縁のみを加工して作り上げた尖頭器類が多く含まれている。欠損しているが、スンギールタイプの三角形の両面加工尖頭器もみられる（図35-2・3）。

一般に、小型のハンドアックスを含む、これら両面加工の石器を特徴とする石器インダストリーは、中期旧石器のミコキアンからの伝統を引き継いだものと理解されている。オーリナシアンなど後期旧石器時代の石器群とは区別される一方、過渡的様相をもった一群として「セレティアン」とも呼ばれる。ホモ・サピエンスが主役のスンギール遺跡出土の石器群に共通する石器インダストリーであることを考慮するならば、中期旧石器の

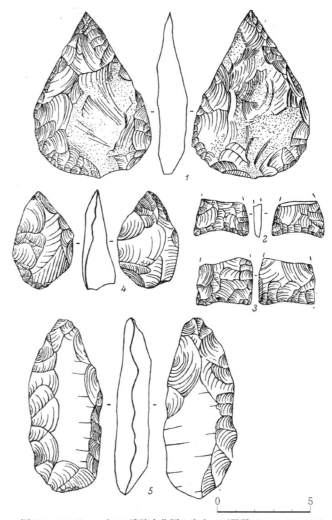

図35　コスチョンキ12遺跡文化層3出土の石器群（Anikovich 1977）
1～3.尖頭器．4・5.尖頭器様石器

ミコキアン、そして過渡的段階のセレティアン、そして後期旧石器、マンモスハンターの時代のスンギールの石器インダストリーとの間に、大きな断絶を認めることは難しい。

主とする生業活動の変化、あるいは本格的な狩猟活動の展開が、人びとを極北へと導き、さらには道具の改良、発展をもたらしたというのが、真相と言えよう。

いっそう興味ある資料が、沿ドニエストル河流域のモロドヴァ遺跡群やチェコのモラヴィアの遺跡で注意されている（図8参照）。

沿ドニエストル河流域のモロドヴァ5遺跡では、Ⅰ～Ⅻ層まで文化層の累々と重なる様子が調べられている。下層のⅪb～Ⅻ層が中期旧石器時代のムステリアン後期に、Ⅹa層より上位が後期旧石器時代、特にⅦ層の石器群がコスチョンキ1遺跡文化層Ⅰの石器群に相当し、これまでの編年的関係をよく表している。しかしここで注目すべきは、Ⅹa層に、ムスティエ伝統の証のひとつ、ルヴァロワ石刃、ルヴァロワ尖頭器が伴出することであろう。

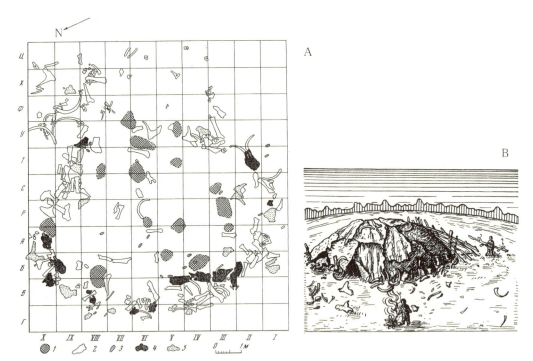

1. 炉址、2. 獣骨、3. マンモスの歯、4. マンモス頭骨
5. マンモス肩甲骨

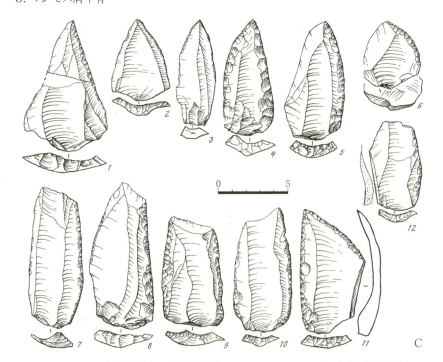

図36 モロドヴァ1遺跡文化層Ⅳの円形住居址（A：Rogachev 1970, p.68）と復原想定図（B：Chernysh 1965, p.43）、および出土石器群（C：Plaslov 1984b, p.134）
　　1〜3. ルヴァロワ尖頭器, 4〜12. 削器

7. 終章　マンモスハンターの文化の起源、再論

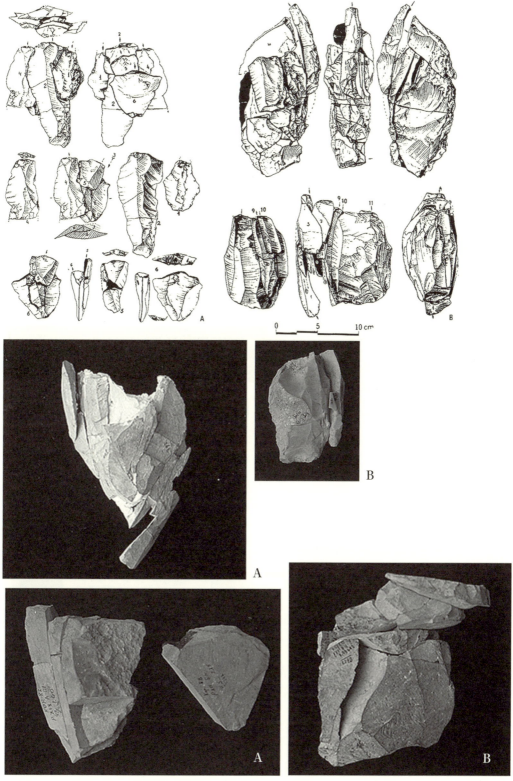

図37　コロリェーヴォ1遺跡Ⅱb文化層の「ルヴァロワ尖頭器技法」(A) と同2遺跡Ⅱ文化層の石刃技法 (B)
　　　（図は Usik 1989：写真は筆者撮影）

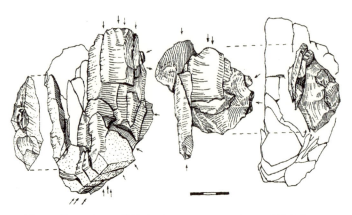

図38 ボフニシアン技法（ストランスカ・スーカラ3a遺跡出土：Svoboda *et al.* 2002, p.173）

またモロドヴァ1遺跡において、文化層Ⅰ〜Ⅳのうち、最下層の文化層Ⅳから問題のルヴァロワ尖頭器、ルヴァロワ石刃を含む良好な石器群とともに、円形住居址が検出されており、発見当初から研究者の関心を呼んできた。図36に、その特徴的な石器群と住居址、住居の復原想像図を示した。

遺跡は、ドニエストル河流域の10〜12m段丘上にある。15の炉址が重なる、径5×7mのいくらか長円形のプランをもった住居址の存在が明らかにされている。調査者のチェルヌィシュは、マンモスの骨や牙で囲まれる基底部（基礎）に木の骨組みが組み合わさる、おそらくはマンモスの毛皮で屋根が覆われた継年使用、あるいはいくらか移動に簡便なチュームタイプ（テント式）の住居、と推定する（図36-C：Chernysh 1965、図26-B参照）。とすれば、東ヨーロッパ最古の構造的な平地住居址となる。同じ文化層Ⅳからは、典型的なムステリアンの亀甲型の石核や、ルヴァロワ尖頭器、削器などが出土している（図36C-1〜12）。アニコーヴィッチらは、表2のとおり、それらの年代をおよそコスチョンキ12遺跡文化層Ⅲに対比させている。モロドヴァ5遺跡とモロドヴァ1遺跡の石器群にみられる層位的関係を総合的に判断したものと思われるが、シベリアで理解したような変遷が、この地域でも辿れることを示している。これまで、このような剝離技法、及び石器群にみられる変遷過程は、シベリアのみならず、広く北方ユーラシアに共通する様相を呈していたであろうことを、ウクライナの後方カルパチアのコロリェーヴォ1遺跡、同2遺跡の層位的出土事例（図37）をもとに推察してきた（木村 1997）が、さらにその見通しの正しさを示唆する興味ある資料が、チェコのモラヴィアでも発見されている。

ストランスカ・スカーラ3a遺跡から出土した、ルヴァロワ石刃やクレステッドフレーク（縦長の剝片の表面に石核整形の段階の調整剝離を残した稜付き剝片）などが接合する資料である（図38）。チェコ・ブルノの考古学者、J.スヴォボダは、ルヴァロワ技法に後期旧石器の要素を合わせ持つ技法の存在を理解し、「ボフニシアン技法」と名付けている（Svoboda *et al.* 1996, p.127）。

J.スヴォボダらは、モラヴィアでの後期旧石器時代の初頭は、ボフニシアンとセレティアン、そしてオーリナシアン系の石器文化がモザイク状の様相を呈するとし、中期旧石器からの複雑な移行期を考察している（Svoboda *et al.* 1996）。ボフニシアンの標式遺跡、ボフニッツエの包含層（4-4a層）が、当初、K.ヴァロッチ（1976）によって最終氷期初頭の小氷期後、亜間氷期の土壌コンプレックスとみなされていたのに対し、初期小氷期の終り頃にいくらか古く遡る可能性があることを明らかにし、ボフニシアンをおよそ4万年前後に位置づけている（Svoboda *et al.*

pp.206-207)。放射性炭素年代において、同じ一群とされるストランスカ・スカーラ3遺跡（V層）が 38,200 ± 1,100、38,500 + 1,400 − 1,200、ストランスカ・スカーラ3a遺跡が 41,300 + 3,100 − 2,200 などと示されている。ルヴァロワ技法の要素を取り入れた典型的な「ルヴァロワ−細石器インダストリー」（図39）として、中期〜後期旧石器への過渡的な石器群の存在を考慮したものである。

シベリアの例で図示したように、主にルヴァロワ石刃・ルヴァロワ尖頭器の素材を作り出すルヴァロワ技術（典型例は、最後、石核からそれら素材を剥ぐために、「V」字状交差剥離など各種の計画的な調整が行われることを特徴とする）は、やがて石刃技法へと発展的に置き換えられていく継続性ある技法、とみなす認識に同じであろう（図24、木村 20005・2010・2011 他）。

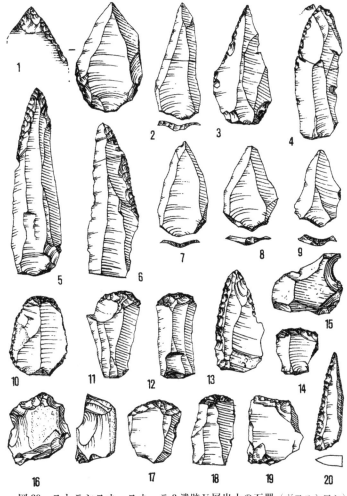

図39　ストランスカ・スカーラ3遺跡V層出土の石器（ボフニシアン）
　　　（Svoboda et al. 2002)
1〜3・7〜9. ルヴァロワ尖頭器, 4〜6・13・20. 削器, 10〜12・14・16〜19. 搔器,
15. 抉入石器

すでに紹介したとおり、中期旧石器のミコキアン、中期旧石器から後期旧石器への過渡的段階のセレティアンの石器インダストリーと深いかかわりが推定されている、凹基の三角形尖頭器（鏃）に特色づけられるスンギールの両面加工石器群の担い手は、解剖学的研究の結果からすると、若干のネアンデルタール的な特徴を残しながらも、ネアンデルタールではなく、ホモ・サピエンスであることが明らかにされている。

では、一方のボフニシアンの担い手が誰であるのか。ネアンデルタールの直接の後裔という見解も有力であるが、東ヨーロッパのグラヴェティアンの担い手に直接移行したかどうか、その移行過程を具体的に描ききることまではなおできていない。しかし、シベリアやクリミア、ウクライナなどと同様、石刃石器群の生みの親である可能性は高く、大きくは石器製作技術伝統を共通にしていた集団とみなして大過ないものと考える。とすれば、ホモ・サピエンス、もしくはホモ・

サピエンスの先祖集団とみるのが合理的であろう。

　結局、北方ユーラシアにおけるマンモスハンター拡散の問題は、時に、ネアンデルタールの絶滅とホモ・サピエンスの出現の問題とも深くかかわっている。北方ユーラシアのあちこちで中期旧石器文化から後期旧石器文化への過渡的段階の存在が指摘されており、後期旧石器文化やマンモスハンターの文化が、ネアンデルタールとホモ・サピエンスの交代にともなって突然として出現したとみなすことはまずもって難しい。また、モザイク模様の複雑な様相をいかに繙いていくか、依然として課題は多いが、「ネアンデルタール」の文化がその後のホモ・サピエンスの文化になんらの影響も及ぼすことなく姿を消したとする推定は、まったく実態にそぐわない。

　もちろん、東ヨーロッパで、あらゆる文化パターンの急激な変化が相次いで引き起こされたであろうことは想像に難くない。しかしそのような変化も、後期旧石器時代前期末になってからで、中央域に確かなマンモスハンターの文化が成立することと関係している。

　いずれにせよ、ネアンデルタールとホモ・サピエンスの間にこれまで言われるような遺伝子的つながりがまったくないとすると、すでに概述してきた複雑にまじりあう考古学事象を首尾よく説明することはできないであろうし、両者の遺伝子的つながりがどれくらい太かったか、あるいは細かったかは横に置くとして、両者の交雑、交流なくして考古学的事象の説明はおよそ不可能である。

　解答を性急に急ぐ必要はなかろう。アフリカで誕生した人類が、ユーラシア大陸へ進出し、やがてシベリア、さらには極北などの酷寒の地にまで足を踏み入れるのであるが、人類がどのような理由をもって、またどのような適応戦略をもってその過酷な環境の地を居住地へと組み込んでいったのか、ホモ・サピエンスの出現の問題ともども、さらなる検証作業の進展を見守ることにしたい。

　最終氷期の時代、海水面の低下によって旧大陸と新大陸が陸で結ばれていた（ベーリンギア、ベーリング平原）ことはよく知られているが、その最盛期も過ぎ、いくらか温暖化へと移り変わる頃、氷河が後退し始め、それまでひと連なりになっていたアメリカ大陸西部の山岳地域から流れ下る氷河（コルディエラン氷床）とグリーンランドや北米大陸北部を広く覆っていた氷床（ローレンタイド氷床・グリーンランド氷床）との間に、わずかな隙間が生まれる。拡散を続けた人類は、その「無氷回廊」を伝って遂に新大陸へ移住を果たしたとみられている。こうした人類のダイナミックな拡散をもたらす原動力が、過酷とされる「極北の自然」にこそあった点は、特に強調される必要があろう。ひとつひとつの小さな足跡が、やがて大きくまとまり、新たな確信的行動へと導くに違いない。シベリアや新大陸での歴史もこうして始まる。

謝辞

　第Ⅱ部を執筆するにあたり、多くの機関や多くの研究者から資料の観察の機会をいただき、また多くの有益なるご教示をいただいた。以下に銘記し、心から感謝申し上げたい。

　A.P. デレヴァンコ（ロシア科学アカデミーシベリア支部考古学・民族学研究所、所長、ノヴ

ォシビルスク)、Z.A. アブラーモワ、S.N. アスターホフ、M.V. アニコーヴィッチ、V.V. ピトゥリコ、S.A. ヴァシーリェフ、S.S. シニツィン（以上、ロシア科学アカデミー物質文化史研究所、サンクト・ペテルブルグ)、Ju.Ju. ピョートロフスキー（エルミタージュ主任学芸員、サンクト・ペテルブルグ)、N.K. ヴェレシチャーギン（故人、ロシア科学アカデミー動物学研究所、サンクト・ペテルブルグ)、O.N. バーデル（故人)、N.O. バーテル（ロシア科学アカデミー考古学研究所、モスクワ)、Kh.A. アミルハーノフ（同研究所、ロシア科学アカデミーダゲスタン科学センター長、同歴史・考古・民族学研究所所長兼務、マハチカラ)、E.N. マーシチェンコ（ロシア科学アカデミー古生物学研究所、モスクワ)、V.L. モロージン（ロシア科学アカデミーシベリア支部考古学・民族学研究所、副所長)、V.T. ペトリン（故人)、S.V. マルキン、M.V. シュニコフ、Z.N. ゼーニン、A.N. ゼーニン、E.P. ルィビン、A.V. ポストノフ（以上、ロシア科学アカデミーシベリア支部考古学・民族学研究所)、N.I. ドロズドフ（国立クラスノヤルスク教育大学、学長)、E.V. アキモーヴァ（国立クラスノヤルスク教育大学)、G.I. メドヴェーデフ（国立イルクーツク大学、教授)、E.M. イネーシン（国立イルクーツク技術工科大学)、N.L. コルニェッツ（ウクライナ古生物学博物館)、L.V. クラコフスカヤ、A.A. クロトヴァ、V.I. ウシク（以上、ウクライナ科学アカデミー考古学研究所)、V.A. ラーノフ（故人、ドゥシャンベ)、Zh.K. タイマガンベトフ（国立カザフ大学、学長）P.A. ラザレフ（サハ科学アカデミー付属マンモス博物館)、A.A. ヴァシリェフスキー（国立サハリン大学、副学長)、J. スヴォボダ（チェコ科学アカデミーブルノ研究所・ドルニヴェストニッツェ分室)、J. ジョーベル（フランス、ボルド大学、教授)、O. ソーファー（アメリカ、元イリノイ大学、教授)。

　この他、ひとりひとりを明記することはできないが、第Ⅱ部の執筆までに、さらに多くの研究者や関係者のご指導、ご助力があった。

　特に断りのない口絵写真、挿図（写真）は、筆者の撮影・作成になるが、N.L. コルニェッツ、Z.A. アブラーモワ、N.O. バーデル、P.A. ラザレフ、A.N. ゼーニン、E.N. マーシチェンコ、N.K. ヴェレシチャーギン、A.A. クロトヴァ、V.I. ウシク、E.Ju. ギリヤ、V.V. ピトゥリコ、J. スヴォボダの各氏、ノルウェー・トロムソ大学博物館より提供いただいた貴重な資料を使わせていただいた。あわせて感謝申し上げたい。

引用・参考文献

ロシア語関係

Abramova 1962; Абрамова, З.А., *Палеолитическое искусство на территории СССР. Археология СССР, Свод археологических источников*. Академия Наука, Москва-Ленинград.

Abramova 1981; Абрамова, З.А., Мустьерский грот Двуглазка в Хакасии (предварительное сообщение). *КСИА*, вып.165, С.74-78, Изд. АН СССР, Москва.

Abramova 1989; Абрамова, З.А., Палеолит Севернои Азии. *Палеолит мира-Палеолит Кавказа и Севернои Азии*, С.143-243, Наука, Ленинград.

Akimova et al. 2005; Акимова, Е.В., Дроздов, Н.И., Лаухин, С.А., Чеха, В.П., Орлова, Л.А., Кольцова, В.Г., Санько, А.Ф. и Шпакова, Е.Г., *Палеолит Енисея-Лиственка*, 180с., Изд. Универс. Красноярск.

Alekseeva et al. 2000; Алексеева, Т.И., Бадер, Н.О. и др. *Homo Sungirensis. Верхнепалеолитический человек экологические и эволюционные аспекты исследования*, 468 с., Научный Мир, Москва.

Amirkhanov et al. 1998; Амирханов, Х.А. и др., *Восточный Граветт*. 329с., Научный мир, Москва.

Anikovich 1977; Аникович, М.В., Каменный инвентарь нижних слоев Волковской стоянка. *Проблемы палеолита Восточной и Центральной Европы*. С.94-112, Изд. Наука. Ленинград.

Anikovich 1998; Аникович, М.В., Днепро-Донская историко-культурная область охотников на мамонтнов. От «Восточного Граветта» к «Восточному Эпиграветту». *Восточный Граветт*, С.35-66, Научный мир, Москва.

Astakhov 2008; Астахов, С.Н., *Палеолитические памятники Тувы*. 178с., Изд. Нестор-История, Санкт-Петербург.

Aujerbakh 1930; Ауэрбах, Н.К., Палеолитическая стоянка Афонтова III. *Труды общестова изучения Сибир и её производительных сил.*, вып. 27с., Новосибирск.

Bader 1959; Бадер, О.Н., Палеолитическая стоянка Сунгирь на р. Клязьме. *Саветская Археология*, №.1, Москва.

Bader 1967; Бадер, О.Н., Погребения в верхнем палеолите и могила на стоянке Сунгирь. *Саветская Археология*, №.3, Москва.

Bader 1975; Бадер, О.Н., Палеолитическая гравировка из Индигирского Заполярья, *Археология Северной и Центральной Азии*. С.30-33, Новосибирск.

Bader 1977; Бадер, О.Н., Об исчезнувших деревянных изделиях во второй могиле на Сунгире. *Проблемы палеолита Восточной и Центральной Европы*. С.113-116, Изд. Наука, Ленинград.

Bader 1978; Бадер, О.Н., *Сунгирь. Верхнепалеолитическая стоянка*. 255с., Изд. Наука, Москва.

Bader 1984; Бадер, О.Н., Палеолитические погребения и палеоантпологические находки на Сунгире. *Сунгирь. Антропологическое исследование*, С.6-13, Москва.

Bader et al. 1998; Бадер, О.Н., Михайлова, Л.А., Лаврушин, Ю.А., Стридонова, Е.А., Гугалинская, Л.А., Алифонов, В.М. и Адексеева, Л.И., *Позднепалеолитическое поселение Сунгирь (погребения и *окружающая среда)*, 269с., Изд. Научный Мир, Москва.

Beregovaja 1984; Береговая,Н.А.,*Палеолитические местонахождения СССР*, 170с., Изд. Наука, Ленинград.

Bibikov 1981; Бибиков,С.Н., *Древнейший музыкальный комплекс из костей мамонта*. 108 с., Изд. Наукова Думка.

Boriskovskij 1953a; Борисковский,П.И., Позднепалеолитические памятники бассейна Северного Донца и Приазовья, *Палеолит Украины. МИА*, №.40. С.329-370, Изд. АН СССР, Москва-Ленинград.

Boriskovskij 1953b; Борисковский,П.И., Палеолит Украины. *МИА*. №.40. 463с., Изд. АН СССР, Москва-Ленинград.

Boriskovskij 1963; Борисковский,П.И., Очерки по палеолит бассейна Дона. *МИА*, №.121, 229с. Изд. АН СССР, Москва-Ленинград.

Bukhman 1984; Бухман, А.И., Рентгеноскопическое исследование скелетов детей с верхнепалеолитическое стоянки Сунгирь. *Сунгирь. Антропологическое исследование*. С.203-204, Москва.

Bunak 1973; Бунак,В.В.,Ископаемый человек со стоянки Сунгирь и его место среди других ископаемых позднего палеолита. *Доклады сов. Делегациина IX МКАЭН* (Чикаго, сентябрь 1973). Москва.

Bunak and Gerasimova,1984; Бунак,В.В. и Герасимова М.М.,Верхнепалеолитический череп Сунгирь I и его место в ряду других верхнепалеолитических черепов. *Сунгирь. Антропологическое исследование*. С.14-99, Изд Наука, Москва.

Chernysh 1965; Черныш,А.П., Среднепалеолитические стоянки и местонахождения. *Ранний и Средний Палеолит Приднестровья*, С.28-114. Изд. Наука. Москва.

Debets 1946; Дебец,Г.Ф., Фрагмент лобной кости человека из культурного слоя стоянки 《Афонтова гора II》 под Красноярском. *Вюллетень Комиссии по изучению четвертичного периода*, №.8, С.73-77, Москва.

Debets 1967; Дебец,Г.Ф., Скелет позднепалеолитического человека из погребения на Сунгирской стоянке. *Саветская Археология*, №.3, Москва.

Demidenko 2004; Демиденко,Ю.И., Общая характеристика стоянок и комплексов находок кииккобинского типа микокских индустрий среднего палеолита Крыма. *Грот Буран-Кая-III, слой В- эталонный памятник кииккобинского типа индустрии крымской микокской традиции. Комплексный анализ кремневых артефактов*, С.8-31, Киев, Симферополь, Шлях.

Derevjanko 1975; Деревянко,А.П.,*Каменный век Северной, Восточной и Центральной Азии*. 232с., Новосибирск.

Derevjanko 2011; Деревянко,А.П.,*Верхний палеолит в Африке и Евразии и формирование человека современного анатомического типа*. 557с., Изд. ИАЭ СОРАН, Новосибирск.

Derevjanko et al. 1998; Деревянко,А.П.,Петрин,В.Т.,Рыбин,Е.П. и Чевалков,Л.М., *Палеолитические комплексы стратифицированной части стоянки Кала-Бом*, 279с., Изд. ИАЭ СОРАН, Новосибирск.

Drozdov and Dementjev 1974; Дроздов,Н.И. и Дементьев,Д.И., Археологические исследования на Среднейи Нижней Ангаре. *Древняя история народов Юга Восточной Сибири*, вып. 1, С.204-228 Иркутск.

Evseev 1949; Евсеев,В.М.,Палеолитична стоянка Амвросийвка. *Палеолит и Неолит Украйни*. т. 1, випус. Ⅴ , С.265-281, Киев.

Efimenko 1938; Ефименко,П.П., *Первобытное обществово*. 636с., СОЦЭКГИЗ, Киев.

Efimenko 1953; Ефименко,П.П., *Первобытное обществово*. 663с., Изд. АН УССРР, Киев.

Efimenko 1958; Ефименко,П.П., *Костенки 1*. 450с., Изд. АН СССР, Москва-Ленинград.

Gerasimova 1984; Герасимова, М.М., Краткое описание черепа Сунгирь 5. *Сунгирь. Антропологическое исследование*, С.140-143, Москва.

Gerasimova et al. 2007; Герасимова,М.М., Астахов,С.Н. и Величко,А.А., *Палеолитический человек, его материальная культура и природная среда обитания*. 239с., Нестор-История, Санкт-Петербург.

Girja 1997; Гиря,Е.Ю., *Технологический анализ каменных индустрий-Методика микро-макроанализа древних орудий труда*. часть 2, 198с., РАН ИИМК. Санкт-Петербург.

Gladilin 1980; Гладилин,В.Н., О времени возникновения позднего палеолита в Европе. Археологические исследования на Украйне в 1978-1979гг. *Тезиси докладов конференции институт археологии АН СССР*, С.27-28, Днепропетровск.

Grichuk 1961; Гричук,М.П., Об основных чертах развития природы южной части Западно-Сибирской низменности и стратиграфическом расчленении четвертичных отложений. *Материалы Всесоюзного совещания по изучению четвертичного периода*, т.3. Москва.

Gromov et al. 1965; Громов,В.И., Алексеев,М.Н., Вангенгейм,Э.И., Кинд,Н. В., Никифорова,К.В. и Равский,Э.И., *Схема корреляции антропогеновых отложений Северной Евразии. Корреляция антропогеновых отложений Северной Евразии （к Ⅶ конгрессу в США в1965г.)*, Москва.

Khlopachev 1998; Хлопачев,Г.А.,Два подхода к построению фигуры женских статуэтка на восточно-граветтийских стоянках Русской равнины. *Восточный Граветт*, С.226-233, Научный мир, Москва

Khrisanfova 1980; Хрисанфова,Е.Н.,Скелет верхнепалеолитического человека из Сунгиря. *Вопросы Антропологии*, вып. 64, Москва.

Khrisanfova 1984; Хрисанфова,Е.Н.,Посткраниальный скелет взрослого мужчины Сунгирь I. Бедренная кость Сунгирь 4. *Сунгирь. Антропологическое исследование*. С.100-139, Изд. Наука, Москва.

Klima 1977; Клима,Б.Б., Малая полуземлянка на палеолитической стоянке павлов в чехословакии. *Проблемы палеолита Восточной и Центральной Европы*. С.144-157, Изд. Наука, Ленинград.

Larichev 1978; Ларичев, В.Е., Искусство верхнепалеолитического поселения Малая Сыя. Датировка виды его и образы их художественный стиль и проблема интерпретации. *Изв. СОАН СССР*, Сер. обществ. наук, №.11, вып.3, Новосибирск.

Lazukov et al. 1981; Лазуков, Г.И., Гвоздовер, М.Д., Рогинский, Я.Я, Урысон, М.И., Харитонов, В.М. и Якимов, В.П., *Природа и древний человек*. 224с., Изд. Мысль, Москва.

Ljubin 1965; Любин, В.П., К вопросу о методике изучения нижнепалеолитических каменных орудий. Палеолит и Неолит СССР, *МИА*, №.151, Ленинград.

Ljubin 1977; Любин, В.П., *Мустьерские культуры Кавказа*, 223с. Изд.Наука, Ленинград.

Ljubin 1984; Любин, В.П., Ранний палеолит Кавказа. *Палеолит СССР*, С.45-93, Изд.Наука, Ленинград.

Ljubin 1989; Любин, В.П., Палеолит Кавказа. *Палеолит мира.- Палеолит Кавказа и Северной Азии*, С.7-142, Наука, Ленинград.

Medvedev 1983; Медведев, Г.И., *Палеолит Южного Приангарья*. Автореф. дис./докт. ист. наук. Новосибирск.

Mochanov 1970; Мочанов, Ю.А., Дюктайская пещера-новый палеолитический памятник Северо-Восточной Азии. *По следам древних культур Якутии*, С. 40-64, Якутск.

Mochanov 1988; Мочанов, Ю.А., Древнейший палеолит Диринга и проблема внетропической прародины человечества. *Археология Якутии*, С.15-54, Якутск.

Mochanov and Fedseeva 1974; Мочанов, Ю.А. и Федосеева, С.А., Основы корреляции и синхронизации археологических памятников Северо-Восточной Азии. *Древняя история народов юга Восточной Сибири*, вып.2, С.25-34, Иркутск.

Nikitjuk and Kharitonov 1984; Никитюк, Б.А. и Харитонов, В.М., Посткраниальный скелет детей с верхнепалеолитической стоянки Сунгирь. *Сунгирь. Антропологическое исследование*, С.182-202, Изд.Наука Москва.

Okladnikov 1939; Окладников, А.П., Мустьерская стоянка в гроте Тешик-Таш в Узбекистане. *КСИИМК*, вып.2, С.8, Москва.

Okladnikov 1950; Окладников, А.П., Освоение палеолитическим человеком Сибири. *Материалы по четвертичному периоду*. вып.2, С.150-158.

Okladnikov 1955、Окладников, А.П., *Всемирная истолия* 1, с.43.

Okladnikov and Adamenko 1966; Окладников, А.П., Адаменко, О.М. Первая находка леваллуа мустьерской пластины в среднеплейстоценвых отложениях Сибири. *Четвертичный период Сибири*, С.373-382, Москва.

Orlova et al. 2000; Орлова, Л.А., Кузьмин, Я.В., Волкова, В.С. и Зольников и др., «Мамонт(*Mammuthus primigenius* Blum.) и древний человек в Сибири: сопряженный анализ ареалов популяций на основе радиоуглеродных данных», *Проблемы реконструкции климата и природной среды голоцена и плейстоцена Сибири*, С.383-412, Изд. ИАЭт РАН, Новосибирск.

Pavlov et al. 2003; Павлов, А.Ф., Мащенко, Е.Н., Зенин, В.Н., Лещинский, С.В. и Орлова, Л.А., Предварительные результаты междисцилинарных исследваний местонахождения Луговское (Ханты-Мансийский автномный округ). *Проблемы археологии, этнографии, антропорогии Сибири сопредельных территорий*, т.7, С.165-172, Новосибирск.

Pidoplichiko 1969; Пидопличико, И.Г., *Позднепалеолитические жилища из костей мамонта на Украине*. 162с., Изд. Наукова Думка, Киев.

Pituljko 1998; Питулько, В.В., *Жоховская стоянка*. 185с., Санкт-Петербург.

Praslov 1984a; Праслов, Н.Д., Геологические и палеогеогрфические рамки палеолита. Развитие природной среды на территории СССР и проблемы хронологии и периодизаций палеолита. *Палеолит СССР*, С.1-40, Изд. Наука, Москва.

Praslov 1984b; Праслов, Н.Д., Ранний палеолит Русской равнины и Крыма, *Палеолит СССР*, С.94-134, Изд. Наука, Москва.

Praslov et al. 1982; Праслов, Н.Д., Рогачев, А.Н. и др, *Палеолит костенковского-борщевского района на Дону 1879-1979. Некоторые итоги полевых исследований*, 285с., Наука, Ленинград.

Ranov 1965; Ранов, В.А., *Каменный век Таджикистана*, вып.1 Палеолит, 143с., Душанбе.

Ranov 1990; Ранов, В.А., О Восточной границе Мустьерской культуры, *Хроностратиграфия палеолита. Северной, Центральной и Восточной Азии и Америки*, С.262-268, Новосибирск.

Rogachev 1955; Рогачев, А.Н., Костенки IV - поселение древнекаменного века на Дону. *МИА*, №.45, 163с., Изд. Академии Наук, Москва-Ленинград.

Rogachev 1970; Рогачев, А.Н., Палеолитические жилища и поселения. *Каменный век на территории СССР*, С.64-77, Наука, Москва.

Rogachev and Anikovich 1982; Рогачев, А.Н. и Аникович, М.В., Костенки 12 (Волковская стоянка). *Палеолит костенковско-борщевского района на Дону 1879-1979. Некоторые итоги полевых исследваний*, С.132-140, Наука, Ленинград.

Rogachev and Popov 1982; Рогачев, А.Н. и Попов, В.В., Костенки 11 (стоянка Аносовка 2). *Палеолит костенковско-борщевского района на Дону 1879-1979. Некоторые итоги полевых исследваний*. С.116-132, Наука. Ленинград.

Rogachev et al. 1982; Рогачев, А.Н., Праслов, Н.Д., Аникович, М.В., Беляева, В.И. и Дмитриевна, Т.Н., Костенки 1 (стоянка Полякова). *Палеолит костенковско-борщевского района на Дону 1879-1979. Некоторые итоги полевых исследваний*, С.42-66, Наука, Ленинград.

Rybakov et al. 1984; Рыбаков, В.А. и др. *Палеолит СССР*. 383с., Москва.

Sergin 1988; Сергин, В.Я., Классификация палеолитических поселений с жилищами на территории СССР. *Советская Археология*, №.3, С.5-20, Москва.

Sinitsyn 2000 ; Синицын, А.А., Нижние культурные слои Костенок-14 (Маркина Гора) в контексте проблематики раннего верхнего палеолита, *Stratum plus*, №.1, С.125-146.

Sinitsyn 2005 ; Синицын, А.А., Сходство и различие Кара-Бомского пласта и начального верхнего палеолита Восточной Европы. *Актуальные вопросы Евразийского палеолитоведения*, С.179-184, Изд. ИАЭ СОРАН, Новосибирск.

Sinitsyn et al. 1997 ; Синицын,А.А.,Праслов,Н.Д. и др., *Радиоуглеродная хронология палеолита Востчной Европы и Северной Азии. проблемы и перспективы*, 141с., Санкт-Петербруг.

Smirnov 1991; Смирнов,Ю.А., *Мустьерские погребения Евразия*. 340с., Москва.

Sukachev et al. 1966; Сукачев,В.Н., Громов,В.И. и Бадер,О.Н., *Верхнепалеолитическая стоянка Сунгирь*. 140 с., Изд. Наука, Москва.

Sulerzhitskij 2004; Сулержицкий,Л.Д., Время существования некоторых позднепалеолитических поселений по данным радиоуглеродного датирования костей мегафауна. *Российская Археология*, №.3, с.103, Москва.

Tarasov 1979; Тарасов,Л.М., *Гагаринская стоянка и её место в палеолите Европы*. 167с., Наука, Ленинград.

Trofimoba 1984; Трофимова,Т.А.,Черепа детей эпохи верхнего палеолита из Сунгиря. *Сунгирь. Антропологическое исследование*, С.144-155, Москва.

Tsejtlin 1979; Цейтлин,С.М., *Геология палеолита северной Азии*. 284с., Москва.

Vekilova and Grishchenko 1972; Векилова,Е.А. и Грищенко,М.Н.,Результаты исследования Ахштырской пещеры в 1961-1965гг. *МИА*, №185, С.41-54, Ленинград.

Vekilova 1977; Векирлва,Е.А., Летопись работ костенковской палеолитической экспедиции (3а 1922-1976гг.). *Проблемы палеолита Восточной и Центральной Европы*, С.208-217, Наука. Ленинграл

Vereshchagin 2002; Верещагин,Н.К.,*От ондатры до мамонта. Путь зоолога*. 334с. Изд. Астерион, Санкт-Петербург.

Vereshchagin and Kuzmjna 1977; Верещагин,Н.К. и Кузьмина,И.Е., Остатки млекопитаюих из пареолитических стоянок на Дону и Верхней Десней. *Тр. ЗИН АН СССР*. т.72, Ленинград.

Vereshchagin and Mochanov 1972; Верещагин,Н.К. и Мочанов,Ю.А., Самые северные в мире следы верхнего пареолита. *Советская Археолгя*, №.3, С.332-336, Наука. Москва.

Zamjatnin 1950; Замятнин,С.Н.,Изучение палеолитического периода на Кавказе. *Материалы по четвертичному периоду*, вып.2, С.127-139, Москва-Ленинград.

Zubov A.A. 1984; Зубов,А.А., Морфологическое исследвание зубов детей из сунгирского погребения. *Сунгирь. Антропологическое исследвание*, С.162-181, Изд. Наука Москва.

英文、その他外国語

Anikovich,M.V. 2005; The Early Upper Paleolithic in Eastern Europe: *The Middle to Upper Paleolithic Transition in Eurasia: Hypotheses and Facts*. pp.79-93, Novosibirsk

Beliaeva,E.V. and Ljubin,V.P. 1998; The Caucasus-Levant-Zagros: Possible relations in the Middle Paleolithic. *Anatolian Prehistory at the Crossroad of two World. vol. 1, (ERAUL)*, 85, pp.39-55, Liege

Binford,L.R. 1993; Bones for Stones: Considerations of Analogues for Features Found on the Central

Russian Plain. *From Kostenki to Clovis-Upper Paleolithic–Paleo-Indian adaptations.* (ed.Soffer,O. and Plaslov,N.), pp.101-124, Plenum Press.

Boeda,E., Geneste,J.M., Griggo,C., Mercier,N., Muhesen,S., Reyss,J.L., Taha,A. and Valladas,H. 1999; A Levallois point embedded in the vertebra of a wild ass (*equus africanus*) : Hafting, Projectiles and Mousterian weapons, *ANTIQUITY*, vol.73, no.280, pp.394-402.

Derev'anko,A.P. 1990; *Paleolithic of North Asia and the Problem of Ancient Migration* 122p., Novosibirsk.

Derevianko,A.P. and Shunkov,M.V. 2002; Middle Paleolithic Industries with Foliate Bifaces in Gorny Altai : *Archaeology, Ethnology & Anthropology of Eurasia*, no.9, pp.16-42, Novosibirsk.

Girya,Y. and Bradley,B. 1998 ; Blade Technology at Kostenki 1/1, Avdeevo and Zaraysk. *Vostochnyj Gravett*, pp.191-213, Nauchnyj Mir, Moskva.

Golovanova,L.V., Hoffecker,F.J., Kharitonov,V.M. and Romanova,G.P. 1999; Mezmaiskaya Cave. A Neanderthal Occupation in the Northern Caucasus . *Current Anthropology*, vol.40, no.1, pp.77-86.

Golovanova,L.V. and Dornonichev,V.B. 2003; The Middle Paleolithic of the Caucasus. *Journal of World Prehistory*, vol.17, no.1, pp.71-140.

Grichuk,V.P. 1984; Late Pleistocene Vegetation History: *Late Quaternary Environment of the Soviet Union* (ed.A.A.Velichko), pp.155-178. Univ.of Minnesota Press.

Gvozdover,M.D. 1989; The Typology of the female figurines of the Kostenki Paleolithic Culture: *Soviet Anthroplogy and Archaeology*, 27-4, pp.32-94.

Hahn,J. 1987; Aurignacian and Gravettian Settlement Patterns in Central Europe. *The Pleistocene Old World*(Ed. O.Soffer), pp.251-261, Plenum Press, New York.

Jonsen,A.J., Clausen,H.B., Dansgaard,W. *et al.* 1992; Irregular Glacial Interstadials recorded in a New Greenland Ice Core : *Nature*, no.359, pp.311-313.

Kind,N.V. 1967; Radiocarbon chronology in Siberia . *The Bering Land Bridge*, pp.172-192, Stanford University press, California.

Klein,R.1973;*Ice-Age Hunters of the Ukraine.* 140p., Univ. of Chicago, Chicago and London.

Klima,B. 1995; *Dolni Vestonice II. ERAUL*, no.73, 183p., Liege.

Klima,B., Musil,R., Opravil,E., Přichystal,A., Škrdla,P., Soffer,O., Svoboda,J., Tomáškova,S. and Vandiver, P. 1994; *Pavlov I-Excavations 1952-1953*; *ERAUL*, no.66, 231p., Liege.

Kozlowski,J.K. 1973; The origin of Lithic raw material used in the Paleolithic of the Carpathian countries. *Acta Archaeologica Carpathica*. XIII, pp.5-19.

Kozlowski,J.K. and Kozlowski,S.K. 1980; Slovakian Radiolorite in Palaeolithic and Mesolithic Cultures in Poland. Third International Symposium on Flit. 1979, Staringia, 6, 126-9, Maastrich.

Kozlowski,J.K. and Montet-White,A. 2001; The Hunting-Butchering tool-kit from Krakow-Spadzista: a Gravetian site in Southern Poland. *Proceedings of the International Conference on Mammoth Site Studies* (ed. D. West), pp.109-116, Univ. of Kansas.

Krauze,J., Fu,Q., Good,J.M., Viola,B., Shunkov,M.V., Derevianko,A.P. and Pääbo,S. 2010; The complete mitochondrial DNA Genome of an unknown hominin from southern Siberia. *Nature*, vol. 464, pp.894-897, London.

Krotova,A.A. and Belan,N.G. 1993; Ambrosievka. A unique Upper Paleolithic site in Eastern Europe. *From Kostenki to Clovis:Upper Paleolithic–Paleo-Indian adaptations* (ed.O.Soffer & N.Praslov). pp.125-142, Plenum Press.

Krupnik,I. 1993 ; *Arctic Adaptations. Native Whalers and Reindeer Herders of Northern Eurasia.* 335p. Univ.Press of New England.

Lazarev,P.A., Boeskorov,G.G., Savvinov,D.D., Savvinov,G.N., Protopopov,A.V., Vasiliev,E.M., Radionov, G.N. and Shumilov,Yu.V. 2004; *The Yakut Phenomen. The World of Mammoths.* Yakutsk.

Pitulko,V.V., Nikolsky,P.A., Girya,E.Yu., Basillyan,A.E., Tumskoy,V.E., Koulakov,S.A., Astakhov,S.N., Pavlova,E.Yu. and Anisimov,M.A. 2004; The Yana RHS- Humans in the Arctic before the Last Glacial Maximum, *Science*, vol.303, no.5654, pp.52-56.

Powers,W.R. 1973; Palaeolithic Man in Northeast Asia. *Arctic Anthropology*,10-2, pp.1-106, Univ. Wisconsin Press.

Reich,D., Green,R.E., Kircher,M., Krause,J., Patterson,N., Durand,E.Y.,Viola,B., Briggs,A.W.,Stenzel,U., Johnson,P.L., Maricic,T., Good,J.M., Marques-Bonet,T., Alkan,C., Fu,Q., Mallick,S., Li,H., Meyer,M., Eichler,E.E., Stoneing,M., Richards,M., Talamo,S., Shunkov,M.V., Derevianko,A P., Hublin, J.J., Kelso, J., Slatkin,M. and Pääbo,S. 2010 ; Genetic history of an archaic hominin group from Denisova Cave in Siberia. *Nature*, vol.468, pp.1053-1060, London.

Shapkova,E.G. 2001; Paleolithic human dental remains Siberia. *Archeology, Ethnology & Anthropology of Eurasia*, no.4, pp.64-76, Novosibirsk.

Shea,J. 1988; Spear Points from the Middle Paleolithic of the Levant. *Journal of the Field Archaeology*, vol.15, pp.441-450.

Shea,J. 1989a; A functional study of the Lithic Industries associated with hominid fossils in the Kebara and Qafzeh Caves, Israel: *The Human Revolution. Behavioral and Biological Perspectives in the Origins of Modern Humans* (eds.P.Mellars & C.Stringer), pp.611-625, Edinburgh, Edinburgh Univ.Press.

Slimak,S. and Pavlov,P. 2011; Late Mousterian persistence near Arctic Circle. *Science,* vol.332,no.9031, pp.841-845, Washington D.C..

Soffer,O.1985a; *The Upper Paleolithic of the Central Russian Plain*, 537p., Academic Press, Inc. Orlando.

Soffer,O. 1985b; Pattterns of Intensification as seen from the Upper Paleolithic of the Central Russian Plain. *Prehistoric Hunter-Gatherers* (eds.T.D.Price & J.A.Brown), pp.235-270, Academic Press, Inc. Orlando.

Soffer,O. 1987; Upper Paleolithic Connubia, Refugia, and the Archaeological Record from Eastern Europe. *The Pleistocene Old World* (ed. O.Soffer), pp.333-348, Plenum Press, New York and London.

Soffer,O. 1991; Lithics and Life ways – The Diversity in raw material procurement and Settlement Systems on the Upper Paleolithic East European Plain, *Raw Material Economy Among Prehistoric Hunter-Gatheres* (eds.A.Montet-White and S.Holen), pp.221-234, Univ. of Kansas Publications Anthropology.

Soffer,O. 2003; Mammoth Bone Accumlations :Death sites? Kill sites? Dwellings? Perceived Landscapes and Built Environments:*The Cultural Geography of Late Paleolithic Eurasi*. BAR International Service,1122, pp.39-46.

Svoboda,J. 1983; Raw Material Sources in Early Upper Paleolithic Moravia. The concept of lithic exploitation areas. Anthropologie XXI-2, pp.147-158.

Svoboda, J. 1995; Wedge-shaped microblade cores from Moravia and Silesia. *Archeologicke rozhledy* XLVII pp.651-656 ,Praha.

Svoboda,J., Ložek,V. and Vlček,E. 1996; *Hunters between East and West . The Paleolithic of Molavia*, 307p., Plenum Press, NewYork and London.

Svoboda,J. *et al*. 2002; *Paleolit Moravy A Slezska*. Dolnívěstonické studie, Svazek 8, Archeologický ústav AV ČR, 303p. Brno.

Usik,V.I. 1989; Koroleva-Transition from Lower to Upper Paleolithic according to reconstruction data. *Anthropologie*, 17/2-3, pp.179-212.

Vasil'ev,S.A., Soffer,O. and Kozlowski,J. 2003; The Gravettian Moravia. Landscape, Settlement, and Dwellings. Perceived Landscapes and Built Environments: *The Cultural Geography of Late Paleolithic Eurasi*.BAR International Service, 1122.

Vasiliev,S.A. et Girija,E.Ju. 2009; À la mémoire de Nikolai Dmitrievitch Praslov. *Bulletin de la Société prehistorique française* , T. 106, No.4, pp. 1-5.

日本語関係

ウォン・K．2005「グルジアの化石が明かす初期人類の旅」『人間性の進化』（馬場悠男編）、62～71頁、日経サイエンス社

ヴェレシチャーギン 1993『古生物学者の回想―マンモス象を追って60年』（新堀・金光訳）、240頁、東海大学出版会

尾嵜大真 2012 「放射性炭素年代と暦の年代」『アルケオメトリア』、29～41頁、東京大学総合研究博物館

木村英明 1985 『マンモスを追って』、118頁、一光社

木村英明 1995 「寒冷地への適応戦略」『モンゴロイドの地球4、極北への旅人』、121～170頁、東京大学出版会

木村英明 1997 『シベリアの旧石器文化』、北海道大学図書刊行会

木村英明 1998a「マンモスハンティング」『科学』第68巻、361～370頁、岩波書店

木村英明 1998b『シベリアの細石刃石器群』（平成10年度科学研究費補助金研究成果報告書）

木村英明 1999 『シベリアの細石刃文化(2)』（平成11年度科学研究費補助金研究成果報告書）

木村英明 2002a「シベリアの旧・中石器文化の遺跡の年代からマンモス絶滅の理由を読み解く」『比較文化論叢』9、43～69頁、札幌大学文化学部

木村英明 2002b「東アジアの中の列島文化」『季刊・考古学』第80号、17～22頁、雄山閣

木村英明 2005a「シベリアの中期～後期旧石器文化への「移行期」問題」『Aru:k』第 1 号、3 ～ 30 頁、札幌大学埋蔵文化財展示室

木村英明 2005b「ウラル山脈を越えてヨーロッパに広がる「楔形」細石刃核」『Aru:k』第 1 号、31 ～ 36 頁、札幌大学埋蔵文化財展示室

木村英明 2005c「ヤナ・RHS 遺跡と人類の極北進出をめぐる問題」『Aru:k』第 1 号、37 ～ 50 頁、札幌大学埋蔵文化財展示室

木村英明 2005d「植刃器の痕跡を留めるマンモス胸椎―西シベリア・ルーゴフスコエ遺跡 (再報)」『Aru:k』第 1 号、57 ～ 64 頁、札幌大学埋蔵文化財展示室

木村英明 2008「動物遺存体と旧石器時代の食事情」『旧石器研究』第 4 号、15 ～ 34 頁、日本旧石器学会

木村英明 2010「ロシアの旧石器文化」『旧石器時代（下）』(講座・日本の考古学 2)、419 ～ 451 頁、青木書店

木村英明 2011「デニソワ人とシベリアの後期旧石器のはじまり」『季刊・古代文化』第 63 巻第 2 号、113 ～ 117 頁、(財) 古代学協会

コクラン G.、ハーペンディング H. 2010『一万年の進化爆発 – 文明が進化を加速した』(古川訳)、312 頁、日経 BP 社

杉野森淳子 1994、「グルジア共和国ドゥマニシィ遺跡」『考古学研究』第 41 巻第 1 号 (通産 161 号)、15・16 頁、考古学研究会

藤井理行 1998「最終氷期における気候変動 – Dansgaard-Oeschger サイクルとハインリッヒ・イベント」、『第四紀研究』vol.37、no.3、181 ～ 188 頁

マーシチェンコ 2005「西シベリア北方の後期旧石器時代におけるマンモス・ハンティングの証明」(木村英明訳)、『Aru:k』第 1 号、51 ～ 56 頁、札幌大学埋蔵文化財展示室

ラルフ・S. ソレツキー 1977 『シャニダール洞窟の謎』（香原・松井共訳）、282 頁、蒼樹書房

補論3　人類による極北進出をめぐる研究の新たな展開

木村　英明

　寒さが今よりいっそう厳しかった、極地ツンドラの景観がさらに南にまで広がっていた氷河時代、旧石器時代の人類がシベリアに進出し、しかも極地にまで及んでいたことが知られている。おそらくは舟など航海の術をなお持ち合わせていない人類が、シベリアの南から北へと流れるオビ河、エニセイ河、レナ河など広大な川幅を有する障害をどのように乗り越え、シベリアの西から東への移動を果たしたのか、またいかにして極北の奥深くまで立ち至ることができたのか、多くの疑問が頭をよぎる。しかし、その鍵を握るのが、寒さと乾燥、そして人類の挑戦的な行動力、組織力であったことも明記せねばならない。

　今なお長く、厳しいシベリアの冬の季節、川面も厚く氷結する。景観は一変し、氷上での大型トラックの通行さえも容易となり、河川は極地への貴重な輸送路へと姿を変える。また興味深いのは、同じ極地に位置しながら、厚い大陸氷河が大地を覆い、長期にわたって人類の進出を拒み続けた北欧の事情とは異なり、シベリアの大地の多くが、氷河に覆われることなくむき出し状態になっていたことである。すなわち、寒さへの装備は欠かせぬものの、広大なシベリアでの移動は十分に可能であったというわけである。しかも、想像されるような荒涼とした単に不毛の地ではなく、多くの時代、一方の主役であるマンモスはもちろん、その仲間たち、すなわちマンモス動物群を養うに充分な環境が用意されていたと見られることこそ見過ごせない。間違いなく、広大なオープンランド、人類による極北への進出、移住という偉業を成し遂げるにふさわしい自然条件が備わっていた、という事実である。すでに紹介したように、ベースキャンプ用の本格的組み立て式住居や移動に適した簡便な住居、装飾に彩られた毛皮の衣服、優れた狩猟具など巧みな技と術を編み出した旧石器人たちにとって、シベリアはむしろ古代ギリシアの歴史書が伝えるような豊かな楽園？であったのかもしれない。楽園はさておき、寒さを味方にした人類の登場である。

　いつ、人類は、北緯66度33分以北の北極圏に分け入り、極地に辿り着いたのか？

　近年、ホモ・サピエンスの極北進出の時期をめぐる研究で、新たな展開が注目を集めている。

　本書にて紹介してきたとおり、これまで筆者は、マリタ・ブレチ石器伝統を経て出現する細石刃石器群、なかでも楔形細石刃核に特色づけられるビョリョリョフ遺跡[1]の一群こそが、人類が初めて極北に達したことを物語る確かな証しとみなしてきた（木村 1993・1997 他）。すなわち、北緯71度、インディギルカ河の支流ビョリョリョフ川左岸に立地する「マンモスの墓場」とも称されるビョリョリョフ遺跡で（図1）、その年代は、放射性炭素法により今から13,000～14,000年ほど前とみなされてきた。しかし近年、その様相が大きく変化しつつある。

　広大なシベリア、しかも技術や装備の進む今日にあっても居住すら難しいシベリアでの考古学

---

(1) これまで、ベレリョフ遺跡と呼んできたが、Shapovalov 1999 により、正確には Бёрёлёх であることが判明し、以後、ビョリョリョフ遺跡と表記する。

的調査は困難を極めており、なお未解明な多くの課題を残していることは言うまでもないが、いくつかの事例を混じえながら、極地に挑戦した人びとに関する最新の研究の概略を紹介したい。

1. アメリカ大陸への人類の拡散はいつか？

2017年、英国のNature誌4月号に、アメリカ大陸での人類史の通説を大きく塗り替える論文が掲載され、話題を呼んでいる。シベリアではなく、アメリカ大陸への人類拡散にかかわる問題であるが、その源流に及ぶと、東北アジアでの歴史をも左右する内容を含み、及ぼす影響は少なくない。

1992年、米国の南カリフォルニア州サンディエゴでマストドンゾウ（アメリカマストドン *Mammut americanum*）の骨格がまとまって発見された。シベリアのケナガマンモス（*Mammuthus primigenius*、以下マンモスと略す）と同じ頃に棲息していたマムート属で、体高2～3m、マンモスほどではないが、短い褐色の体毛に覆われていたと言われる。遺跡は、発見者であるサンディエゴ自然史博物館の考古学者、リチャード・セルッティ Richad A. Cerutti の名に因んでセルッティ・マストドン（SM）遺跡と呼ばれている。骨格標本の復原、発掘された遺跡・遺物の解析を進めてきたR. セルッティや、同僚のサンディエゴ自然史博物館のトーマス・ディメーレ、アメリカ旧石器研究所のスティーヴン・ホーレンらの研究チームが、集中して発見されたマストドンゾウの骨格の欠損・破損状況に着目し、その要因が人類によるもの、とみなした（Holen *et al.* 2017）。

具体的には、砂質シルト層に覆われたin situの5つの円礫（ハンマーストーン）やオーカーを砕くための礫器が、マストドンゾウの骨の破片や臼歯に伴って発見されており、しかも遺体が未だ新鮮な時期に打ち割られたとみられる加撃痕や剝離痕を残す骨片（spiral-fractured bone）が含まれていることなどがその理由としてあげられている。欠損部を含め、この場所（墓）で加工処理を行っていた有力な証拠である、と説く。

さらに重要なのは、放射性ウラン・トリウム（^{230}Th/U）測定法により示されている骨標本の年代である。測定値は、130,700 ± 9,400 y BPである。報告者らは、信頼に足る確かな年代であるとし、in situ の考古学的証拠や地質学的コンテクストから推しても調和的で、何らの矛盾もないと強調する。後期更新世、すなわち最終間氷期の初期（MIS 5e）、後期旧石器初期のHomo属が、ハンマーストーンと台石を器用に操りながらマストドンの髄液を肋骨から採取していたと結論づけた。

これまで、アメリカ大陸への人類進出の時期をめぐっては、紆余曲折しながらも、多くの議論を積み重ねてきた結果、最終氷期の最盛期（LGM）、すなわち1.9～2万年前を大きく遡ることはないという味方が定着しつつあった。しかしここにきて、さらに10万年以上も遡る可能性が示されたことになる。

即断できる状況にはないが、東北アジアでの研究状況からすると、この結果を直ちに容認することは難しい。ネアンデルタール人と現生人類（ホモ・サピエンス）の遺伝子をあわせもつこ

とで話題をよんでいるアルタイ・デニソワ洞穴のデニソワ人の年代が4.5万年ほど前であることを考慮すると、それよりはるかに古い時代のHomo属が、シベリアとどのようにつながるのか、大きな隔たりを認めざるを得ない。仮に、原人段階の礫器伝統を保持する石器群と想定すると、起源はジョージア（旧グルジア）のドマニシ原人の石器文化にまで遡るが、アフリカら出てまもなくの180万年前の原人が、その後のシベリアや極北、そして新大陸へとどのように展開したのか、道筋はまったく未解明である。これまでのところ、それらの石器伝統をもつ人類が極北進出したことを裏付ける証拠はなく、SM遺跡と関連づけることはできない。また、40万年ほど前の北京原人、あるいは年代的にSM遺跡により近い台湾の海底から発見された19万年ほど前の澎湖原人の北上説も考慮されるが、ベーリング海峡の障壁を乗り越え、アメリカ大陸にまで足を踏み入れることができたのか、難題が多い。そもそも石器とみなされたものについて、果たして人為的に加工された確かな道具であるのか、さらなる検証が求められよう。資料の科学的分析法などが飛躍的に進化する今日ではあるが、人類史のシナリオを大きく塗り替えるにはなお慎重を要しよう。

2. 極北でのマンモスと人類の最古のまじわり

シベリアでの人類による極北進出の時期をめぐっても、SM遺跡ほどではないが、これまで考えられてきた年代を大きく遡る事例が次々と報告され、予想外の展開をみせている。

これまで筆者は、本書の中で紹介したとおり、「マンモスの墓場」として著名なビョリョリョフ遺跡が、放射性炭素年代13,700 ± 80 yBPをもって極北最古の遺跡とみなし、人類の極北への進出は1.5万年を遡ることはないと予測してきた。その時代は、石刃技法の発達と石刃の小型化を特徴とする後期旧石器時代のマリタ文化（およそ2万3千年前頃）を経た次の段階、すなわち植刃尖頭器（細石刃を槍先に埋め込んだ組み合わせ道具）を標式とする細石刃文化が広くシベリアに広がった時代であった。しかし、新たな研究が示す年代は、それよりはるかに古い。

(1) 旧石器時代人による捕獲？　ソポチナヤ・カルガマンモス

シベリアは、およそ南のステップ地帯からタイガ地帯を経て北極海へと流れ注ぐ3つの大河、オビ河、エニセイ河、レナ河により大きく西部、中部、東部とに区分される。2012年8月、その中部と東部とを分けるエニセイ河口の右岸、北極海のエニセイ湾に臨むタイミール半島の西岸（図1）で、11歳のエフゲニー・サリンデル少年が、土手に顔を出す冷凍ケナガマンモスの遺体の一部を発見した。知らせを受けたサンクトペテルブルグのロシア科学アカデミー動物学研究所の古生物学者、アレクセイ・N・チホーノフらによっておよそ1頭分のマンモスの遺体が回収された。その後、動物学研究所に移管され、復原作業が進められる一方で、最北の人類遺跡・ジョホフスカヤ遺跡や旧石器時代のヤナ遺跡群の調査で知られるサンクトペテルブルグのロシア科学アカデミー物質文化史研究所の考古学者、ウラジーミル・V・ピトゥリコやモスクワのロシア科学アカデミーボリシャク古生物学研究所の古生物学者、エフゲニー・N・マーシ

補論3 人類による極北進出をめぐる研究の新たな展開

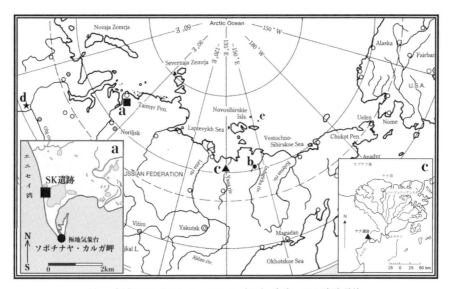

図1 極北のソポチナヤ・カルガ（SK）遺跡、ヤナ遺跡群他
a. ソポチナヤ・カルガ（SK）遺跡、b. ビョリョリョフ遺跡、c. ヤナ遺跡群、d. ルーゴフスコエ遺跡、
e. ジョホフスカヤ遺跡（a；Mashchenko et al. 2017、b；Pitulko et al. 2013 より）

チェンコらを交じえて、様々な角度からの分析が進められている。ちなみに、冷凍マンモスは、オスの若獣とみられ、南方1.8kmにある測候所の名に因みソポチナヤ・カルガ（SK）マンモス（Pitulko et al. 2016）、あるいは発見した少年の名に因みジェーニャマンモスの愛称で呼ばれている（Mashchenko et al. 2017）。

2016年に至って、ピトゥリコらは、考古学を主題に研究成果を『サイエンス』誌351巻に公表した（Pitulko et al. 2016）。ソポチナヤ・カルガマンモスの骨や牙に人類の細工とみられる痕跡が多数残されており、人類の極北への進出、極北でのマンモスとの交わりが従来の想定より3万年以上も早い段階に始まっていた、という趣旨で、大きな注目を集める。

発見地は、北緯71°54′19.2″、東経 82°4′23.5″。人類の関わりが間違いないとする、北緯70°55′、東経149°05′のビョリョリョフ遺跡よりわずかに北に位置し、最北の旧石器時代の遺跡となる（図1）。

図2 ソポチナヤ・カルガ（SK）遺跡
（Pitulko et al. 2015 より）

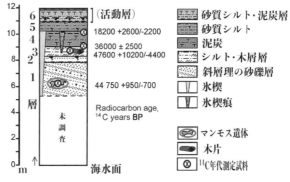

図3 ソポチナヤ・カルガ（SK）遺跡の層序
（Pitulko et al. 2015 より）

215

第Ⅱ部　酷寒に挑む旧石器時代の人びとと技

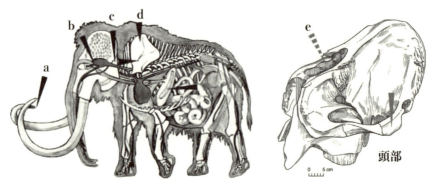

図4　ソポチナヤ・カルガ遺跡のマンモスに残る傷跡（Pitulko *et al.* 2016 より）

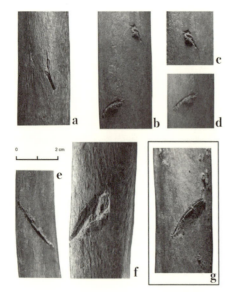

図5　マンモスゾウの肋骨に残る傷跡
a〜f. ヤナ遺跡群出土、g. ソポチナヤ・カルガ遺跡出土
（Pitulko *et al.* 2016 より）

標高12mの海岸段丘崖（図2）に残された地層（図3）は、夏季のみ融雪・融氷する活動層を除き、永久凍土層が地下深くに発達し、長期にわたって成長した巨大な氷楔、そして土壌の充填された氷楔痕が顔をのぞかす。調査された上位7mにつき、大きく6層に分層されており、およそ上半部に極地特有の泥炭層や砂質のシルト層が互層をなし、下半部には河谷での堆積物、斜層理の砂礫層が厚く堆積する。また、層位ごとの放射性炭素測定法による年代は、図3中に表記したとおりである。問題の冷凍マンモスは、その下位の砂礫層の中程に保存されていた。

脂肪の塊やペニスなど、少量の柔組織を含む、全身骨格が発掘され、ピトゥリコらはカツクタフKastyktakhマンモスとヤルコフJarkovマンモスなど、タイミール半島での最近の発見例と比較しても

はるかに保存状態は良好で、ほぼ完全な in situ の冷凍マンモス、と高く評価する。

放射性炭素法によるマンモスの腓骨の年代測定値、44,570+950/−700 y BP は、タイミール半島でマンモスがゆっくりとその頭数を増やしていたMIS3前期に相当し、年代値の妥当性を説いている。年代に限っては、水平に重層する上位堆積物と冷凍マンモスを包含する斜層理の下位堆積物との年代的関係が十分に解析されていない上に、3層中の柳の木片による年代値とマンモスの年代値とに逆転がみられるなど、層序との関係で若干の課題も残ると言えよう。

注目すべきは、左の顎骨、左の肩甲骨、左の第五肋骨、そして右の第二肋骨に残る人為的とみなされた「傷跡」（図4）の理解である。また、右の牙先端と下顎に認められる不明瞭な「死後損傷」も人為的な痕跡とされている。

頭部から離れて発見された左頬には、土壌が詰まる小さな孔が穿たれている。表面のパティナの様子や、X線、X線CTによる解析から、先端が円錐形に尖る、薄く左右対称の外形をした強力なポイント（狩猟具）による傷跡と断定し、時に致命的な出血を起こす現代のアフリカの象狩

人の狩猟法にも類似するという。

　左の第五肋骨に、最も明瞭な傷が残されている（図5-g）。削ぐような裂傷、擦過傷で、内臓と血管、あるいはそのどちらかを狙い、前方から、いくらか上から下へ向かって放たれた刺突による加撃痕とする。同じように、左肩甲骨の烏口突起の損傷をもたらすほどの突き槍とみられる強力な加撃が、最低3度行われており、その衝撃点の高さは、成人の肩の高さとも合致するとした。

　牙は、右だけが残されていた。左の牙が失われていること自体が、人類の関与を示す証しとし、加えて右の牙の先端（図4-a）には、複数の加撃痕と長さ40cmほどの縦に伸びる剝離痕がみられ、現代象の牙に残る自然破損パターンとは異なる人為的な剝離痕とみなす。MIS3前期に、良質の石器素材がほとんど手に入らないエニセイ河口域で、人類が居住するには、鋭い刃をそなえた象牙片が、屠殺・解体具として極めて有用であったことを意味している、とした。

　なお、そもそも頑丈な下顎枝が死後損傷しているのは、ハンターによる「舌引き抜き」行為の結果であるというという興味深い指摘もみられる。後述のヤナRH遺跡群のコレクション中に同じような事例があることをもって、マンモスの舌を食事に供する儀礼が行われていた、と理解したものである。

　人類の生き残りを確実にしたとも言える大きな革新が、マンモス狩りで、大量の食料資源に支えられることとなった結果、人口の持続的拡大、シベリア極北全域への急速な拡散、さらにはベーリング陸橋を介して新大陸へと足を踏み入れた、と結ぶ。

(2) オス同士の争いの末の自然死　ジェーニャマンモス

　先に触れたとおり、ジェーニャマンモスとソポチナヤ・カルガマンモスの二つの愛称は、扱われた論者により異なるだけで、同一個体を指している。

　ピトゥリコらの分析研究で決着したかにみえたソポチナヤ・カルガマンモスの評価は、古生物学者のマーシチェンコらの思わぬ反論にあい、根底から否定されることとなる。なお、マーシチェンコらの論考には、暦年較正年代4.8万年前のジェーニャマンモスに関する細部の計測値や形質的特徴、ミトコンドリアDNAによる遺伝子解析などが報告されているが、ここでは、先のピトゥリコらの考古学的話題に関係する部分のみの要約とし、省略する。

　ジェーニャマンモス（図6・7）は、推定年齢8〜10才のオスの若獣とあらためて特定され、生存時の肩高は227.4cmで、メスの成獣とおよそ同じ高さとみられてい

図6　氷を溶かしながらのジェーニャマンモス（矢印）の発掘風景
（Mashchenko et al. 2017 より）

図7　復原されたジェーニャマンモス
（Mashchenko *et al.* 2017 より、撮影：Yu. Strikov）

る。また、結論とも関係するが、左の牙は、発育不全によりそもそも欠けていたもので、人の手による捕獲を意味していないことが明らかにされている。上顎と下顎の第二臼歯の萌出・成長程度の違いや骨のわずかな損傷もみられるが、臼歯の摩耗や骨の成育状態など通常の機能を発揮し、絶命するまではマンモスが比較的健康な状態にあったとみられている。

右の牙に見られる明色の象牙質の帯はほぼ完全に成長し、死を迎えた季節が秋であったことを示すが、冬季への身体的準備である胴体上部の脂肪蓄積の様子からも支持されるという。

マーシチェンコらは、ピトゥリコらが注目した頭骨や下顎、舌骨、肩甲骨、肋骨、さらには牙にみられる裂傷、擦過傷、損傷は、それぞれの詳細な観察を通して先の左牙の取り扱い同様に、いずれも当時の人の手によるものではなく、自然の変形や損傷によるもの、と結論する。

例えば、頭骨（図4）に関しては、3つの大きな割れが起きている。持ち帰られ、研究室に保管されるようになって、室温変化に伴う典型的な「乾燥」割れが生じたもので、人間による加撃や強い衝撃、ひび割れ、つまり「望ましい方向（目的に適った角度・方向）」からの刺突による加撃痕ではない、という。

他には、鋭い刃でつけられたらしいもっとも顕著な深い切り傷をとどめる第五肋骨（図5-g）も、発掘時、胴体を堆積層から取り出すのに用いたスコップやシャベル、あるいは皮剥ぎや柔組織の取り除きの際に用いた道具でつけられた可能性が高く、必ずしもピトゥリコらが主張する先史時代の人びとよってつけられた明確な証拠とは言えないとした。第二肋骨にみられる引っかき傷なども同様で、組織標本の調製作業の際に残された傷であるという。

特に重要なのは、頭骨に挿入されたまま発見された右の牙に関する理解である（図7）。すなわち、ピトゥリコらがジェーニャマンモスと人類の関わりを考察するもっとも有力な証拠として重視したのが、牙に残る痕跡、すなわち、その牙の先端に残る数枚の細長く浅い剥離痕、そして表裏に40cmほど縦に剥がし取られた剥離痕の評価である。

結論は、ピトゥリコらの見解が二つの点から否定されている。一つは、剥離に必要な道具の問題であり、もう一つは、獲物の処理にかかわる問題である。

先史時代人が象牙を加工したとすると、加工に用いた石器、あるいはその時代を物語る道具のセットが遺跡から発見されるのが通常の遺跡の姿であろうが、ジェーニャマンモスの遺跡からは、石器、骨器、牙器、角器など道具の一切も検出されていない。もちろん、捕獲後の遺体の大きな

移動も考え難い。もう一つの重要な手がかりは、人類による遺体利用の可能性に関わる点であるが、自然資源を最大限に利用するという合理的な行動、つまり収穫された肉と素材の利用が、まったく認められない。捕獲後、まもなく利用されずに放棄された、というのも説明がつかない。

有力な牙の加工痕とされる剥離痕についても、地面に置かれた頭部についたままの牙の先端からどのようにして縦長剥片を剥がし取ったのか、不安定さ、ぎごちなさ、非機能的な様相は否めず、理解は難しい、とする。

現代のアフリカ象の例では、乾期に、水に近づくオス同士が出くわし、極めて攻撃的な行動を見せることがある。結果として、互いに突きあって相手の牙を壊し、複数の牙片や縦長の剥片を水源近くに落としていく。その牙片の剥離面は、牙に残される剥離面と似た形状をなす。

ジェーニャマンモスは、腐肉あさりのネコ科動物などによる傷跡もほとんど無く、遺体の乱れや人の行為による骨の変形も無いことから、オス同士の戦いで受けた回復不能の損傷によって絶命し、まもなく地中に埋没したに違いない、と推察する。ただし、ジェーニャマンモスの遺体周囲にその剥片はなく、牙の損傷が、この場所から離れたところで起こった、とも付け加える。

以上、ジェーニャマンモスの骨格に残された種々の痕跡が、人間に捕獲され、加工処理の際に付されたもので、人類が今から4.5万年ほど前、すなわちMIS3の前期に極北にまで拡散していたことを示す証拠であるとするピトゥリコらの見解は、マーシチェンコらの詳細な分析によってことごとく否定されることとなった。

人の手で捕獲されたケナガマンモスが、解体・散乱することもなく、何故、左牙をのぞき解剖学的位置を保ち続けたのか、筆者が、ピトゥリコらの論文を目にして頭を過ぎった大いなる疑問であったが、マーシチェンコらの考察こそが、理にかなっていると言えよう。遺骨などに残される損傷や不自然な加工痕を人の手による痕跡とみなすか、自然の作用の結果とみなすのか必ずしも容易ではなく、多面的、慎重な分析こそが欠かせない。

3. 極北への最初の足跡〜ヤナ遺跡群

ここでの主題は、北極海に注ぐヤナ川の下流に位置するヤナ遺跡群である（図1）。本遺跡群については、調査が始まって間もなくに紹介した（木村 2005）が、最近、新たな調査成果を踏まえて、年代に関する所見を修正し、更なる紹介に努めた（木村 2019）。重複も多いが、参照されたい。

周知のとおり、シベリア、とりわけ北緯66度33分以北の北極圏に氷河時代の痕跡が今なお残り続けている。地中深くに横たわる永久凍土は、その好例で、夏の温暖期に地表が融け出し動植物の生育、活動をもたらすが、凍土全体の融解にまでは至らない。また、冬季の激しい冷却で収縮し生じた凍土中の亀裂に地表水が入り込み、やがて地下氷となり、その繰り返しをもって地中深くに氷のクサビ（氷楔 ice wedge）が形成される。植物や土壌の複雑な歴史を刻む永久凍土層中に、時に数10mにも成長した巨大なアイスウエッジが包み込まれている。この極端に含氷率の高い層はエドマ層と呼ばれ、極北の海岸や川岸のあちこちの断崖にその顔をのぞかす。また地

第Ⅱ部　酷寒に挑む旧石器時代の人びとと技

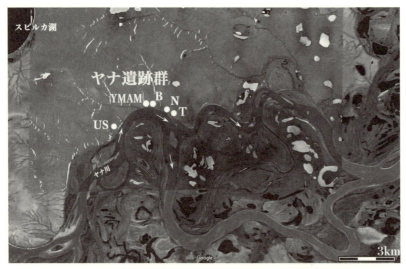

図8　サーモカルスト湖の間を縫うように流れるヤナ川とヤナ遺跡群（航空写真）

表面には、水を張ったばかりの田んぼが幾重にも連なる日本の田園風景と見間違えてしまうような、ユニークな湖沼地形が展開する。永久凍土の融解、地盤沈下により生じた凹地に水を蓄えるサーモカルスト湖の広がりである。

ヤナ川は、東シベリアに属し、大河・レナ河と東のインディギルカ川とに挟まれ亜極地域から極地域を北行し、北緯72度で北極海のラプテフ海に注ぐ（図1）。途中、サーモカルスト湖の間を縫うように北上を続けるヤナ川は、北緯70度付近で流れをいくらか東に変え、小刻みに蛇行しながらやがてデルタ地帯へと流入するが、ヤナ遺跡群は、その手前、現河口から南方100kmほど遡った左岸、北緯70度43分、東経135度25分に立地する（図8）。

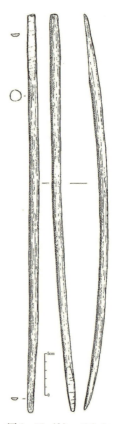

図9　M. ダシュツレン発見の槍
（Pitulko et al. 2010 より）

図10　ヤナ遺跡群での発掘風景（N地点、撮影：E. ギリヤ氏）

後にピトゥリコがYMAM（Yana Mass Accumulation of Mammoth）地点と名付ける崖付近は、早くから象牙採掘人らの格好の資源獲得地として知られていて、2003年にはモチャーノフによる考古学的調査が行われていたことも伝えられている。遺跡群が広く周知されるのは、1993年にミハイル・ダシュツレンにより長さ47.8cm、径1.5cmの絶滅種・ケサイ Rinoceros の角（horn）製刺突具（槍中柄、図9）が発見され

220

たのを機に、ピトリコらが、2001年以来、2016年まで表面採集や試掘調査、本格的な発掘調査を継続的に実施し、遺跡群の様相を解明しつつある（Pitulko et al. 2004・2010・2012a・2015・2016、Basilyan et al. 2011、Nikolskiy and Pitulko 2013、木村 2005・2019）。

周囲には、氷河性沖積作用堆積物によって形成された二つの段丘、すなわち河水面との比高およそ40mで、幅4〜5mの氷楔を伴う凍土（シルト）で形成された西の高位段丘と、河水面との比高およそ18mを測る低位段丘が識別されている（Pitulko et al. 2004・2010）。蛇行を繰り返す川は、この低位段丘を浸食し、氾濫原には段丘堆積物の自然崩落を物語る凍土の大きな塊が砕け散らばる。遺跡が関係するのは、後者の低位段丘で、弧状に伸びる沿岸部、数kmの範囲に7遺跡（地点）が点在し、なかでも1kmほどの範囲に位置する3地点がその中核をなす。すなわち上流の西から下流の東に並ぶYMAM地点、B（Bajdzjarakh; ヤクーツク語由来の地質学用語、凍土層に挟まれた土壌）地点、N（Northern）地点である（図8、図10）。

遺物が集中するN地点（図11）で、3,100㎡の広い範囲にわたって調査されたのに対し、B地点は、2003・2009・2014年に調査された60㎡強の範囲にとどまっている。また、「マンモスの墓場」として注目されるYMAM地点の調査は、2009〜2014年まで実施されている（Pjtuliko et al. 2015）。北のN地点の境界Tums 1地点、南の境界のUS地点ほか3地点は、表採に止まる。

なおピトゥリコらは、これらの遺跡を一つのコンプレックスとみなしYana Rinoceros Horn Site（ヤナRH遺跡）と呼んでいる[2]（Pjtuliko et al. 2004、Basilyan et al. 2011、Nikolskiy and Pitulko 2013、木村 2005 他）が、かなりの距離を隔てた数地点の遺跡が含まれていること、ここでは、後の報告書でしばしば用いられる「ヤナ遺跡」を活かし、以下、「ヤナ遺跡群」と表記する。

(1) 遺跡にみられる地層と文化層、豊富な放射性炭素年代

図11は、遺跡周辺の地形・地質の模式図、in situ の文化層が確認されているN地点やTums 1地点、YMAM地点での地層断面図に加え、公表されている放射性炭素法による年代測定値の一覧を示したが、Pituljko et al. 2010を基礎に改変、加筆した。測定値はいずれも非較正である。

夏期のみ融解する深さ0.7〜0.8m以内の活動層を除き、地下深く凍結し、下底部は砂質ロームで、河面上12m付近でシルトがロームに変わる。段丘堆積物は、5〜7m単位の比較的小規模なポリゴン（多角形土 polygon）網を形成し、最大幅2mの氷楔を含む。幅0.5mほどに成長した第二世代の氷楔もあちこちに見られる。YMAM地点の植物片による放射性炭素年代に示されるように、段丘上部の層厚4〜5mに挟在する複数のレンズ状の湖底堆積物は3000〜6700yBPを示す。

崖錐、氾濫原、岸辺で多量の遺物が回収されたN地点を好例として、河水面上およそ7〜8mの位置に攪乱を受けていない獣骨片などを含む遺物包含層（文化層）が確認されている（図11）。若干の高度差はみられるが、B地点やTums 1地点でも同様の文化層の存在が突き止められ、関係する試料の測定値は、27,000〜29,000yBP、暦年較正で31,000〜33,400yBPに集中し、酸

---

(2) RHSの本来の意味が判明し、以後RH遺跡と表記する。

第Ⅱ部　酷寒に挑む旧石器時代の人びとと技

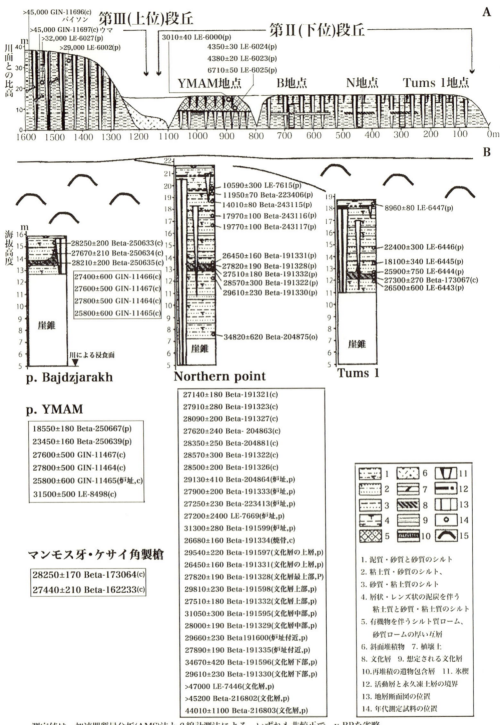

図11　ヤナ遺跡群の地形・地層と放射性炭素年代測定値一覧　（Pitulko et al. 2004・2010 より作成）

素同位体ステージ MIS 3 期に相当する。ほぼ同じ時期の集団による継続的利用、活動を示す遺跡群と結論された（Pitulko *et al.* 2010、Nikolskiy *et al.* 2013 他）。

一方、マンモスの牙の採掘を目的としたポンプ水噴射や乱掘による激しい人為的破壊の爪痕を残し、大きくトンネル状に包含層が削られた YMAM 地点ではあるが、新たに採集されたマンモス化石の放射性炭素法による年代値から、より後代の LGM 期と重なる 18,550 ± 180（Beta-250677）～ 23,450 ± 160 BP（Beta-250639）、より古い 31,500 ± 500 BP（Le-8498）の年代値を併せ持ち、やや長期の利用が予想されている（図 11）。いずれにせよ、他の N 地点や B 地点、Tume 1 地点の数値と重なることは理解できよう。

試料の測定値が多数提示されているものの、なお検討を要するのは、採集地点の詳細、すなわち採集位置や出土状況が具体的に明示されていない例も少なくない上に、文化層との関わりや上下関係が判明している年代値に限っても、層位内、もしくは上下層との先後関係において逆転した例が数多く含まれている点であろう。しかし、これまで極北最古とみなしてきたビョリョリョフ遺跡の年代 13,000 ～ 14,000 y BP に対し、多くが 1.5 万年以上も遡り、極地への人類進出の歴史が大きく塗り替えられつつあることは間違いなかろう。いっそう注目されるのが、マンモスを始めとした大量の獣骨・片とともに、人の手で作られた各種の道具、作成途次の半加工品、粗形材[3] などの貴重な資料がまとまって回収され、マンモス動物群との深い関わり、技術の高さがこれまでになく解き明かされつつあることであろう。

（2） 新たな「ヤナ石器群」と礫石器伝統

2002 年～ 2007 年の調査で、7,000 点を越す石器類が、採集、発掘されており、圧倒的多数が N 地点に集中し、次いで B 地点に多い（Pitulko *et al.* 2010）。少ないながら、Tums 1 地点の断面の文化層から水洗による篩かけで発見された剥片 73 点、骨片 47 点、赤いオーカーの小片が出土している。これまでのところ、年代測定値同様に、それぞれの地点ごとの詳細が公表されておらず、正確に石器群を論ずることは難しい。しかし、これまでのシベリアには例をみない石器の組み合わせや特異な剥片剥離技術が示されており、既述のような年代評価ができるとすれば、27,000 ～ 29,000 y BP、後期旧石器時代の極地最古の石器群であることを裏付ける有力な傍証となろう。

先の 6 年間の集計によると、圧倒的多数が、剥片・削片類で 5,059 点、この他礫 160 点、石材用の礫片など 267 点、石核 465 点、削器 685 点、掻器 9 点、両面加工石器 21 点、のみ状石器 37 点、縦長剥片 23 点、不定形剥片 46 点、機能・型式不詳の石器類 235 点、チョッピング・ツール 2 点、磨石 2 点、細石器 47 点からなる。石材の大半は、珪質頁岩・粘板岩で、周辺での入手可能な円礫素材とみられているが、ごく少量ながら石英・水晶製の削片 84 点が含まれ、遠距離からの搬入とされている。

図 12 は、それらの一部であるが、当初からの共同研究者の一人、E. ギリヤが採集した資料で、

---

[3]「粗形材」は、一般に金属製作工程の一完成品を指す専門用語であるが、牙製作工程に準用し、精密な、あるいは最終的な加工を施す前の半製品を「粗形材」と呼ぶ。

第Ⅱ部 酷寒に挑む旧石器時代の人びとと技

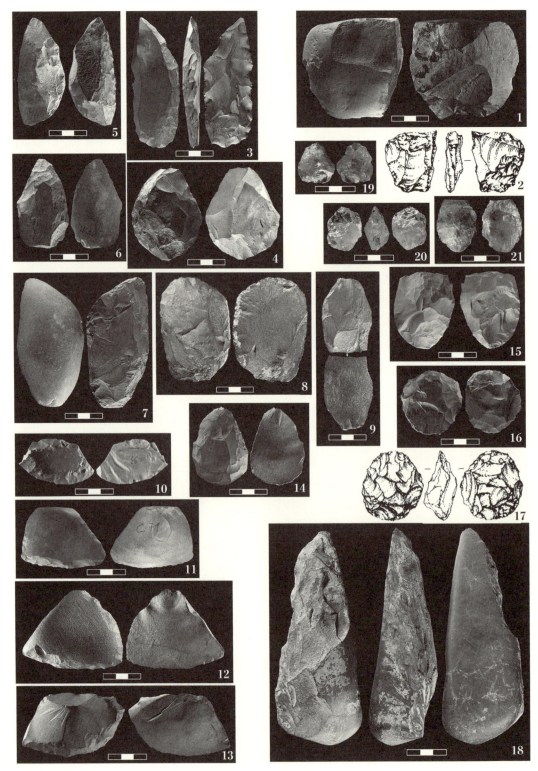

図12　ヤナ遺跡群N地点発見の石器群（1）（17のみB地点、写真：E. ギリヤ氏提供）

N地点の文化層に由来するとみられる資料を中心に、ごく一部B地点採集の資料を加えて示した。

1、5～7、10～12、18などのように、円礫、もしくは片面に礫表を大きく残す剥片から作られた石器が、多数を占め、シベリアの後期旧石器時代に一般的な石刃技法、細石刃技法を基礎とした石器群とは様相を異にしている。ただし、高さ8.1cm、幅8.2cm、厚さ3.6cm、上面と右側面に平坦面を有する方形板状の1は、石刃ブランクの可能性も考慮されるし、わずかながら縦長剥片（9）も含まれる。また、高さ4.6cm、幅4.2cm、厚さ1.5cmの2は、右端に作業面を残す楔形細石刃核で、石器群とどのように関わるのか、注目される。

それらの評価はともかく、石器群の基礎をなすのは、円礫、礫片や不定形剥片を素材とした礫石器伝統である。量は多くないが、円礫の先端部や基部などごく一部を加工したチョッパー・チョッピングツールやハンマーストーンなど礫石器が含まれる。18は高さ16.3cm、幅6.3cm、厚さ5cmのピック状石器である。細長の円礫の先端から左側縁に鋭い刃部を作り出している。

剥片石器の中で圧倒的多数を占めるのが、多様な削器類（7～13）で、縦長剥片の側縁（7・8）、もしくは横長剥片の末端（10～12）にインヴァース・リタッチで刃部を作り出した削器類がその典型である。特に後者は、主に横長剥片の縁辺に刃部が作られていることから、削器として扱われているが、機能的には典型的な11の掻器と同じように骨角牙器などの加工具の仲間と言えよう。

3は、高さ10cm、幅3.8cm、やや大型、縦長の尖頭器とみなされているが、両面に側縁からのやや粗い整形剥離が施され、背面の左側に大きく素材時の剥離面が残されていることから、削器としての機能も考慮される。また、5・6の尖頭器も同様で、尖頭部が作り出されてはいるが、側縁部の調整こそ入念で、削器の類いかもしれない。4も、小型のハンドアックス様石器であるが、先端から左右の側縁に沿って走る錯向剥離からは削器、彫器としての使用も予想される。

以上、削器の量的な多さに加えて、形態的な多様性も、ヤナ石器群の特色の一つである。

数量的には多くないが、特徴的な両面加工石器が組成に加わる。16は、径4.9cmの両面加工の円盤形石器である。石核とするには小型で、やや扁平過ぎるが、17のように石核を思わせる厚手の円盤形石器も知られている。また、両面加工により入念に仕上げられた15は、木の葉形の一端を断ち切ったかのような「のみ」状石器である。高さ6.2cm、幅4.9cmを測る。21は、高さ4cm、幅3.2cm、15の半分ほどの大きさであるが、形状、作りともに

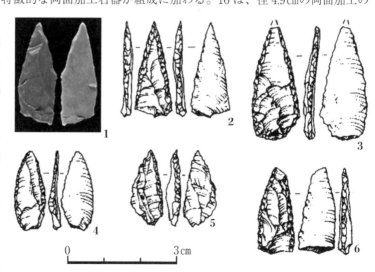

図13　ヤナ遺跡群N地点発見の石器群(2)　細石器
（1. E. ギリヤ氏提供、2～6. Pitulko et al. 2010 より）

まったく同じである。遠隔地から搬入された水晶製の数少ない石器のひとつであり、石材の違いを超え、骨角器の製作など特別な役割をもった石器と推察される。削器同様に、石器群の中で特別な位置を占めている。

ちなみに、図示した水晶製の石器は、19が両面加工の石錐様石器、20が両面加工の石核様石器で、いずれも小型である。他にも、細石刃様剥片の端部を加工した小型掻器、三角形の両面加工の小型尖頭器などが含まれている。

これまでの剥片石器群とはやや趣を異にする、細長、薄手、小型の縦長剥片を素材とした一群が含まれている。図13に示したとおり、縦長剥片の左右両側縁に主要剥離面側からの細かな調整剥離を施し、およそ三角形に仕上げた尖頭器様石器である。基部の形状など微妙な差はみられるものの、尖頭部の作り出し、主剥離面側ではなく背面側への二次加工で三角形に成形する製作パターンは、まったく同一タイプである。1が、高さ2.8cm、幅9.5mm、もっとも大きい3でも、高さ3cm、幅1.3cm、厚さ3.5mm、最小の5は、高さ2.1cm、幅0.9cm、厚さ4.1mmと、その大きさから細石器と呼ぶにふさわしい。ヤナ石器群に、クサビ形石核のブランクらしい22などを含めて細石器伝統の存在が推察されるが、工程を詳細にトレースできず、今後の課題である。

(3) ヤナ遺跡群でのYMAM地点、B地点、N地点の機能

マンモスの骨や牙が、ヤナ遺跡群の各地点から集められている。同時に、マンモスの占める割

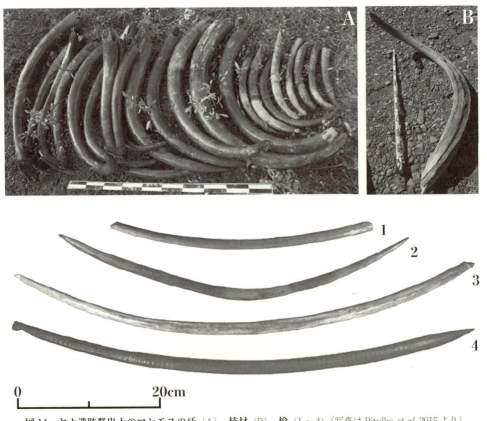

図14　ヤナ遺跡群出土のマンモスの牙（A）、核材（B）、槍（1〜4）（写真はPitulko et al. 2015より）

補論3　人類による極北進出をめぐる研究の新たな展開

合が遺物の密集する3地点で大きく異なり、遺跡ごとの機能の違いも指摘されている（Nikolskiy and Pitulko 2013、Pitulko et al. 2015、木村 2005・2019）。石器が大量に出土するN地点でわずか3.3%であるのに対し、B地点では50%、YMAM地点に至っては95%以上を占め、年代もおよそ一致することから、役割の異なる互いが、補完し合うよう並存していた結果という。

　YMAM地点で、少なくとも32頭分のマンモスの牙（最小個体数69頭）が回収され（図14）、青年期のマンモスなども含まれるものの、若いメスの成獣が主体を占めるという（収集品の7割、粗形材100点の多くが曲がり指数1のメス）。ピトゥリコらは、失われたものも含めるとここでの集積は最低でも200〜300頭、あるいは1,000頭にも達していたと推定する（Pitulko et al. 2015）。さりとて、これらの大量の牙も、人類の活動・居住域での2000年間に及ぶ狩猟の末の集積で、マンモス絶滅を導くものではなかった、とも付言する。この点については、他の部位が極端に少ないことから、狩猟による捕獲というよりも、凍土地帯の環境を巧みに活かしながらの牙材の計画的収集・集積とみなすのが妥当であろう。マンモス絶滅の原因が人類による大量殺戮にあったとする見解が有力視されがちな時代に、シベリアでの「マンモスの墓場」や南ロシア・ウクライナに広がる骨格住居を紹介しつつ、その可能性が低いことを繰り返し述べてきた（木村 1993・1997他）が、YMAM地点でのマンモス牙の特別な集積はその新たな証左となろう。

　一方で、西シベリアのルーゴフスコエ遺跡など、人類によるマンモスの狩りの具体的な例が知られている（Pavlov et al. 2003、木村 2005）が、YMAM地点の資料の中にも、同じ様な事例が含まれていることが判明した（Pitulko 2015）。図15-1・1*は、刺突痕を右肩甲骨に留める若いマンモスの例で、その刺突痕中に長さ1.5cm弱、断面形の幅1.1cm、厚さ0.15cmの小さな半月形の泥岩製ポイントの先が残されていた。また同図-2・2*は、右肩甲骨に刺突痕を留める中型のマンモスの例で、その中に2個の石片と骨製品片とが残されていた。長さ1.1cm弱、断面形の幅

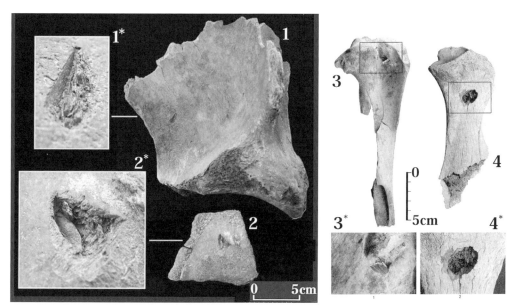

図15　マンモス化石（1・2）とトナカイ化石（3・4）、に残る刺突痕・狩猟具片
（1*・2*・3*・4*のみ刺突痕）（1・2；Pitulko et al. 2015、3・4；Pitulko et al. 2010 より）

1.275cm、厚さ0.5cmの泥岩製の半月形ポイント片と厚さ0.45cmの小型片、装着していたらしい薄い牙片も間に確認されている。この他、若いマンモスの骨盤の右腸骨、右肩甲骨に刺突具による強い衝撃痕を残す貫通孔が確認されている。

　注目すべきは、突き刺さっていた石片である。いずれも半月形の小片で、先に見た細石器の属性と極めてよく一致していることである。断定とまではいかないが、マンモスに突き刺さっている石片の形状、すなわち半月形で、しかもその断面の幅が1.3cm以内、厚さが4.5mm以内と幅狭、薄手である特徴は、ここでの細石器の先端部の形状と一致する。マンモス牙製の長槍のみの使用とは別に、先端部、もしくは先端側縁部に細石器を接合、もしくは植刃し使用した例もあったことはほぼ間違いない。用いられた植刃尖頭器の構造の詳細がどのように復原されるか、解明を期待したい。

　結局、資材としての牙（図14-A）、製作途次の残核（同図-B）、軸状の半加工品、槍（同図-1～4）、その他大小各様の剝片など多数が採集、発掘されたYMAM地点は、人類の狩猟・採集活動によって獲得された資材の管理、そしてその資材を利用しての道具の製作活動の一端を反映したものと言えよう。ピトゥリコらは、集積物が獣皮に覆われていたとも推定する。繰り返しになるが、出土した大量の牙すべてが狩猟による獲得物とみなす解釈には飛躍もあり、周辺の永久凍土層下のいっそうの解明などなお多くの検証を要しよう。

　その対極にあるのが、N地点である。N地点は、マンモスの牙などの集積場と異なり、完全な形の牙がまったく発見されていない。しかし先に紹介したとおり、石器・剝片類が大量に出土しており、あわせて骨角牙製品や剝片類が大量に収集、発掘されている。炉跡や焼骨なども発見されており、多様な作業場、居住域としてヤナ遺跡群での中核を担っていた様子がうかがえる。

　収集・発掘された獣骨の組成をみると、マンモスの遺骨が極めて少ない一方で、ここではトナカイの下顎骨や遊離歯、橈骨、椎骨などが多数を占めている。その他、ウマの下顎骨やバイソンの指骨、肩甲骨片、更新世ウサギの椎骨や中足骨、肩甲骨、上腕骨、肩甲骨、ケサイの遊離歯など小型の小片が含まれ、遺跡全体では、ジャコウウシやオオカミ、ホッキョクギツネ、褐色クマ、ライオン、クズリなども同定されている。

　狩猟に関係しては、これまでのところ、N地点での細石器の使用例は確認されていないが、狩猟活動を証明する確かな資料が、ここでも発見されている。図15-3に示したとおり、トナカイの後脚を構成する脛骨の近位端部に槍の刺突痕が見られ、そこには突き刺さったマンモスの牙片が保存されている（同図-3*）。この場合は、細石器を装着せず、牙製槍のみによる捕獲とみられるが、大型獣のマンモスと中型獣のトナカイで使用する道具を使い分けていた可能性も考慮される。時に刺突具が骨を貫通した結果、刺突痕、あるいは貫通孔のみ残された例もしばしば見られる。同図-4は、トナカイの骨盤の断片である。いずれにせよ、断片的資料ながら、居住域での狩猟の対象は、むしろ中～小型の獣類に比重が置かれていた蓋然性が高い。N地点での様相からは、極北に進出した集団が、マンモスを捕獲したとしても、それをもって直ちにマンモス猟を専業とする集団と見做すには無理があることは明白である。

　YMAM地点からB地点を介して運び込まれたとみられているマンモス牙製とケサイ角製（図

9)の槍の他、マンモス牙製の髪飾り・頭飾り・腕輪片が248点（図16-1～5）、同じく牙製の小玉（同図-6・7）、トナカイの歯（同図-8）や他の肉食小動物の歯に穿孔した飾り玉（同図-9・10）などビーズ類が5,891点を数え、装身具類が圧倒的多数を占める。また、マンモス牙製の錐（同図-11）や針（同図-12～14）、装飾付きの容器（図17）など、これまでシベリアの後期旧石器時代には例のない日常の用具も含まれており、粗形材や半製品、破片を合わせるとその総数は1万点を超すという。

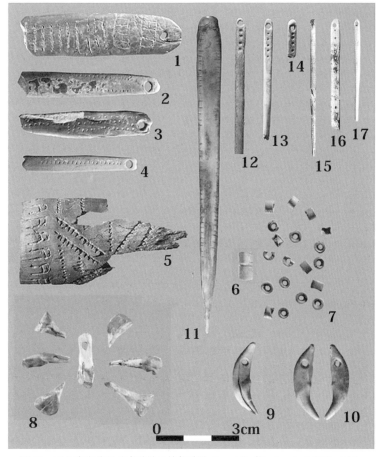

図16　ヤナ遺跡群N地点発見の骨角牙器（1～14）（Pitulko et al. 2012b より）
付：15～17はデニソワ洞穴出土（Derevyanko et al. 2005 より）

　長大な槍と大量の装身具類で構成される様相は、およそ同じ時代に相当するモスクワ近郊のスンギール遺跡の土坑墓群の例を想起させるが、N地点で墓が検出されたという報告は今のところない。むしろ、大量の粗形材や半加工品、破片が発見されている事実からすると、N地点での活動の主な一つに、これら骨角器の製作と使用にあったことは動かし難い。とりわけ、南ロシアのエリセーエヴィッチ遺跡やアヴジェーエヴォ遺跡などにみられるシャモジの例を除くと、管見の限り、旧石器時代の牙製の容器は、他に類例を知らない。高度な「ヤナ技術」はこの点でも注目される。長さ20.2cm、幅12.4cm、高さ4.8cm、牙の形状を生かし、平面形は細長い滴形をなし、削り、磨きともに入念に行われている。特に困難を要したはずの内面での削りは、本石器群を特色づける削器や掻器、ノミ状石器が十分に機能したものと推察される。また容器はもちろん、各種の装身具（図16-1～6）や用具（同図-11～13）の表面を飾る線刻や点刻模様の施文、さらには針や垂飾の一部にみられる穿孔のために、長さ15.6cm、幅1.3cmで、先端刃部が鋭く尖る牙製錐（同図-11）などが役割を果たしたものと思われる。

　これまで、北ユーラシアの後期旧石器の遺跡から発見された骨牙製の装身具やビーズ、針などについて、マリタ遺跡やココレヴォ遺跡など多くの事例を紹介してきた（木村1979他）が、骨

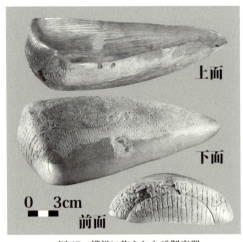

図17　模様に飾られた牙製容器
（Pitulko et al. 2012b より）

製針についてみると、ユーラシア最古の例は、新人類の出現期ともされるゴルノ・アルタイ地区のデニソワ洞窟東ギャラリー11層から出土した骨製針（図16-15〜17、Derevyanko et al. 2004・2005、木村 2011）で、5.0 ka BP の年代が与えられている。この他、同じアルタイ山系のストラーシュナヤ洞窟の3z層（4.4〜4.9 ka BP）から出土した例、また中央アジアのジョージア（旧グルジア）のメズマイスカヤ洞窟の1c層（3.5〜4.0 ka BP）からみつかった針などが後期旧石器時代の始まりの資料とみなされている。

ところで、最近、ユーラシア、及び北アメリカにおける旧石器時代の骨製針に焦点をあて、縫製技術の起源と多様化の歴史を探ろうという F. d'Errico らによるが興味深い論稿が公表されている（d'Errico et al. 2018）。針の機能に適う細く、小型の形状と骨牙製という材質の故に、調査での回収はごく一部に止まり、実態を正確に把握するのは難しいが、これまでのところ北半球に広がる骨、象牙、時に鹿角製を材料にした目処のある針は、271遺跡、355の包含層からの出土例が収集されており、MIS3の時期のユーラシア遺跡にごくわずか見られ、最終氷期、すなわち LGM 期以降に本格的に普及し始めるという。毛皮に穴を開けることと、糸を通すということ二つ役割を可能にしたが、使用痕研究から、柔らかい素材、おそらく皮に穴を開けるために繰り返し用いられた錐が、やがて針の考案へと導いたと推察する。

初期の段階から、大きくは二つのタイプ、すなわちもっぱら刺繍、アップリケ、あるいはより下着縫製という繊細な毛皮縫製に適した小型で円形、もしくは半円形のタイプと、冬着の組み立て、冬着の縫製、効果的な多層衣服縫製に適した幅広、扁平のタイプという伝統が存在し、シベリアやコーカサスの例は、前者のタイプであることが示されている。この点では、ヤナ遺跡群、特に N 地点の技術伝統は、中央アジアやシベリアの系統を引くとみられるが、それらが石刃石器群の出現とともに導き出された伝統とすると、ヤナ石器群の様相とは十分に一致しないし、両者の伝統が F. d'Errico らの言うように自立的に出現したのか、その後の相互交流がどのように進展したのか、ここでも、今後解決すべき大きな課題が残される。

何よりも、寒冷化など気候変動にうまく対処し、社会的・個人的独自性を伝達する手段として人類が編み出してきた衣服の存在を考慮すると、この文化革新を左右する衣服の縫製技術に欠かすことのできない骨製針は、なお多様な歴史を紡いでいた可能性が考慮され、今後いっそうの研究の進展が期待される。

なお、牙製の槍の製作工程については、本書での G. フロパーチェフと E. ギリヤの実験研究の主題でもあり、ここでは省略するが、ヤナ遺跡群での様相から新たな視点も示されており（Pitulko et al. 2015）、木村 2019 に紹介した。参照されたい。

おわりに

　牙素材の入手から製作、使用までの作業工程にあわせ、YMAM 地点、B 地点、N 地点がおおよそ使い分けられていたらしい居住パターンが提起されている。ベースキャンプ設営、住居構築に必要な骨や牙、あるいは道具製作に必要な骨と牙、住居の覆いやロープ・罠装置などに必要な毛皮など、人びとの暮らしに関わる有力な資源として圧倒的な存在感を示しているのがマンモスである。その有力な資源が地下に眠る極北のツンドラ地帯こそ、酷寒の厳しさとは裏腹に、選ばれるべくして選ばれた、というより欠くべからず居住空間であったと結論できよう。遺跡ごとの機能差が時代的特性であるのか、極北という地域に特有な有り様であるのか、今後いっそうの解析が期待されている。

　人類による極北進出について、一般には地球の温暖化によりマンモスの棲息圏が極地へと狭められる一方で、人類の居住可能な生活圏が極地へと拡大した偶然の結果とでも言えそうな環境決定論的な理解が支配しているが、極地に限っては、人類の環境適応能力をはるかに超えた地域であり、その限りでは進出する理由はない。欠かすことのできない資材を求めての限りなき挑戦、人類の行動パターンの源泉をあらためて問い直してみる必要がありそうである。　骨と牙製道具製作は、後期旧石器時代前期文化の証のひとつで、サンクト・ペテルブルグの今は亡き考古学者 M. アニコーヴィッチは、後代の青銅や鉄の重要性になぞらえ、あえてこの時代を「骨時代」と呼んでいる（Anikovich 1992）。傾聴に値しよう。

参考文献

Anikovitch, M.V. 2003 : The Early Upper Paleolithic in Eastern Europe. *Archaeology, Ethnology & Anthropology of Eurasia*, No.14, pp. 15-29- Novosibirsk.

Basilyan, A.E., Anisimov, M.A., Nikolskiy, P.A., and Pitulko, V.V. 2011: Woolly Mammoth mass accumulation next to the Paleolithic Yana RHS site, Arctic Siberia: its geology, age, and relation to past human activity, *Journal of Archaeological Science*. Vol. 38, pp.2461-2474.

Derevianko, A.P. and Shunkov, M.V. 2004: Formation of the Upper Paleolithic Trandition in the Altai, *Archaeology, Ethnology & Anthropology of Eurasia*, No.19, pp.12-40.

Derevianko, A.P. and Shunkov, M.V. 2005: Formation of the Upper Paleolithic Trandition in the Altai, *Archaeology, Ethnology & Anthropology of Eurasia. The Middle to Upper Paleolithic Transition in Eurasia; Hypothesis and Facts*（ed. A.P, Derevianko), pp.283-311.

Laroulandie, V. and Francesco d'Errico, 2004 ; Worked Bones from Buran-Kaya Ⅲ Level C and their Taphonomic Context. The Middle Paleolithic and Early Upper Paleolithic of Eastern Crimea. ERAUL No.104, pp. 83-94.

d'Errico, F., Doyon, L., Zhang, Sh., Baumann, M., Lazničková-Galetová, M., Gao, X., Chen, F., and Zhang, Y. 2018: The origin and evolution of sewing technologies in Eurasia and North America. *Journal of Human Evolution*, No.125, pp.71-86.

Holen, S. R., Deméré, T. A., Fisher, D. C., Fullagar, R., Paces, J. B., Jefferson, G. T., Beeton, J. M., Cerutti, R. A., Rountrey, A. N., Vescera, L. and Holen, K. 2017 ; A 130,000-year-old Archaeological site in Southern California, USA. *Nature*, No.544, pp.479-483.

Maschenko, E.N., Tikhonov, A.N., Serdyuk, N.V., Tarasenko, K.K., Cherkinsky, A., Gorbunov, S. and J. van der Plicht 2014 ; The partial carcass of the "Zhenya"(*Mammuthus primigenius*) from western Taimyr Peninsula, Russia : preliminary analysis and results. In Proceedings of the VIth International Conference on Mammoths and Their Relatives. *Scientific Annals*, vol. 101, School of Geology, Aristotle University, Thessaloniki, Greece, pp.121-122.

Maschenko, E.N., Potapova, O.R., Vershinina, A., Shapiro, B., Streletskaya, I.D., Vasiliev, A.A., Oblogov, G.E., Kharlamova, A.S., Potapov, E., Plicht, J., Tikhonov, A.N., Serdyuk, N.V. and Tarasenko, K.K. 2017 ; The Zhenya Mammoth(*Mammuthus primigenius.*(Blum.)): Taphonomy, geology, age, morphology and ancient DNA of 48,000 years old frozen mummy from western Taimyr, Russia. *Quaternary International*, No.445, pp.104-134.

Nikolsky, P.A. and Pitulko, V. V. 2013 ; Evidence from the Yana Paleolithic Site, Arctic Siberia, Yields Clues to the Riddle of Mammoth Hunting. *Journal of Archaeological Science*, Vol. 40, pp.4189-4197.

Pitulko, V. V., Nikolsky, P.A., Girya, E.Y., Basilyan, A.E., Tumskoy, V.E., Koulakov, S.A., Astakhov, S.N., Pavlova, E.Y. and Anisimov, M.A. 2004 ; The Yana RHS Site: Humans in the Arctic before the Last Glacial Maximum, *Science*, Vol. 303, pp.52-56.

Pitulko, V. V., Nikolsky, P.A., Basilyan A.E. and Pavlova, E.Y. 2011 ; The Quaternary in all of its variety. Basic issues, results, and major trends of further research. *Proceedings of the VII All-Russian quaternary Coference*. pp.52-56, Geological Institute, Kola Research Center RAS, Apatity and St. Petersburg.

Pitulko, V. V. and Nikolsky, P.A. 2012a ; The Extinction of the Woolly Mammoth and the Archaeological Record in Northeastern Asia. *World Archaeology*, vol. 44, pp. 21-42.

Pitulko, V. V., Pavlova, E.Y., Nikolsky, P.A. and Ivanova, V.V. 2012b ; The oldest art of the Eurasia Arctic : Personal ornaments and symbolic objects from Yana RHS, Arctic Siberia. *Antiquity* No. 86, pp.642-659.

Pitulko, V. V., Pavlova, E.Y. and Nikolsky, P.A. 2015 ; Mammoth ivory technologies in the Upper Paleolithic ; a case study based on the materials fron Yana RHS, Northern Yana-Indigirka lowland, Arctic siberia, *World Archaeology*, No. 47, pp.333-389.

Pitulko, V. V., Tikhonov, A.N., Pavlova, E.Y., Nikolskiy, P.A., Kuper, K.E. and Polozov, R.N. 2016 ; Early human presence in the Arctic: Evidence from 45,000-year-old mammoth remains, *Science*, vol.351,No.6270, pp.260-263.

Khlopachev and Girya 2010 ; Г.А. Хлопачев и. Е.Ю. Гиря Секреты *Древних Косторезов Восточной Европы и Сибири : приемы обработки бивня мамонта и рога северного оленя в каменном веке*. С.143, Санкт-Петербург, НАУКА.

Mochanov *et al.* 1983；Мочанов, Ю.А., Федосеева, С. А., Алексеев, А.Н., Козлов, В.И., Кочмар,Н.Н. и Щербакова, Н.М. *Археологические памятники Якутии*. 391с. Новосмбирск.

Pavlov *et al.* 2003；Павлов, А.Ф., Мащенко, Е.Н., Зенин, В.Н., Лищинский, С.В. и Орлова, Л.А.；Предварительные результаты междисциплинарных исследований местонахождения Луговское, *Проблемы археологии. этнографии, антропологии Сибири и сопредельных территорий*. Т. VII, С. 165-172, Новосмбирск.

Pitulko and Pavlova 2010：Питулько, В.В. и Павлова, Е.Ю., *Геоархеология и Радиоуглеродная Хронология Каменного Века Северо-Восточной Азии*. 263с, Санкт-Петербург, Наука.

Scherbakova 1980：Щербакоба, Н.М., Археологические памятники Яаны. *Новое в Археологии Якутии*. С. 62-65, Якутск.

Shapovalov 1999：Шапавалов, А.В., По следу Мамота. С.63, Изд Инфолио-пресс, Новосмбирск.

木村英明 1993：「酷寒への適応―先史モンゴロイドのシベリアへの移住と拡散」『リベラル・アーツ』（札幌大学教養部教育研究）8、3～35頁

木村英明 1997：『シベリアの旧石器文化』、426頁、北大図書刊行会

木村英明 2002：「シベリアの旧・中石器文化の遺跡の年代から、マンモス絶滅の理由を読み解く」『比較文化論叢』9、43～69頁、札幌大学文化学部

木村英明 2005a「シベリアの中期～後期旧石器への「移行期」問題」『Aru:k』第1号、3～30頁、札幌大学埋蔵文化財展示室

木村英明 2005b「ヤナ・RHS遺跡と人類極北進出時期をめぐる問題」『Aru:k』第1号、37～50頁、札幌大学埋蔵文化財展示室

木村英明 2011「デニソワ人とシベリアの後期旧石器のはじまり」『季刊・古代文化』第63巻第2号、113～117頁、古代学協会

木村英明 2013「酷寒に挑む旧石器時代の人びとと技」『氷河期の極北に挑むホモ・サピエンス―マンモスハンターの暮らしと技』（G. フロパーチェフ、E. ギリヤ、木村英明、木村アヤ子共著訳）、117~200頁、雄山閣

木村英明 2019「ヤナ遺跡群と人類の極北進出をめぐる問題（再論）」『旧石器時代文化から縄文時代の潮流―研究の視点―』（白石浩之編）、3～14頁、六一書房

訳者あとがき

　マンモスと共存していた人類、旧石器時代の人類がどのような暮らしをしていたのか、どのような文化を築いていたのか、考古学的な遺跡や遺物をもって解き明かすことのできる世界は、ほんのわずかに過ぎない。火山列島とも呼ばれる我が日本においては、なおさらで、石器を除くと多くのものが腐朽分解し、過去の証拠をほとんど残さない。歴史的痕跡を拠りどころに当時の実態に迫ろうという考古学者、なかでも旧石器考古学者の作業は、いつもながらはなはだ困難を伴うものと言えよう。それ故、年代測定や遺伝子研究をはじめとした関連諸科学での最新の成果は、その不足を補うものとして欠かすことができない。しかし一方、今日の多様な仕組みへの理解と長期に及ぶ視点を欠いた単線的な「気候温暖化」問題や原発「安全神話」の崩壊問題の譬えではないが、考古学的資料が、深化しつつある科学理論や研究の方向性の是非を検証するための貴重な素材であることもまた否めない。資料の存在意義を問い直すことは、これまでにも増して有用かもしれない。

　G. フロパーチェフとE. ギリヤの手になる本書第Ⅰ部には、今からおよそ1万年以上前の旧石器時代と、それに続く中石器時代の遺跡から出土したマンモス牙製、あるいはトナカイ角製の貴重な道具を通して、当時の技術の実態に迫ろうという、これまでにも例のない壮大な実験の記録と注目すべき研究成果が収められている。膨大な時日を費やしての研究は、出土遺物の詳細な考古学的観察、遺物や製作物に残される使用痕跡の観察、さらにはさまざまな現代の製作実験からもたらされる新たな情報と痕跡の比較考察を繰り返しながら、それらがどのように作られ、使われていたかを探るのである。仮に、石器や動物性遺物が残されていたとしても、それらからだけで推し量れない技術の世界を、時に極地ツンドラ、あるいは真冬のサンクト・ペテルブルグ市中の公園、室内の冷凍室などという過酷な条件下での実験を繰り返しながら解明しようという意欲的取り組みは、とりわけ異彩を放っている。おそらく、今日の考古学研究の在り様にも多くの示唆を与えてくれる、興味つきない書と言えよう。

　訳者のひとり木村英明は、雑誌『ソ連考古学Советская Археология』で、「マンモスの墓場」として知られるビョリョリョフ遺跡から発見された槍 (Vereshchagin and Mochanov 1972、第Ⅱ部・図28-B) を目にした時、不思議な興味を覚えたことがある。大きく彎曲し、マンモスの牙の形状をよく残してはいるものの、果たして槍と呼べるのであろうか。仮に槍として、実際、どのように用いられたというのであろうか。記事をみて、脳裏をかすめた疑問である。そして、ロシアに出かけるようになってまもなくの頃、モスクワの考古学研究所を訪ね、大量の副葬品や装身具が朱の広がりの中に散りばめられたスンギール遺跡の埋葬墓をN.O. バーデル博士よりみせていただいた。その第一印象は、驚愕にも似た感動で、それまで抱き続けてきた旧石器時代へのイメージは大きく塗り替えられた。とりわけ興味を惹いた遺物が、長さ2mを超すマンモス牙製の槍である。大きく曲がりくねった形状を特徴とするマンモスの牙が、なぜにこうも真っ直ぐであるのか、ビョリョリョフ遺跡のものとはおよそ正反対の、しかもいっそう大きな疑問がわいたきたか

訳者あとがき

らである。結局、そのいずれの疑問も、さまざまな想像の範囲にとどまり、つい最近まで解決することはなかった。しかし、この相矛盾する現象を、フロパーチェフとギリヤは見事に解決してみせたのである。かつての技術を再現し、複製品（マンモス牙製の槍）の作製成功はもちろん、その製作に用いた「（現代の）石器」に残された使用痕と旧石器時代の石器に残された使用痕とを詳細に比較するなど、研究はよりいっそう念入りに行われている。

また、サンクト・ペテルブルグに滞在し、物質文化研究所を訪ねた訳者らは、ジョホフ島での発掘を終えたばかりの V. ピトゥリコから、「コロバハ」や木製の容器、そり滑走部など出土した遺物の観察、撮影の機会をいただいた。帰国後、地球最北の遺跡から出土した興味ある考古学的遺物として紹介を果たした（木村 1999）ものの、入念に調整された頭部、その頭部付近に施された溝、杭状に作られた尖端部など異色な形状を呈したツルハシ様道具が実際にどのように使われたものであるのか、想像の域を超えることはなかった。しかしフロパーチェフとギリヤは、槍と同様、詳細な資料の観察と酷寒の極地ツンドラでの実験に基づき、その用途を解き明かしている。予見や偏見にとらわれることなく、あらゆる可能性を考慮して行われる製作・使用実験、その過程でもたらされる製作物とそこに留められる微細な痕跡の解析、細大漏らさずの考古学的遺物との比較検討が、彼らの研究の生命線であると言えよう。しかも、膨大な実験記録を残しながら慎重に進められているが、将来の検証にも配慮されたものであろう。総じて、高い学問的水準が保持されており、S.A. セミョーノフによって築かれた製作実験研究・使用痕分析研究を継承・発展する業績、と評することができよう。

部分的な活用は容易であるが、彼らの問題意識、ねらい、技術のレベルなどその構想・作業の全体を詳しく紹介することこそが何より重要と考え、今回、それらの全訳を目指した。翻訳に際しては、大きな過誤が生じぬよう、原著者たちへの質問を繰り返しながら進めたが、訳者らのそもそもの力不足があるとすればご寛容いただきたい。

一方、第Ⅱ部は、主にロシア、ウクライナなど東ヨーロッパに中心を据えながらも、広く北方ユーラシアにおける旧石器研究の魅力をいくらかなりとも伝えたく、訳者のひとり、木村英明が用意した。彼らに倣い、失われた技術の復原、あるいはかねてから関心のあったネアンデルタールからホモ・サピエンスへの移行問題、マンモスハンターの文化の起源問題などにも留意しつつ、概説に努めた。もちろん、紙数の都合で、新しい資料の提示が充分に果たせなかったり、一部章節を割愛したりで、旧状を大きく抜け出せぬもどかしさもないわけではない。としても、北方ユーラシアの旧石器研究がもつ図り知れぬ魅力を損ねることはなかろう。

示した見通しの妥当性などについては、今後の研究の進展を待つとともに、読者の判断に委ねたい。

ところで、原著者たちと訳者を引き合わせたのが、他ならぬ、今は亡き N.D. プラスロフ博士とコスチョンキ遺跡群である。

2009年6月2日、サンクト・ペテルブルグのかねてからの友人、E. ギリヤ（第Ⅰ部の執筆者のひとり）から、突然の訃報が寄せられた。東ヨーロッパ旧石器文化に関する研究を長年にわたって牽引してこられたサンクト・ペテルブルグの世界的な考古学者、ニコライ・ドミトリエヴィッチ・プラスロフが、我々の元から去った、というのである。即座に信ずることができず、しばし心の動揺が続いた。深い悲しみに包まれながらも、やがて我に帰る頃、彼との楽しい出会い、また懐かしい思い出の数々が胸中に去来した。第Ⅱ部にあるような内容の原稿をしたためるべく思い立ったのは、この時である。しかも、まもなくして、連絡してくれたE. ギリヤ氏がG. フロパーチェフ氏と共同で興味ある書物を準備中であると知り、プラスロフ博士への追悼の意を込めて、彼らの研究成果の翻訳と拙い筆者の論考をひとつの書にまとめるべく準備を進めてきた、というのが本書刊行までのいきさつである。

　他の用務に追われ、プラスロフ博士が去って早や3年が経過してしまい、時機を失した感もないではないが、東ヨーロッパの旧石器文化に興味を抱くきっかけを与えてくれた恩人へ、どうにか、本書を献呈できるまでに至ったことは、とても光栄である。プラスロフ博士の特別な導きがあったからに違いない。

　ロシア科学アカデミー物質文化史研究所の旧石器文化部門、主任研究員で、歴史学博士のN.D. プラスロフは、長い闘病生活の果て、家族の温かい介護のかいもなく亡くなられた。

　1937年生まれのコーリャ・プラスロフの故郷はコスチョンキ村で、戦争、占領、戦後の飢餓、両親の死など時代に翻弄されながらの幼少期の苦難も、スコップを手に発掘現場で汗水流す毎日によって乗り越えることができたという。P.I. ボリスコフスキー率いるコスチョンキ2遺跡、同19遺跡の発掘調査に参加しているが、多才な能力と問題意識、強い性格が、A.N. ロガチェフとP.I. ボリスコフスキーに認められ、本格的な考古学研究の道へと進む。1956年には、自らがドン川岸にコスチョンキ21遺跡（Гмелинская）を発見し、進学したボロネージュ大学で、この調査を題材にした最初の論文を提出している（1958年）。

　卒業後、一時、タガンログ郷土博物館に学芸員として務め、南部ロシアでの調査研究を行っているが、1962年以降、ソ連科学アカデミー考古学研究所レニングラード支部（当時）の院生（P.I. ボリスコフスキー指導）となり、論文「ドニエプル河、及びアゾフ海周辺の旧石器文化」（ボリスコフスキーとの共著、『考古学的資料全集Свод археологических источников』、1964年）の発表を機に、1965年、同研究所（現在、物質文化史研究所）考古学部門の研究員に任用される。1988～1997年には旧石器文化研究部門の主任に抜擢され、2001年には論文「ドン河流域の旧石器文化」で博士号を取得している。

　コスチョンキ1遺跡の発掘を率いてきたこともあって、後期旧石器研究の世界的権威として良く知られているが、修士論文「北東アゾフ海周辺、及びドン河下流域の前期旧石器文化」（1965）が示すように、優れた業績は、後期旧石器文化の研究にとどまることなく多岐に及んでいる。特

訳者あとがき

にここでは、中期旧石器文化研究の主要な課題、すなわち剝離技法やタイポロジー、製品と原材の関係性の研究などについて、早くも独自の考えを提示し、高く評価されている。狭い地域的文化の設定ながら、中期旧石器文化の細分化と編年研究への新たな道を切り拓き、一方で、広い文化的共通性、すなわち、南部ロシアの資料を、ヨーロッパ大陸の旧石器文化インダストリーという広い背景の中で論じている。北部コーカサスでは、標高1,000mほどの低い山麓地帯でリマースを伴うアシュール文化に近いムステリアン古相のイリスカ遺跡を発掘し、遺跡の多層的性格を明らかにしている。また、ドン河下流域、及びアゾフ海沿岸での探索では、前期旧石器時代の遺物を含む新たな遺跡を発見し、ムスティエ期のロージョクⅠ遺跡、ノーソヴォⅠ遺跡の発掘調査を行っている。

第Ⅱ部の中でも紹介したが、一連の研究は、大著『ソ連の旧石器文化Палеолит СССР』の刊行として結実している（1984年）。編纂作業の主導的役割を果たしたことはよく知られているが、積年のフィールドを対象とした「ロシア平原とクリミアの前期旧石器」の執筆、そして本書の基礎をなす第1章「旧石器の地質学・先史地理学的枠組みと、ソ連地域の環境変動、旧石器の編年と細分化」の執筆を担当しているが、その非凡さが理解されよう。その確信に満ち溢れた活動は、ポーランド、ルーマニア、チェコスロバキア、ハンガリー、ブルガリア、ドイツ、フランス、イギリス、アルジェリアの博物館や研究機関での長年にわたる地道な資料調査、さらには第四紀地質学、古地理学、花粉学、軟体動物相や哺乳類遺物の研究など関連諸科学に精通した創造的才覚によるものであろう。第四紀学会の東ヨーロッパ作業グループ事務局、ソ連科学アカデミー付属マンモス・マンモス動物群研究委員会、初期のロシア大衆向け自然科学誌「自然 Природа」の編集部など、学際的活動の中心的役割を果たしていたことが伝えられている。近年では、旧石器文化の編年学的研究の基礎資料とされているデータ集『東ヨーロッパと北アジアの旧石器の放射性炭素年代—課題と展望』（A.A. シニツィンとの共編、1997年）のとりまとめに尽力している。

数々の業績の中でも、プラスロフ博士の野外調査をもっとも特色づけているのが、1950年代末から終生かかわってきたコスチョンキ遺跡群の発掘調査であろう。多層遺跡のコスチョンキ21（Гмелинский）遺跡の発見と調査研究に引き続き、1971年からはコスチョンキ遺跡群の調査を指揮し、A.N. ロガチェフとともにコスチョンキ1遺跡文化層Ⅰの住居コンプレックス2の全容解明という野心的な計画に着手したことは、よく知られていよう。晩年、病に伏し、一部未報告部分を残しながらも、当初の目標を成就させている。

P.I. ボリスコフスキーから引き継いだレニングラード大学考古学講座での旧石器考古学の講義を通して、多くの若き研究者たちを世に送り出し、教育面での業績も多とされているが、野外でのコスチョンキ・スクールは、世界各国からの学生や研究者たちでいつも賑わっていたという。

プラスロフ博士が、数多くの論文の中で提示した問題すべてを列記することは容易ではないが、主に、石器時代の人類とマンモスの共存の問題、旧石器技術や最古の土器、鉱物顔料、弓矢の起源などの問題があげられよう。コスチョンキ遺跡群の研究史の解明も、こだわり続けてきたテーマのひとつであろう。

さらに記憶にとどめられるべきひとつが、コスチョンキ遺跡における旧石器文化発見100年の

行事が 1979 年に催された折、プラスロフ博士がその実行委員会の実質的責任者として成功裏に導いたことであろう。A.N. ロガチョフから託されたコスチョンキ 11 遺跡発見の旧石器住居址の現状保存、さらにはそれを覆う恒久的なパビリオン、すなわちコスチョンキ博物館の建設が、まさに 100 年記念の事業のひとつとして無事完成を迎えている。旧石器時代の文化層（遺構）が博物館の中に甦る、ソ連における最初の実験例とされる。

　なお、A.N. ロガチェフと共同で開催されたコスチョンキ旧石器研究 100 年記念事業のひとつ、野外セミナーの成果については、第Ⅱ部でもしばしば引用させていただいたが、『ドン川におけるコスチョンキ・ボルシェフスキー地域の旧石器研究。1879 － 1979』に収録されている（1982 年）。コスチョンキ遺跡群に関する優れた総括的著作として、今に伝えられている。

　同じ 1982 年に、国際第四紀研究会（INQUA）のシンポジウムがモスクワで開催されており、その組織委員会の中心的役割を果たしている。また、コスチョンキ遺跡でのソ仏野外セミナー（1981 年）、大陸氷床と周氷河環境の形成に関する全ソ科学者会議（1985 年）、O. ソファーとの共同によるロシア平原旧石器研究に関するソ米共同調査・同セミナー（1989 年）など、国際的活躍は枚挙にいとまがない。1992 年、訳者らが札幌、白滝で国際シンポジウムを開催した折に、プラスロフ博士を招き、コスチョンキ遺跡群での調査の成果と研究の現状について講話をお願いした。その後 1 ヶ月余に及ぶエクスカーションで、東日本各地の研究機関や研究者たちとの国際的交流を紡がれたことは、今も記憶に新しい。

　あらためて振り返ると、プラスロフ博士に初めてお会いしたのは、コスチョンキ 1 遺跡においてである。ソ連邦崩壊直前の 1989 年 8 月〜 1990 年 6 月まで長期留学が実現し、モスクワでの研究生活が始まって間もなくの頃、やはり今は亡きソ連科学アカデミー考古学研究所所長 A.A. アレクセーエフ博士（人類学者）の特別な計らいがあり、コスチョンキ遺跡の調査に参加するという長年の夢がようやく叶えられた。チェルノヴィリ原子炉の爆発事故の後遺症を考慮し、家族をモスクワに残しての旅となったが、同行してくれたのが、現在、ロシア科学アカデミー考古学研究所の旧石器考古学部門の部長、ダゲスタン科学センター、及び同歴史・考古・民族学研究所の所長を兼務する Kh.A. アミルハーノフ上級研究員である。モスクワから夜行列車に乗ってボロネージュ市へ。ボロネージュ駅には翌朝に到着し、早速、迎えの大型トラックに乗り換え、南部ロシア平原の真っ只中に位置するコスチョンキ村へと向かう。昼過ぎ、コスチョンキキャンプに到着した。コスチョンキ 1 遺跡の住居コンプレックス 2 の発掘調査を指揮していた N.P. プラスロフ博士は、みずから行っていたフラスコ状ピットの調査の手を休め、旧知の間柄であったかのように筆者を温かく迎えてくれた。同行のヒズリー（アミルハーノフの愛称）研究員はともかく、まずもって、発掘調査を共にしていた考古学者の M.A. アニコーヴィッチ、A.A. シニツィン、そしてこの度の本編の著者のひとり E. ギリヤら調査員が紹介される。詳しくは、サンクト・ペテルブルグの物質文化史研究所旧石器研究部門のそうそうたるメンバーであることが、その夜のロ

訳者あとがき

シア式歓迎宴で知らされるのであるが、フラスコ状貯蔵穴や炉穴、土器を焼いたらしい「カマド」様遺構、柱穴様小ピット、石器、マンモス臼歯や骨片の集中区などを一巡りし、時に図面を広げながら発掘区に密集して広がる遺構群についての詳細な解説をいただいた。すでに、コスチョンキ1遺跡すらも多層遺跡であることが知られていたが、地層をみながらの解説で、よりいっそう深く理解することができた。

翌日からは、発掘現場での調査に参加しながら、周辺の遺跡やコスチョンキ11遺跡博物館などの巡見にも出かけ、プラスロフ博士から、これまた充分過ぎるほどの懇切丁寧な解説をいただいた。その記録は、ビデオ映像としても今に残されている。

プラスロフ博士は、希有なくらいに、思いやりある人物として多くの同僚に慕われていた。早くもそのことは、コスチョンキ遺跡で身をもって実感できたのであるが、訳者らにとっては、モスクワでの研究生活を終え、家族そろってレニングラードに居を移してからの3ヶ月間こそが、一生の恩人と言える、人間プラスロフと出会う最良の機会であった、と言えよう。資料の自由な利用・活用、研究上の助言など申し分のない研究環境をいただいたことだけでも過分な待遇であるが、実際のところ、家族での生活は困難を極めた。ペレストロイカ直前の経済混乱期の最中、食糧さえも自由に手に入らぬ毎日が続いていた。コーリャ・プラスロフは、みずからも厳しい生活を送る中、われわれのくらしの様子をいつも気にかけ、親身になって身の回りの世話をしてくださった。クリスマスの夜、幼い子供たちのためにと背の高いモミの木とたくさんの美しい飾り、プレゼントをみずから持参し、わざわざ自宅までやってきたことがある。私ごとながら、飾りは今なお子供たちの宝となっており、プラスロフ博士のこうした温かい心配りがなかったとしたら、子供たちがロシアの真の姿を理解することはなかったに違いない。家族一生の宝物として忘れることができない。

研究でのことも含めて、いつももの静かで、慎み深く、礼儀正しく、親切に接していただいた数々の思い出は、すでに拙著『シベリアの旧石器文化』(1997年、北大図書刊行会)の「おわりに」で紹介したこともあるので、省略するが、一読いただければ幸いである。

第Ⅱ部の中で、シャニダール洞穴について言及したが、ティグリス河下流域での水没文化財引き揚げ調査（団長・江上波夫）の仲間たち、当時東京大学教授の大貫良夫、同助手の上杉陽、カメラマンの森昭の各氏に呼び掛け、世界最初の農耕村落の遺跡、ジャルモ遺跡と、シャニダール洞穴をこの目で確かめるべくチグリス・ユーフラテス両河の合流点近くにあるクルナキャンプから大旅行を試みたことがある。しかし、出かけたまでは良かったのであるが、イラク北部の町キルクークで撮影してはいけない橋などの写真を撮ったという罪（実際には濡れ衣）で全員が警察署に連行・留置される始末。その後、どうにか身の潔白は証明され、解放されたものの時すでに遅く、陽は西に傾きかけていた。徒歩での丘陵への道すがら、親切で、勇壮果敢なクルド人が道案内をかってでてくれたおかげで、どうにかジャルモ遺跡までには辿りつくことができた。しか

し、シャニダール遺跡を訪ねることは結局叶わなかった。少々悔しさが残る、思い出多き遺跡である。この他、およそ3ヶ月余の期間に国内のほとんどの遺跡を巡見する貴重な機会となったが、これらの思い出はイラクが平和なひと時の事柄である。その後の不条理に繰り返される戦争で、多くの人命ともども、多くの遺跡が破壊され、失われている。さらに、混乱はあちこちに飛び火し、今や、オアシスの国、シリアにまで及んでいる。人類の争いは果てしなく続くのかもしれぬが、考古学はその争いの原因を遺跡や遺物から探りあて、平和を求める学問でもあろう。隠れた技を探し出す研究の魅力も、その課題と軌をひとつにしているように思えてならない。

　ソ連時代、崩壊の時代、再びロシアの時代と、政治がめまぐるしく変わる中、何故かその変わり目に旧石器研究の資料を求めて旅をしていたように思う。その地には、どのように政治が変わろうと、どのように経済が変わろうと、遺跡や遺物と真剣に向き合う多くの考古学者たちがいた。そして、ロシアの旧石器文化の魅力に取り憑かれていったのには、もちろん遺跡や遺物の魅力があるが、言葉のそれほど達者でない訳者たちをいつも温かく支えてくれた考古学者たちがいたからである。

　プラスロフ博士、コスチョンキ遺跡、メジン・メジリチなどウクライナの遺跡、いろいろな思いの詰まった本書を刊行する直接の機会をいただいた第Ⅰ部の著者たち、G.フロパーチェフとE.ギリヤ両上級研究員に敬意を表するとともに、感謝申し上げたい。G.フロパーチェフ上級研究員との出会いは、旧友E.ギリヤの紹介で、クンストカーメラに所蔵されているコスチョンキ1遺跡やエリセーエヴィッチ遺跡の発掘品などの観察の機会を設けていただいた2004年暮れのことであった。彼もまた、プラスロフ博士の指導を受けたひとりである。博士ゆかりの研究者たちとの共作により、本書刊行を迎え、ようやく博士との別れという悲しみを乗り越え前に進むことができそうに思う。

　なお、本書を草するまでに、第Ⅰ部の筆者らに多大なご負担をおかけしたが、それにも増して、先述のとおり、翻訳に大きな過誤がなきよう、訳者らが翻訳したものを原著者のもとへ送るとともに、Girya Miki 氏に著者たちと訳者たちの間に入っていただき、執筆者の原意の確認、訳の間違いの点検など大変な調整作業をお願いした。その後、訳者の判断で、日本語表記にかなうよう、思い切って意訳した箇所も少なからずある。また、原著の意図をより分かりやすくするために、若干の挿図の差し替えを行った。それについては、M工房にお手伝いいただいた。記して感謝申し上げます。

　文末になるが、本書の上梓に導いてくれたのは、雄山閣、及び編集部の羽佐田真一様である。重ねて、感謝申し上げます。

訳者　木　村　英　明

　　　木　村　アヤ子

あとがき【増補版】

　今から120年ほど前の1901年（明治34）、ロシア科学アカデミーは、シベリアの東北端に近いコリマ川支流のベリョゾフカ川岸に顔をのぞかす「土の中に棲む謎の生物・マンモス」の回収に初めて成功した。サンクト・ペテルブルグへ持ち帰られた標本は、早速、市民に公開された。数万年のタイムトンネルを潜りぬけ、人びとの前に真の姿を蘇らせた瞬間である。

　調査では、この凍った土の中から皮膚や肉をいためずに取り出し、しかも持ち帰るためにほどよい大きさに解体しなければならず、マンモスを覆うように小屋がかけられ、ストーブがたかれた。氷を解かしながらの発掘で、鼻を突くマンモスの死臭は、より激しくまわりを包み、さすがの科学者たちもこの「マンモス香」には閉口したようである。発掘された遺体が再び凍ってしまわぬよう、解体は手際よく進められる。さながら原始の狩人で、違うのは、どんな些細なことも見逃すまいとする科学者たちの慎重さであった。濃い紅色をしたマンモスの肩や腿の肉は、牛肉か馬肉に似ており、狩人ならずとも焼肉にして食べてみたいと強い衝動にかられた、という。

　意欲的な研究者たちによる過酷な極北での調査は、今日なお続けられている。調査が始まったばかりのヤナ遺跡群について初版に紹介したが、その後の継続調査で予期せぬ多くの成果が収められ、世界の注目を集めている。増補版の刊行にあたり、ヤナ遺跡群でのその後の調査研究を基軸に、人類の極北への拡散に関わる最新の研究動向を補筆した。

　あわせて、Ⅰ部の補論として、G. フロパーチェフ氏に、マンモスの牙を用いた槍と並んで東グラベット文化を特色づける女性像に着目した最新の研究を、また E. ギリヤ氏に、角の打製剝離技術を具体的に物語る最近の発見例を紹介するよう、執筆をお願いした。

　　　　　　　　☆　　　　☆　　　　☆

　初版本の刊行に際し、多くの研究者の力添えがあったことを銘記したが、刊行後、筆者が師と仰ぐ研究者たちの訃報が相次いで伝えられている。折しも訪ロ中の2013年10月、物質文化史研究所の Z. アブラーモヴァ博士逝去の知らせを受け、葬儀に参列した。2015年2月、筆者をシベリア旧石器研究に導いてくれた掛け替えのない存在、イルクーツク大学の G. メドヴェーデフ教授の悲報が伝えられた。ここでそれぞれの研究業績を詳しく紹介することはできないが、本書の基礎も両者の研究に負うている。前後して、筆者が訪ソして以来の友人、サハ共和国のラザレフ記念マンモス博物館のマンモス博士、P. ラザレフ氏、サンクトペテルブルグの物質文化史研究所旧石器部門主任、M. アニコーヴィッチ博士、サハ共和国・考古学研究所のフェドセーヴァ所長の訃報が続き、国境を越えての交友に支えられた戦後のひとつの時代が過ぎ去ろうとしている。良き指導者たちの生前の偉業にあらためて敬意を表しつつ、本書を献呈したい。

　末筆ながら、本書増補版を刊行するにあたり、初版本に引き続き編集の労をお引き受けいただいた編集部の羽佐田真一様に心から感謝申し上げます。

木　村　英　明

著者・訳者紹介

Khlopachev, Gennadij Adoljfovich　ゲンナジー・アドリフォヴィッチ・フロパーチェフ

　歴史学修士。ロシア科学アカデミーピョートル大帝記念人類学民族学博物館（クンストカーメラ）考古学課主任。

　ロシア・レニングラード市（当時）生まれ。国立レニングラード大学（1992年以降国立サンクト・ペテルブルグ大学に名称変更）で考古学を学んだ後、ロシア科学アカデミーピョートル大帝記念人類学民族学博物館（クンストカーメラ）に勤務、現在に至る。

　2004年、論文「後期旧石器時代のマンモス象牙加工技術（ロシア平原中央の遺跡資料に基づく）」（Технология обработки бивня мамонта в эпоху верхнего палеолита; по материалам стоянок центра Русской равнины）に基づき、修士号を取得。

　1999年に、ロシア科学アカデミー人類学民族学博物館によるデスナ川旧石器研究調査を主催し、ロシア及びウクライナ両国に広がるデスナ川流域の後期旧石器時代遺跡の考古学研究を総合的に行った他、20年間に及ぶ豊富なフィールド調査の実績を持つ。また、国立サンクト・ペテルブルグ大学（ロシア）をはじめ、パリ大学、マルセイユ大学、ツールーズ大学（フランス）にて講義・講演を担当。

《著作》『東ヨーロッパにおける後期旧石器時代の象牙インダストリー』（Бивневые индустрии верхнего палеолита Восточной Европы, Наука, Санкт-Петербург 2006）他、多数。

Girja, Evgenij Jurjevich　エヴゲニー・ユリエヴィッチ・ギリヤ

　歴史学修士。ロシア科学アカデミー物質文化史研究所評議員、及び国際使用痕研究情報センター「Trseo-2」主任。

　ウクライナ・ドネツク州ゴルロフカ市生まれ。ノボアゾフスク市郷土博物館のインストラクター及び館長を務めた後、国立レニングラード（現在サンクト・ペテルブルグ）大学、歴史学部考古学講座で本格的に考古学を学ぶ。1984年、大学卒業とともに、ソ連科学アカデミー考古学研究所レニングラード支部（現在ロシア科学アカデミー物質文化史研究所）に勤務、現在に至る。1993年、修士号を取得。

　その間、国立サンクト・ペテルブルグ大学にて「実験考古学」の講義を担当するとともに、モスクワ大学、ノボシビルスク大学（ロシア）、バルセロナ自治大学（スペイン）、マールブルグ・フィリップス大学（ドイツ）などでも講義・講演を行う。また、フィールド調査も30年以上に及び、ウクライナ、リトアニア、モルドヴァ、コーカサス、中央アジア、ヤクーチア、チュコトカ、極東地域、アメリカ合衆国などロシア国内、諸外国の各地に足跡を残す。2005年以来、コスチョンキ石器製作実験・使用痕研究チームの主任も務めている。

《著作》『石器インダストリーの技術研究』（Технологический анализ каменных индустрий, ИИМК РАН, Санкт-Петербург 1997）他、多数。

木村英明（きむら　ひであき）

　史学博士。ロシア科学アカデミー名誉博士。白滝ジオパーク交流センター名誉館長。

　札幌市生まれ。明治大学大学院文学研究科史学専攻を修了し、札幌大学に勤務。文化学部、及び大学院教授を経て、2008年退職。その間北海道での考古学調査、イラク・ロシアでの海外調査・留学など。

《著作》『シベリアの旧石器文化』（北海道大学図書刊行会、1997年）、『黒曜石原産地遺跡・「白滝コード」を読み解く』（六一書房、2012年）、『北の黒曜石の道—白滝遺跡群』（新泉社、2005年）、『国指定史跡・カリンバ遺跡と柏木B遺跡』（共著、同成社、2016年）、『縄文の女性シャーマン—カリンバ遺跡』（共著、新泉社、2018）、『柏木B遺跡』（編著、北海道恵庭市教育委員会、1981）他、多数。

木村アヤ子（きむら　あやこ）

　札幌市生まれ。同志社大学文学部文化学科卒業。

| 2013年3月30日 | 初版発行 |
| 2019年2月25日 | 増補版発行 |

《検印省略》

氷河期の極北に挑むホモ・サピエンス【増補版】
― マンモスハンターたちの暮らしと技 ―

著　者	G. A. フロパーチェフ・E. Ju. ギリヤ・木村英明
訳　者	木村英明・木村アヤ子
発行者	宮田哲男
発行所	株式会社 雄山閣
	東京都千代田区富士見 2-6-9
	TEL 03-3262-3231 / FAX 03-3262-6938
	URL http://www.yuzankaku.co.jp
	e-mail info@yuzankaku.co.jp
	振替 00130-5-1685
印刷・製本	株式会社 ティーケー出版印刷

© Hideaki Kimura & Ayako Kimura 2019
Printed in Japan

ISBN978-4-639-02631-0 C3022
N.D.C.229 248p 26cm